普通高等学校体育专业教材

# 体育人类学

## （第二版）

胡小明　编著

高等教育出版社·北京

**图书在版编目（CIP）数据**

体育人类学 / 胡小明编著. --2 版. -- 北京：高等教育出版社，2017. 7
ISBN 978-7-04-047867-9

Ⅰ. ①体… Ⅱ. ①胡… Ⅲ. ①体育-人类学-高等学校-教材 Ⅳ. ①G80-05

中国版本图书馆 CIP 数据核字（2017）第 131917 号

体育人类学
Tiyu Renlei Xue

策划编辑 范 峰　　责任编辑 范 峰　　特约编辑 李 颖　　封面设计 张志奇
版式设计 张 杰　　责任校对 刘娟娟　　责任印制 赵义民

出版发行 高等教育出版社
社　　址 北京市西城区德外大街 4 号
邮政编码 100120
印　　刷 北京铭传印刷有限公司
开　　本 787mm × 960mm　1/16
印　　张 17
字　　数 300 千字
购书热线 010-58581118
咨询电话 400-810-0598

网　　址 http://www.hep.edu.cn
　　　　 http://www.hep.com.cn
网上订购 http://www.hepmall.com.cn
　　　　 http://www.hepmall.com
　　　　 http://www.hepmall.cn
版　　次 2005 年 6 月第 1 版
　　　　 2017 年 7 月第 2 版
印　　次 2017 年 7 月第 1 次印刷
定　　价 32. 50 元


物 料 号　47867-00

# 代　序

## 他用生命开拓了体育人类学大道

我和胡先生是通过《成都体育学院学报》认识的。1981 年，我读研二时，他是学报编辑。之前虽然也相互认识，但基本没有交流。1981 年，《成都体育学院学报》第三期发了我的第一篇学术性文章《北朝僧人习武之风与少林武源》，后来我又陆续在《成都体育学院学报》发表了几篇文章，但我始终没有留意谁是我文章的责任编辑。直到 1985 年，我把参加第二届中国人类学年会的文章《体育与人类学》投到学报发表以后，有一天，我正在资料室看书，胡先生突然拍拍我的肩问："体育人类学你做不做？你不做我做了呵！"我说："好的，你做吧！"表面上是当时实在忙不过来，其实是因为 10 多年前我浏览过一本《比较解剖学》，觉得自己实在没有勇气去碰"体质人类学"这一领域，所以很"大方"地把这个难题推给了他。后来，我知道我的决定是正确的：在恢复高考前后，他已经沿着西南丝绸之路对川黔许多少数民族的体育活动作了考察，拍了厚厚十几本照片。在北京亚运会揭幕的中国体育博物馆中，许多民族传统体育图片就是他提供的。从那以后，胡先生一直奔走于各少数民族地区，孜孜不倦地在体育人类学的园地里辛勤耕耘。1999 年，广东人民出版社出版了他的《体育人类学》专著，这也是我国第一本关于"体育人类学"的专著，奠定了我国"体育人类学"学科发展的基础。2005 年，他在高等教育出版社出版了《体育人类学》教材。这一年，他还筹划组织了世界人类学会体育人类学分会场的讨论。2006 年，胡先生做手术以后，身体稍有恢复，又带着学生到贵州、云南、广西和广东等少数民族地区做体育人类学的田野调查，指导几位博士生完成学位论文。在此基础上，胡先生又组织翻译了一些国外的体育人类学著作，同时以极大的热忱对 2005 版《体育人类学》教材进行修订和增补。这本书是胡先生生前最后几年对"体育人类学"学科体系的梳理和总结，也是他的遗作，希望本书的出版能让胡先生的在天之灵得到安慰。

今天，中国体育人类学研究的大路越走越宽，影响逐渐扩大，胡先生是中国体育人类学领域当之无愧的开路人！

希望今天的学人能继续发扬胡先生的精神，让体育人类学之路越走越宽阔。

谭　华

2017 年 5 月 30 日于成都

# 前　言

改革开放之初，我国的体育理论研究不断深入，成果丰硕，一批以体育院系教师为主的学者热烈讨论体育的概念、本质、属性和学科体系等重要问题，一大批冠以“体育××学”的新兴学科如雨后春笋般冒出。30 多年过去了，从某种角度看，如今对体育的认识似乎又回到了原点，仍然有若干研究者兴趣盎然地谈论体育概念，但虚玄之风使体育的理论探索离实践越来越远。低下头仔细看，体育的学科建设还是像一具骨感的框架，各分支学科的实际内容薄弱，拿掉母学科里成熟的理论和方法以后，作为“体育科学”的实质内容却很少有自己创新的内容。

本教材对“体育人类学”这门新兴学科的核心内容进行了梳理、充实和创新，目的是使中国的体育人类学研究水平进入国际前列，为提高国家文化软实力服务。这不仅仅是利用成熟的人类学来研究体育问题，而是构建一门理论性很强的综合应用学科，在体育研究领域自成学科体系，用创新性理论成果去积极影响体育实践。

在本教材撰写之前，作者已陆续安排几名博士生远赴相关发达国家进行学术交流，搜集与翻译了大批文献资料，把握国际研究前沿和热点。当前，国内该学科的国外译介资料，几乎都是作者的学生倪依克、王广进、陈华、谭广鑫、李凌、周兰君、徐通、王锐、赵国炳、张军献、张洁等十余年来陆续翻译整理的。作者在 30 多年田野调查的基础上，为检验体育人类学理论与方法，近年来又多次组织团队远赴中国西南少数民族原生态聚居区，对身体文化的理论生成进行了实证研究，印证了体育人类学的一系列假说和创新观点，根据实践反复调整与完善该学科的知识结构系统。

第一章和第二章，紧扣体育人类学的来龙去脉进行全景式的梳理和展现，首先分析了人类学理论与方法对体育研究和学科建设的影响，然后重点归纳了国内外体育人类学的萌生演变脉络，并对其不同发展历程的主要区域特色和研究成果进行了述评；最终指出具有中国特色的体育人类学创新点，是立足于中国独特的传统身体文化资源的体育学研究。通过对经典方法的改进而形成具有自身学科特色的研究方法，生成创新理论以积极影响体育实践，并从身体运动的视角推动原始文化研究。

第三章和第四章，是中国体育人类学认真吸收人类学的理论与方法，展现更加完善的方法论，并依据本领域的研究特点在具体技术路线的层面上进行改良与创新，在长期实践中总结出能够与其他学科区分开来的体育人类学文理融通的田野调查方法。中国的体育人类学方法论的特色是：深入实地的多学科短周期专题式调查、结合身体运动的测量及生态环境现状记录、具有“类”意识的参与式发展评估目标。体育人类学尤其擅长调查原生态身体活动，除了具有多学科集中介入快速获取真实素材的优点，可得到检验体育效果的测量评价指标、生态环境记录与参与式评估发展路径，还创新出作为文化符号的身体动作分析法。动作分析法的素材主要来自身体运动影像的双机位拍摄与分析、深度访谈的表格式完整记录，能充分表达体育性质及学科特点。

第五章到第七章，是我国体育人类学进行理论创新的一种尝试和初步结果。作为改革开放以来我国体育人类学研究成果的整理和归集，第五章偏重于基础性研究领域的“元”理论部分，课题组通过黔东南苗族独木龙舟的田野调查对竞技的产生远早于体育的观点进行实证，还应用大量人类学的材料论证了直立行走是体育萌芽的生物学根源，提出近代劳动方式的演变铸成西方体育形态和功能的新观点；第六章是对身体运动的人文价值重估，最重要的成果是通过“东巴跳”与中华民族自源文字关系的实证案例，揭示了身体运动对原始文化形成的直接作用，还考察了身体动作与岩画等原始艺术的萌生、原生态巫术与体育运动形式传播的关系、民族身体文化的审美价值和参与式发展等一系列创新领域；第七章面向实践应用及未来趋势部分，通过对藏族体育人类学田野调查的实证案例，论及竞技运动的非主流与制度变革，并提出体育的发展方式应该是倡导分享运动的人文观念，追寻体育生态化与绿色回归。这些新观点都经历了考察实证或人类学材料的印证，等待未来实践发展的检验。

体育人类学倡导原生态身体运动整体圈层的可持续发展，充分尊重当地人民的意愿，鼓励社会组织积极介入非物质身体文化遗产保护，通过拓展生态文明旅游等生产性保护路径，使民众能够在一种参与系统中分享改革开放的成果，加快区域经济发展。

体育人类学应用于当代体育发展的创新理论，还涉及倡导分享运动的人文观念，促进基本公共服务均等化，尤其强调重视青少儿体育的参与式发展，由专业竞技模式转变为全社会参与的运动休闲模式，倡导体育的生态化以促进生物性需求与社会文明的协调发展。

体育人类学把身体运动作为体育文化推动人类文明发展的最古老因素，用鸟瞰的宏观视野在体育研究中开启对传统文化的新认识，确认中华文明从原生态发展至今的绵延不断的旺盛生命力。体育人类学在研究方法上取得创新性突破，通过教材的形式展现具体操作的程序性内容，可对体育专业学生进行系统训练，并为广大的人类学研究者展示一条重新审视身体文化的路径。

胡小明

2013 年 6 月

# 目　录

# 第一章　人类学理论与方法对体育研究的影响

体育学科是在人类的一个生活应用领域构建的理论知识框架。在一个未知因素增多、突发事件频发、生活节奏加快、心态相对焦虑浮躁的时代，人类的体育行为随社会发展浪潮起伏，体育研究更需要脚踏实地深入到事实发生的第一线进行实证调查，遵循公认的学术范式进行专心致志的理论思考和创新。因此，深入实践的人类学方法在体育研究中应得到足够的重视。

体育是文化，但它是与人类具体的身体运动行为不可分割的文化；体育学需要哲学，然而它面向的是一个更需要看到应用实践效果的领域。充分占有能准确反映国情和民情的真实材料，应成为体育研究的一个基本的出发点。采用人类学脚踏实地的立体化理论视角，通过倡导田野调查获得素材的实证方式，是一个很好的途径。

## 第一节　人类学的历程与体育研究

体育人类学的理论与方法来自人类学，简要梳理其脉络，是夯实学科基础的首要步骤。

### 一、从体质人类学到文化人类学

“人类学”（anthropology）一词，起源于希腊文，由两个希腊文字组成，即 anthropos（人类）和 logos（学科），意思是有关研究人类的知识学问。① 学科名称的出现，最早可追溯到 1501 年德国学者 M. 亨德的著作《人类学——关于人的优点、本质和特性以及人的成分、部位和要素》。不过，此书主要论

① 吴泽霖. 人类学词典［M］. 上海：上海辞书出版社，1991：30.

述人体解剖学和生理学,[①] 即如今的体质人类学。其后，斯伯林（Johann Sperling）著写的《体质人类学》(1688)，对不同性别、肤色及种族的人体结构进行了生物学意义上的比较研究。此类研究一直持续了两三个世纪。

在我国，人类学与体育学一样，都是近一个世纪以前的舶来品。20 世纪以来，文化人类学的发展势头完全盖过了已经相当成熟的体质人类学，几乎成为人类学的代名词。到了 21 世纪，后现代思潮对工业社会的深刻检讨以及身体哲学热潮使我们逐渐正视身体受到忽略的现实，这也使得体质研究这个人类学的原点在更高层次上重新融入体育人类学的理论与方法，并把体质和文化的理论和方法加以综合，在人类学应用研究中异军突起。

**（一）体质人类学的成熟**

体质人类学又称生物人类学，是将人类作为一个生物种，研究其作为生物有机体的体质形态、身体结构及其变异和进化，以探索人类的起源、人种的形成及发展规律，由此而形成了人体形态学、人类起源学和人种学等基本分支。早期人类学的研究对象仅限于人体测量与解剖。亨德的人类学专著发表后，伴随生物学科的发展，人类学对于认识人自身的身体构造、人体测量和人种划分逐渐有了共识。早在 18 世纪，瑞典学者林内在其《自然系统》一书，分出了哺乳动物中的灵长目，用“智人”一词表示人类；法国学者拉马克、英国学者达尔文等关于人类自身的起源和进化的研究，建立了有关人类起源及其在自然界地位的科学假说。这时，体育才作为一种完整的社会文化形态，在欧洲工业革命熔炉的铸造下逐渐成形。

在很长一段时间里，科学家对于人类体质特征的研究集中于对外表显现的体征形态进行测量和分类，大部分属于遗传内容，与后天发展人类运动能力的体育并无直接关系。德国人类学家布鲁门巴赫（1752—1840）曾根据人类头盖骨的形态进行过人种分类；法国人类学家白洛嘉（又译布洛卡或布罗卡，1824—1880）构建了颅骨学，他开创的人体骨骼测量方法及发明的几种人类学测量仪器至今仍在使用。1859 年，他发起了首届国际人类学研讨会，会上促成了巴黎人类学会的建立；1872 年，他创办了人类学杂志，1876 年创建了巴黎人类学院。此后，许多欧洲国家相继建立人类学机构。[②]

---

① Juul Dieserud. The Scope and Content of the Science of Anthropology: Historical Review, Library Classification and Select, Annotated Bibliography (1908) [M]. London: Kessinger Publishing, 2010.

② 吴泽霖. 人类学词典 [M]. 上海：上海辞书出版社，1991：91-104.

19 世纪下半叶，大量古人类化石的发现，为人类进化理论提供了直接证据。许多学者注意到，考古学的遗骨化石常伴有人工制品，而这些制品在现存原始民族中仍在使用。因此，学者们开始注意现存原始种族的体质类型及其文化残存，这改变了仅仅关注人类解剖学和生理学特征的传统，进一步从体质与文化两个方面对人类进行广泛综合的研究。为测定种族之间的差异，生物测量学在人类学的许多领域中得到普遍应用。发展至当代，体质人类学的相关领域已有古人类学、人体测量学、法医人类学等若干分支，与医学关系更加密切。今天，当我们把《国家体育锻炼标准》《国家学生体质健康标准》《国民体质测定标准》等视为反映体育锻炼效果的重要标准时，可能没有多少人意识到人类学测量方法带来的早期影响。

欧洲自 17 世纪到 20 世纪针对“原始人类”的研究，是由殖民地行政机构监督的、有组织的民族志研究计划。这种书斋式的博物学研究，注重由器物着手的泛文化比较。后来，受欧洲启蒙运动思想的影响，许多研究者将人类社会理解为自然现象，认为人类社会的活动应该合乎某些生物进化规律，与研究殖民地的动植物一样，也可以从经验角度加以观察。这样，对人类的研究逐渐由体质转向文化。

人类学的研究重心从体质转向文化，在西方经历了几个世纪的过程。而在我国，由于引进时间晚，对体质人类学和文化人类学几乎是同时引进、齐头并进。人类学最初进入我国时被翻译成“人种学”，相对于被翻译为“民种学”的民族学，显然主要内容是现在的体质人类学。1903 年，我国大学课程中出现“人种及人类学”；1904 年，在清政府颁布的《奏定学堂章程》中，将“人种学”列为大学课程。对中国体育而言，一个世纪以来在未深入学习人类学的前提下早已习惯使用其人体测量方法。然而，由于西方的开创者大多具有体育史的研究背景，体育人类学在北美的诞生是作为文化人类学的分支出现的，20 世纪末引进东亚直到如今，多数人仍然仅限于采用文化人类学的理论和方法研究民族传统体育。

### （二）重心转向文化人类学

人类学研究并未停留在对人的躯体构造的简单了解上，而是希望在把握自身生物性以后进而解答人类如何行动、如何认知自己的行动、行动的结果如何影响思考以及人类各群体间的互动等根本问题。正如体育的“体”是按自然规律生长，对其相对容易了解并达成共识；而体育的“育”是人类的文化行为，对其如何实施成为多年争执不休的问题一样，“文化”似乎更有奥秘。

尽管德国学者早在 1501 年就开始使用“人类学”一词，但经过 1839 年巴黎民族学学会、1842 年美国民族学学会、1843 年英国民族学学会相继成立的推波助澜，其研究范围仍未确定。直到 1863 年，英国创立伦敦人类学学会，以牛津大学授予艾德华·泰勒爵士人类学家的学术头衔，随后于 1896 年泰勒在牛津大学建立第一个人类学研究室为标志，其研究范围才与现在的人类学较一致。“文化人类学”（cultural anthropology）这一学科名称是由美国人 W.H. 霍尔梅斯于 1901 年首创的。① 此后，北美学者多以“文化人类学”这一名称取代“民族学”。

文化人类学主要研究作为文化创造者的人类。泰勒倡导的“跨文化比较”的方式，使人类学的视线转向人类社会，整个人类学的研究重心，从对体质的认识转向研究各族群文化，他也因此被誉为“文化人类学之父”。但在美国，人们也用“文化人类学之父”来称呼提倡人类学“四大分支”的弗朗茨·博厄斯。而研究方法最重要的转变，来自英国的马林诺斯基，他将自然科学的实证主义方法引入人类学，于 20 世纪 30 年代首创以参与观察法为基础的田野调查作为人类学研究的依据。此后，在一批学者的推动下，人类学以其鲜明的文化研究特征和其他学科区分开来。

在欧洲的民族学关注对不同文化进行系统比较研究之时，北美的文化人类学研究格外强调文化相对性以表达对种族主义的反对，并运用其研究发现来建构文化批判。在博厄斯及其弟子对多元文化主义的倡导下，人类学作为一门课程在大多数美国和部分英国大学开设，并结合多门分支学科诞生发展为应用性学科。由此，体育人类学率先受到北美体育史学会一批学者的关注。

**（三）分化与辐射**

第二次世界大战以后，多学科相互渗透对人类学产生了重要影响。文化人类学的研究也涉及社会文化的各个方面，如亲属与社会组织、经济政治组织、法律与冲突调解、消费与交换模式、性别关系、世界观、儿童养育与社会化、语言、族群、宗教、神话、象征、价值、礼节、音乐、营养、休闲、游戏、食物、节庆与体育运动等。应用性的分支学科及相关领域包括心理人类学、宗教人类学、媒体人类学与网路人类学、都市人类学、发展人类学、当代文化研究等，其跨学科交流的特点日益彰显，学科内部也开始重新交叉融合，但体育人类学的诞生此时并无征兆。

到了 20 世纪 50 年代，随着过去所谓的“原始传统部落”的独立和快速

---

① ［美］埃尔曼·R. 瑟维斯. 人类学百年争论：1860—1960［M］. 贺志雄，译. 昆明：云南大学出版社，1997.

现代化，以原始文化为对象的主流人类学研究开始分化与辐射。一些在西方学习的人类学者回到自己的国家进行本土化研究；部分人类学者开始结合文献与民族志资料进行历史人类学的研究；一些仍以部落文化为研究对象的学者，开始注意原生态部落受现代化影响的调适与改变；还有一些人类学家关注的部族身体游戏研究，即我国学者所谓的“民族体育”。

20 世纪 50 年代至 60 年代中期，部分人类学家以自然科学的量化研究为模板，热心于相关族群现代化过程的数理统计；还有些学者聚焦于社会如何发展与适应于他们的生态区位。教育人类学在这一时期得到了长足发展：从 1954 年起，以美国斯坦福大学斯宾德拉为首的人类学家和教育学家共同召开了 8 次研讨会；1969 年在美国人类学会属下建立了“人类学与教育协会”。①

20 世纪 60—70 年代，结构主义影响了许多学科发展，包括心理人类学、认知人类学与成分分析。有些学者将文化视为普通意义的网络，结合哲学、语言学和精神分析进行研究，并以结构主义之说影响到社会学等其他学科。经济人类学将文化与社会因素纳入考虑范围，并把马克思学派的分析方式运用于人类学研究。1971 年，美国人类学家科克伦斯（Glynn Cochranc）提出了作为应用的人类学分支——发展人类学，倡导由精通人类学的政府官员来从事发展计划的研究与推行。② 发展人类学主要是针对某一领域的经济发展与文化变迁及相关问题的研究，对于区域体育，尤其是探索民族传统体育文化的发展途径较为有效。

在 20 世纪 70—80 年代，社会与文化人类学受到后现代理论的影响，产生了认识论的转向，部分研究脱离了这个学科所熟知的实证论传统。在这个转向过程中，关于知识的本质与生产的各项议题占据了社会文化人类学的核心位置。相对地，考古学、生物人类学与语言人类学，在很大程度上依然是实证论。有学者反思人类学与殖民主义的瓜葛，同时关注权力、性别等议题。一些文化人类学家重新检讨过去强调科学与量化的田野研究，尝试透过文本分析，探索新的研究方式。有些研究者重新回到过去已做过的“田野”，用新的研究方法诠释这些文化，这也催生了应用人类学的兴起，使包括体育人类学在内的一大批新兴学科诞生。在英、美，关注国际发展的应用人类学演化为发展人类学，而关注国内的研究则仍称为应用人类学。在影响应用人类学发展的因素中，英国保守党在 20 世纪 80 年代执政期间削减对大学和研究机构的支持，这

① 陈国强. 文化人类学词典［M］. 杭州：浙江人民出版社，1990：433.
② 陈国强. 文化人类学词典［M］. 杭州：浙江人民出版社，1990：165.

也促进了人类学走出象牙塔，向应用领域转移。[1]

20 世纪 80 年代末到 90 年代，人类学家开始反思传统的研究方法，不再仅仅关注特定、原始的异文化，而是寻找当代世界其他研究对象，包括全球化、医疗伦理与生物科技、原住民权利、网络虚拟社群以及工业化社会的人类学。人类学家的学术知识被社会逐渐接受，发达国家的国际发展机构纷纷给人类学家设立专门的“社会发展顾问”职位，在国际援助纷纷流向发展中国家的进程中，除了产生深刻社会经济影响，同时其具体措施对教育、卫生和技术开发等领域都有选择性的改善。这一阶段是体育人类学开始在北美正式作为学科推出并向东亚传播的初期，其特征是试用文化人类学的方法来研究原住民的传统身体活动，之后随着几位学科开拓者退休或转行，在文化人类学框架内发展体育人类学的模式凝结固化；后来以日本为主渠道的引进者也秉承北美开拓者的旧有模式。体育人类学后续对自身学科理论方法研究的弱化，导致与发展人类学擦肩而过的遗憾。直至今日，我们才感受到在当代应用性实施过程中前沿理论和技术方法的缺失。

进入 21 世纪，人类学出现了更加复杂的变化，学术界对现代性的批判及后现代主义和解构主义的介入，把人类学及其发展在理论上紧紧地连在了一起。中国体育的闪亮崛起及文化自信心的快速增强，使选择采用人类学探讨体育问题的研究者显著增加，在《体育科学》《体育学刊》等学术期刊上，体育人类学的论文日渐增多。中国的体育人类学正在摆脱引进、借鉴、消化阶段，完全独立自主地开展研究。同时，也导致从实践应用的角度对照搬经典理论与研究方法的质疑、调整和创新。

## 二、欧洲大陆和英美的学术传统与研究方法

由于在历史发展过程中欧洲大陆和英美的学术传统不同，导致学科名称和研究方法上的差异，这也影响到体育领域在相关研究中的变化。

### （一）学科分支及名称

由于历史原因，不同学术传统的国家对人类学的研究范围有着不同的界定。在欧洲大陆的一些国家，如德国、法国和俄罗斯，“人类学”一词专门用来指称对人类生物特性的研究，实际上相当于英、美的体质人类学。欧洲大陆的学者仍然从“人类学”一词出现时的初始意义上来理解，认为人类学是专

① 刘晓茜，李小云. 发展的人类学研究概述［J］. 广西民族大学学报（哲学社会科学版），2009，31（5）：38-47.

门研究人类体质的学问，同时也包括对人类的近亲——灵长类动物的研究。因此，在这些国家中，人类学与民族学、考古学、语言学等学科有着较为明确的界限，但英、法两国的民族学常与社会学混在一起。由于英国人类学的特殊历史背景，需要对殖民地的传统社会组织和原有政治制度有所了解，加之受法国社会学派影响较多，所以英国的人类学比较侧重“社会”和“组织”层面。而美国的人类学特别侧重“文化”和“人性”层面，所以在英国称为社会人类学、在北美称为文化人类学的学科，在法、德等国被称为“民族学”——这个名词由寇拉（Adam František Kollár）于1783年所创。

英、美等国学者认为，人类学就是研究人类的科学，其研究领域应包括人类的体质、心理、文化、社会、语言、民族、民俗等方面。传统上，习惯于将人类学划分为并列的两大部分，即研究人类自身体质特征的体质人类学（Physical Anthropology）和研究人类社会文化特征的文化人类学（Cultural Anthropology）。在美国，当代人类学通常划分为四大分支：文化人类学（也称社会人类学并涵盖民族学）、考古学、语言人类学、体质人类学（生物人类学）。这四大分支也反映在许多大学的教科书[①]，以及许多大学的人类学课程中。在欧洲的许多大学，这些分支往往安置在不同的院系，且被视为不同的学科。[②] 如果说在第二次世界大战之前，英国“社会人类学”与美国“文化人类学”还有明显区分，但在战后，英、美人类学家彼此采借概念与方法，逐步将这两个学科合称为“社会文化人类学”。也有许多人类学家并不赞同美国人类学的“四大分支整体论”，但四大分支论已借助美国的学术影响力，向国际输出。[③]

20世纪初，在欧洲留学的我国学者接受欧洲的学术传统教育后引进民族学；后来，留学英、美等国的一些学者采用广义人类学观点，但未占主流；中华人民共和国成立后，我国全盘接受了苏联的狭义人类学观点，在此后的30多年里，人类学几乎等同于体质人类学。比较典型的事例是复旦大学的人类学专业即设在生物系，专门从事体质人类学方面的教学和科学研究；《人类学

① Kottak C P. Anthropology the Exploration of Human Diversity [M]. New York: McGraw-Hill, 1991.

② Robert Layton. An Introduction to Theory in Anthropology [M]. Cambridge: Cambridge University Press, 1998.

③ Daniel Alan Segal, Sylvia Yanagisako. Unwrapping the Sacred Bundle: Reflections on the Disciplining of Anthropology [M]. Durham: Duke University Press, 2005.

报》由中国科学院古脊椎动物与古人类研究所主办等。近年来，体质人类学的研究还涉及灵长类的解剖和生态，人类生理特征的遗传与变异，各少数民族正常肤纹，各种遗传病患者的肤纹，各民族的遗传多态性研究，墓葬出土人骨的研究等。近年来，分子生物学被用于人类群体的亲缘关系、进化和迁徙等研究，建立起一些与体质人类学关系密切的应用学科。

在我国学术界，两种人类学的含义都有学者采用。有学者专门就人类学与民族学的概念问题进行过界定。① 有的人类学研究者则更趋向于接受人类学特指甚至等同于文化人类学，并与民族学相关联的观点。② 无论学科怎样划分，人类学的主题都是遍及整个地球和贯穿整个历史的所有人类，需要了解人类身体和文化的各个方面。就中国体育研究者而言，改革开放初期，大多是借用民族学来研究民族体育的时期；20 世纪 90 年代以后，逐渐转换到对文化人类学理论与方法的学习时期；进入 21 世纪，则进入寻求学科自身理论方法的转折时期。

### （二）在后现代进程中交融

20 世纪后期，科技进步已刺激人类学各个分支的方法论创新。如碳元素定年法、群体遗传学、GPS、数码摄影与录音等技术的介入，使人类学成为一个具有多样化方法论的学科。不过，以田野调查为基础的民族志研究方法仍然具有核心地位，并由各种新兴技术手段来强化科学性并提高效率。

进入 21 世纪，部分人类学的分支领域跨越了传统分支。例如，医疗人类学往往被视为社会文化人类学的分支，然而，许多研究医疗议题的人类学家也探讨群体中的生物变异，或是文化与生物的互动。他们也可能采用语言分析，以了解卫生与疾病的议题，或是运用考古学技术，以了解历史时代或史前时代人群的卫生与疾病。同样地，法医人类学可能同时采用体质人类学与考古学的技术，也可能采取类似医疗人类学家的做法。环境人类学或生态人类学是逐渐成长的分支领域，关注人类及其环境的关系，结合文化人类学与生物人类学，从环境影响、野生动植物保育或栖息地保护到传统生态知识与行为。在北美的一些大学，人类学家的专业方向涉及民俗学、博物馆学、人文地理学、社会学、社会关系、族群研究、文化研究与社会工作。体育人类学的出现就是一群对游戏研究感兴趣的体育史研究者合作的结果。

---

① 何星亮. 关于“人类学”与“民族学”的关系问题 [J]. 民族研究，2006 (5): 41-50.

② 王铭铭. 人类学讲义稿 [M]. 北京：世界图书出版公司，2011.

在欧洲，人类学与民俗研究仍然具有紧密关系，被称为“民族学”的研究资源大多归属博物馆。如法国的大多数人类学研究都在国家资助的国家科学研究中心展开，而不是在大学院系完成。李维史陀等学者在各地建立研究中心与研究室，推动了法国人类学的制度化，也加强了同美、英人类学家的联系。社会理论家布迪厄与其他学者的研究主题同时包括社会学与人类学。而英国的社会人类学继续强调社会组织与经济，并采用了各国的其他社会理论。在英联邦国家，社会人类学往往在学院制度上与联结到生物学或动物学系的体质人类学区分开来，也与联结到古典学、埃及学等院系的考古学区分开来。

体育人类学是20世纪末形成的一门稚嫩的新兴学科。在采借人类学的理论和方法时，首先要以成熟的主流经典方法为基础，对20世纪下半叶以来出现的新观点、新方法小心翼翼加以辨别和分析，形成自身理论与方法作为学科构建的基础。由于体育人类学的诞生地是美国，迄今为止主要按北美学术传统采借文化人类学的学科划分，因此，有必要在这门学科发展的关键时期重点分析人类学独特的经典研究方法。

**（三）经典研究方法**

早期人类学研究者多采用欧洲的民族学方法，如摩尔根对于宗教、政府、物质文化，特别是亲属模式的比较分析，主张人类不同族群可依据一套进步程度的量表，而被归类到各个文化演化类别之中，范围从“蒙昧”“野蛮”到“文明”。摩尔根运用技术（如弓箭制作或陶器）作为各族群在这个量表上的地位指标，这对包括马克思、恩格斯等在内的一批学者产生了深远影响。改革开放初期，我国体育界对民族传统体育研究采用民族学理论指导和文史资料搜集的方法，进入挖掘整理的初级阶段，经历了十余年的挖掘、整理积累了大量基础素材，但在理论建树上乏善可陈。

从19世纪到20世纪，由于有大量原住民作为本土资源以完成民族志，美国人类学研究取得了举世瞩目的进展，其人类学理论与方法也发生了变化。建立具有美国特色的人类学并使之产生世界影响的旗帜人物是博厄斯，他主张世界维系各种独特的文化，而不是依其文明程度多寡来测量其演化程度，其研究取向采用实证研究。博厄斯对于过度归纳抱持怀疑态度，而且认为不能轻易建立普遍法则。由于博厄斯反对传统的进化论观点，在相当长时期内，他在中国受到批判，其学术研究的价值也受到忽视。博厄斯学派的成果来自人类学成熟的传统研究方法——田野工作，这也是近年来在中国的体育研究中不断被借鉴的人类学传统方法。

田野工作又称田野调查，即研究者亲身前往实地长期居住，以了解当地人在一个年度周期中社会生活的基本过程。这种研究方法的应用性规范者，是20世纪初英国的马林诺斯基与拉德克利夫·布朗。北美人类学家则在博厄斯的指引下，通过本土化实践将美国人类学的新鲜活力注入现代人类学，并与英国社会人类学相互影响。他们把田野工作、民族志撰写和文化理论建构作为整体性田野工作方法加以规范，使其提高到被学术界广泛认同的新水平。后来，几乎所有的人类学者，都认可田野工作的重要性，并在此基础上撰写民族志，建构相关理论。

自此，田野工作成为人类学家的常规研究方法，取代了坐在图书馆里检索前人积累的民族学资料的方法，参与田野工作几乎被视为人类学家的成人礼。英、美人类学的田野工作模式对其他国家的民族学、人类学研究方式的改进起了极大促进作用。一些最初研究社会学的中国学者开始认真学习人类学的经典研究方法："我在燕京大学学习的最后一年，适逢美国芝加哥大学的派克教授来华讲学，我被他从实地观察来进行社会学研究的主张所吸引住了，据说这种方法来自人类学，我就决心去学人类学，虽然我当时对人类学还一无所知。"①中国体育界研究者一直采用文献资料分析的方法开展民族传统体育研究，接触到人类学更是晚了大半个世纪。

人类学家不满足于仅仅调查真实材料，他们做田野工作和撰写民族志，并不停留于对人类文化的原始资料的铺陈和做些"百科全书式"描述，他们的目标是建构文化理论，用来解释和说明文化行为。人类学形成以田野工作为轴心的一整套独特的研究方法，为其他学科广为借鉴。而体育界就是在这种应用的需求下积极接受了人类学的理论与方法。

## 三、走向应用与本土化

第二次世界大战后，人类学的海外田野工作受到极大冲击，人类学家也调整自身的适应性。一方面，他们通过反思与殖民主义的历史联系和弊端，倡导文化相对论和多元主义；另一方面则仍然坚持田野工作，不断创新和完善技术方法。体育人类学在美国率先竖起旗帜，东亚各国引进后迅速把研究视角聚焦到本土化的应用领域。

### （一）应用人类学的发展

应用人类学并不是人类学传统四大分支其中之一，而是人类学走向应用的

① 费孝通. 个人·群体·社会——一生学术历程的自我思考［J］. 北京大学学报（哲学社会科学版），1994（1）：6-17.

趋势，并伴随着大批如体育人类学这样的分支学科的出现。

两个多世纪以前，康德花费了25年的时间撰写了探讨人类学的重要专著《实用人类学》，“从一个实用主义观点看人类学”。① 然而，这虽然是他亲手整理的最后一本书，但“实用”的内容既不涉及体质也非文化，只是将人类学当成他的主要研究领域——哲学的一个辅助领域。因此，这本书并非现代意义上的应用人类学，与体育研究也无太大干系。

应用人类学的特点是面向实践，把人类学的知识和研究成果，运用于改变人类社会生活以促进其朝着健康、进步的方向发展，这也是现代人类学的一种趋势。1896年，人类学家布林顿在就任美国科学促进会主席时，发表题为“人类学的目标”的演讲，首次使用“应用人类学”（applied anthropology）一词来指称人类学的应用实践。此后，虽然还出现过“实践人类学”（practical anthropology）、“行动中的人类学”（anthropology in action）、“行动人类学”（action anthropology）、“人类工程学”（anthropological engineering）、“发展人类学”（development anthropology）等其他名称，但最终“应用人类学”成为指称人类学应用实践与研究的专有名称。在西方，目前从事应用人类学研究的学者越来越多，他们参与社会规划与决策，处理和解决现实生活中出现的各种问题，改善政治、经济、科技、教育和卫生等条件，促成有计划的社会变迁，并使人类学关于人类社会生活的理想付诸具体的行动与实践。②

人类学涉足许多领域，早期人类学主要研究简单社会中原始族群和“异文化”。由于封闭的社区样本日渐稀少，当代人类学把目光投向族群全球化、公共文化、性别、都市等，在分支中寻找“田野”。随着殖民体系的瓦解和本土人类学者的成长，研究对象由异邦转为本土，由异文化转为本土文化，由原始村落转为现代化都市，这为应用人类学的发展提供了新空间。不过，即便一部分应用研究转为更复杂社会——包括主流民族的文化，还有相当一部分仍然把少数民族视为研究的重点。体育人类学作为新兴的应用性分支，从研究体育本元问题出发，仍然可以深入保持原始身体文化形态较好的少数民族地区进行传统的田野调查，在研究领域上有着广阔的空间。体育人类学在传入之初就开始了本土化的尝试，主要研究对象依然是旧有的对本地区原住民传统体育的研究，对自身的理论和方法的探索可以说尚在起步阶段。

---

① ［德］康德．实用人类学［M］．邓晓芒，译．上海：上海人民出版社，2002．

② 董建辉，石奕龙．西方应用人类学百年发展回顾［J］．国外社会科学，2005，（5）：2-6．

**（二）人类学传入中国后的快速本土化**

人类学最初由严复等人翻译有关著作于20世纪初传入中国。1900年，清政府颁布《大学学制及其学科》，设有“人类及人种学”课程。1904年，梁启超曾在他所办的《新民晚报》刊登《中国人种学考》。1912年，“中华民国”政府教育部颁布的《大学学制及其学科》也设有此课程。1916年，孙学悟在中国科学社《科学》杂志上发表了《人类学之概略》一文，正式使用“人类学”一词。1918年，陈映璜的《人类学》一书出版。1924年，顾寿白出版了《人类学大意》。著名教育家蔡元培于1917年开始担任北京大学校长，他采取了兼容并包的办学思想，推进了包括人类学在内的各种新学问的建立和发展。1926年，他在《一般》杂志第一卷第12号上发表了《说民族学》，指出民族学是一种考察各民族的文化而从事记录或比较的学问。人类学在中国的传播经历了从体质人类学到文化人类学的重心转移，过程十分迅速，20世纪30年代以后形成了偏重于文化人类学的局面，从事体质人类学研究的较少；而且，相对于文化人类学而言，对体质人类学的了解及研究，也要比西方晚很多。

在20世纪20年代中期以前，一些外籍学者在中国从事体质人类学研究，带动了吴定良、李济、刘咸等人参与并受到锻炼。在周口店北京人的发掘研究中，老一辈古人类学家杨钟健、裴文中、贾兰坡等做出了重要贡献。这一时期，是中国人类学北京协和学派、成都华西学派的萌芽和成长时期。① 华西大学是由美、英、加三国基督教会于1905年在成都联合创办的一所普通高等学校。该大学自1910年招生，当时即注重人类学与社会学的教育，如哲学系、西洋史学系均设有“人类及人种学”课程。而理科的生物学系亦设有“人种与人类学”课程。②③

人类学早期本土化最明显的领域是社会学与文化人类学，领军人物是燕京大学的吴文藻。“学科本土化过程可以看作中国人以及中国文化对西方文化进入的一种应对方式。当中国人从西方人那里学到这些学科的知识之后，一种深埋内心的对于母文化的感情使其选择做出了对于这些外来学科进行改革的尝试，作为第一代在海外学习社会学、人类学、民族学留学归国的吴文藻就是这

---

① 李绍明. 略论中国人类学的华西学派［J］. 广西民族研究，2007（3）：43-52.

② 华西校史编委会. 华西医科大学校史（1910—1986）［M］. 成都：四川教育出版社，1990：13-14.

③ 四川大学史稿编委会. 四川大学史稿（第四卷）［M］. 成都：四川大学出版社，2006：30-32.

种尝试的代表。”① 他和其学生费孝通、林耀华等人为代表的学术群体，讲理论，重应用，在实践中将“社区研究”和“功能主义”结合，努力探索学科的中国化，树立了从异文化研究转向本文化研究的范例。吴文藻于1929年自美回国后，在文化人类学的教学中采用中国文献和民族学材料进行讲授，主张中国人类学应包括汉族在内的整个中华民族，提出“彻底中国化”。他认为，为应用人类学提供理论基础的功能学派理论，最适于用来研究中国国情。② 后来，由于战乱和意识形态的困扰，人类学在我国销声匿迹长达半个世纪之久。这期间，体育作为一种教育改革举措尚致力于从英、德到日本模式向美式转换，其间虽有“兵操废存之争”“土洋体育之争”等波澜，但并无展现学科层面的全球化理论视野。

可以说，人类学自传入中国伊始，就走向了本土化的应用之路。体育人类学的本土化，不过是秉承了前辈们的传统方式而已。

**（三）新时期的发展**

1978年后，文化人类学在中国逐渐复苏，多所大学新设或重建了人类学系，成为人类学教学和研究的重要基础。1980年，香港中文大学设立了人类学系；1981年，中国人类学学会成立；同年，中山大学复办人类学系；1984年，厦门大学成立了人类学系并恢复了人类学陈列馆；1999年，云南大学也成立了人类学系。20世纪90年代初，中国体育界为接纳人类学做好了充分准备。

重新复苏的文化人类学在改革开放以前受到了压抑，而归属自然科学领域的体质人类学及考古学则有着长期稳定的发展。中国科学院古脊椎动物与古人类研究所牵头，与各省市文博系统配合，成为中国古人类研究的主要力量。中国社会科学院考古所、北京自然博物馆等独立学术研究机构也进行了体质人类学研究。各老牌大学或专业医学院校的相关机构也成为体质人类学研究的重要力量。中国引进体质人类学以来的重要特征，就是研究对象一直是中国人自己。改革开放后，中国体质人类学的研究技术向微观和分子水平发展，在古人类学、现当代中国人的体质研究以及相关应用学科方面取得了持续进步。体育界虽然借鉴了人体测量与评价等方法，牵头进行了国民体质监测、青少年体质调查等活动，但与体质人类学并没有太多交流。

进入21世纪，随着中国综合国力的增强，越来越多的人认识到人类学研

---

① 孟航. 中国民族学人类学社会学史［M］. 北京：人民出版社，2011：165.

② 蔡元培. 蔡元培全集（第6卷）［M］. 北京：中华书局出版社，1988：421-422.

究的重要性，文化人类学的中国化趋势日益明显。“应用人类学是指在承认人类社会文化是不断向进步方向发展的前提下，把人类学家对人类文化社会的认识和知识应用于改善人类社会文化现状和促进人类社会文化发展的学科。”① 西方的人文社会学科有自己的生长土壤和服务对象，不能像自然科学那样照搬过来，否则就会成为脱离中国国情的空洞理论。体育人类学的引进和消化，在改革开放初期经历了从民族学、历史学转轨的漫长过程，21 世纪正在向更加务实的发展人类学汲取营养。

随着新世纪的到来，中国的体育人类学脚踏前辈学者的足迹进入本土化的进程，从研究作为传统文化组成部分的中华民族体育入手，避免把中国的材料仅仅作为西方理论的注脚，积极探索自己学科应有的理论和方法，在以身体运动为基础的实证和分析中，对体育文化的发生和发展进行自主性理论创新，从而为中国体育事业的发展开拓更广阔的空间。

## 第二节　人类学进入体育研究的新阶段

人类学进入体育研究的过程，大致经历了三个阶段：初期体质人类学潜移默化影响的被动阶段；正面引用文化人类学指导学科构建的主动阶段；将形成具有体育人类学文理融通特色的理论和方法的新阶段。

### 一、从体质测量到身体文化

“体质人类学是体育科学的学科之一，也称‘自然人类学’或‘人体学’。”它“为体育运动的发展提供可靠的材料，而体育运动发展又有助于改善人类群体体质特征”。实际上，我国体育学科和体育专业课程中从来没有“体质人类学”这门课；对体质人类学所研究的人类各群体的体质和结构的特征，涉及人类起源和演化，以及现代人种形成、种族和民族的分类等方面，体育研究也很少涉及。就体质人类学的内容而言，体育研究能借鉴的是其有限的一部分，即因体育运动直接影响身体变化的那一部分。不过，人们往往把这类知识视为医学常识，研究过程中也未加以重视。

---

① 石奕龙. 中国应用人类学的过去、现在与将来［J］. 云南社会科学，1994（6）：57-61.

然而，人类学支撑着体育研究从体质测量到身体文化的逻辑链条，充分体现了从自然科学到社会科学的桥梁作用，实现了文理融通，还原了真实的人类需求。

**（一）体质人类学研究的分支及方法选择**

20世纪初期，在中国进行体质人类学研究的外籍学者中，加拿大学者步达生和德国学者魏敦瑞以研究古人类化石著称；而俄国学者史禄国对华北、华东和广东人进行过体质调查，美国学者W. R. 莫尔斯对四川一些少数民族也做过体质测量和观察。在中国学者中，李济和吴金鼎调查过现代中国人的体质特征，分别著有《中国人的组成》和《山东人体质特征的研究》。吴定良曾发表过中国少数民族体质调查和古人类学方面的论文，撰写了《边区人类学调查法》，推荐用马丁法测量少数民族体质。① 1912年，四川都督府派人到峨边、马边、雷波、屏边4县的彝族地区进行调查。1914年，丁文江对川滇交界处少数民族进行的人体测量，可视为中国最早的关于体质人类学性质研究的田野工作。

中华人民共和国成立后，杨钟健和裴文中为古人类学研究事业的发展做出了贡献。贾兰坡和吴汝康对旧石器时代古人类化石方面有许多重要的研究。颜訚曾致力于新石器时代人骨的研究。随着一批古人类化石的出土，古人类学家开始利用氨基酸年龄测定法、石制品微磨痕分析法、热释光断代法等新技术进行研究，同时广泛运用古生态学的研究成果来分析人类的进化过程。两次全国人体测量训练班的举办（1979年上海，1986年北京），以及吴汝康等的《人体测量方法》（1984年）和邵象清的《人体测量手册》（1985年）的出版，规范了中国民族观察研究和人体测量的标准，也影响到体育界研究者参与到多部委组织的全国青少年体质调查和国民体质监测中。事实上，儿童青少年生长发育和体育运动的相关人体测量学技术早已得到广泛应用，在少数民族、运动员的体质研究中也应用了Heath-Carter体型法。值得注意的是，在体质人类学的“古人类学”和“今人类学”两大研究部门中，体育界的测量没有涉及前者，而仅与后者的部分内容有关，如近年来体育界负责开展的国民体质监测，可视为体质人类学的组成部分。2012年，香港中文大学、中国香港体适能总会等也开始对香港居民进行体质测量。

---

① 凌纯声，林耀华. 20世纪中国人类学民族学研究方法与方法论［M］. 北京：民族出版社，2004：267-296.

体质人类学不仅研究现代人外部的形态特征，还研究其身体内部的生理、生化特征，同时还要研究在不同群体中性别、年龄上的差异，并探讨变异的原因和规律。除此之外，它还要分析社会因素、地理环境、风俗习惯、生活条件、劳动锻炼和体育运动等诸多因素对于人类体质结构所发生的影响。迄今为止，体质人类学对中华民族整体大样本体质测量仍处于探索阶段，在体育领域的应用也主要集中于在校学生、城市居民等有限的范围。

在“发展体育运动，增强人民体质”体育发展方针的指引下，体质测量作为体质人类学一个相当重要的应用性分支，逐渐成为独立的学科。20 世纪 80 年代初，体育界已把体质定义为人体的质量，指在遗传性和获得性的基础上表现出来的人体形态结构、生理功能和心理因素等综合的、相对稳定的特征。该定义中，体质主要包含身体的发育水平、身体的机能水平、身体的素质和运动能力水平、心理的发育水平、适应能力 5 个方面的内容。①

这样，体质人类学在体育领域的应用范围明显收缩，排除了从复杂的古人类化石、灵长类比较等极为宽泛的研究对象，也几乎不考虑头骨的测量，而仅仅集中到当代人群的身体形态和运动技能变化；测量方法也大大简化，避免了数据众多的头部，而集中到最能检验体育效果的活体人类的躯体，从而构成了体育人类学用以检验体育效果的相对独立的方法。

**（二）体质人类学的方法应用与体育学科发展**

传统的体质人类学方法主要有测量技术、形态观察和统计学分析等。

1. 测量技术

测量技术分为活体测量和骨骼测量两大类，必须使用国际上通用规格的人体测量仪器。1906 年于摩纳哥召开的第 13 届国际史前人类学与考古学会议、1912 年于日内瓦召开的第 14 届国际史前人类学与考古学会议上通过的测量项目，所得到的数据具有统一的国际标准，至今仍然被采用。体育的测量主要是活体测量，注重通过后天锻炼而易发生变化的身体围度指标，对主要受遗传影响的研究古人类化石中常见的骨骼测量较少涉及。从 20 世纪 70 年代开始，国际上发展了一种非接触性的新光测方法——莫尔拓扑法（Moire topography），使用起来方便、迅速、准确。由于竞技运动是检验现代科技的大橱窗，体育测量中也已使用最先进的运动轨迹测量仪器。譬如，北京体育大学的国家重点实验室配备了几乎所有有关的先进测量仪器。

---

① 陈明达. 实用体质学［M］. 北京：北京医科大学、中国协和医科大学联合出版社，1993.

2. 形态观察

形态观察法主要采用肉眼观察，并结合观察工具对人体上的若干特征进行记录。人体的有些特征是不能用尺寸和角度的大小来衡量的，例如，一个人是鸡胸或者驼背，不能用胸围的尺寸来判断。这类特征统称为非测量性状，必须采用国际统一的各项标准。与体质人类学集中于头部形态的数据不同，体育形态测量的主要关注部位是躯干和四肢。

3. 统计学分析

由于体质人类学着眼于人类群体的研究，因此各类样本的例数较多。应用统计学的方法对所获得的数据和资料进行处理，这对体育专业的学生并不困难。在研究过程中，通常还需要对照各种人类学标本进行归类、对比和判别；而体育的测量往往针对同一群体，但也需要较大样本量以获得足以说明问题的数据。目前，国内外学术界经常使用的方法为多元分析法，常用的软件有 SAS、SPSS 等。

20 世纪 80 年代以后，人类对自己身体的认识已深入到遗传基因和生物化学等领域，不仅仅把种族作为具有研究意义的单位，还可以根据基因分布情况，关注家庭、家族或其他一些地域性种群。近年来，随着自然科学的不断发展和各学科之间的相互渗透，在体质人类学的研究中引进了一系列新方法，如胚胎学、组织学、生理学、病理学、分子生物学和群体遗传学等方法。这些新方法的引入必将为传统的体质人类学研究带来崭新的面貌。

在对当代中国人的体质测量中，体育部门扮演了举足轻重的角色。早在 1979 年，“中国青少年儿童身体形态、机能和素质的研究”就揭开了中国青少年体质研究的序幕，该成果被列为“1979 年全国十大体育新闻之一”，并于 1982 年荣获国家体委科技成果一等奖，1985 年荣获国家科技进步二等奖。1981 年 11 月，中国体育科学学会成立了体质研究分会，标志着中国体质研究作为独立的学科，在体育科学领域中占有了一席之地。① 1975 年、1985 年和 1995 年，卫生部组织了三次全国 9 城市 0~6 岁幼儿体质调研活动，调研的主要内容包括身高、体重、坐高、胸围、头围和臂围等涉及生长发育水平和部分健康的指标，调查样本量多达 10 余万人。1998 年，由国家体育总局体育科学研究所和中国“关心下一代委员会”牵头负责，在 17 座城市进行了 3~6 岁幼儿体质调研，调研主要包括形态、机能和身体素质指标，样本量为 35 928 名。

① 江崇民，张一民. 中国体质研究的进程与发展趋势 [J]. 体育科学，2008，28 (9)：25-32.

虽然我国体育界对中国人的体质测量成为主要的推动力量，规模巨大、成果显著，但它仅仅是部分国民体质监测，而且并没有成为构建我国体育理论的重要依据，其效益尚待充分发挥。

**（三）体质测量是为了文化进步**

体育中的人体运动虽然与先天遗传有密切联系，但体育行为本身却是一种后天习得活动，了解“体”是为了更好地“育”。体育作为文化的组成部分，需要不断发展和进步。

许多人类学家都有自然科学的学术背景，如英国的马林诺夫斯基等，还有参与编写和修订皇家人类学会《人类学的询问与记录》的几位人类学家：艾·哈登（1855—1940），早期专攻解剖学和动物学，1888 年到南美托雷斯海峡考察海洋生物时，被当地土著居民的生活习俗所吸引，从此把研究方向转移到人类学领域，任剑桥大学唯一的人类学者达 30 年之久，出版多种著作；塞利格曼（1873—1940），早期从事医学和心理学研究，后来到美拉尼西亚考察，将兴趣转到人类学，后长期在伦敦政治经济学院任教，一度在美国耶鲁大学任客座教授；里弗斯（1864—1922），起初攻读医学和生理心理学，1898 年参加剑桥大学考察队在美拉尼西亚进行心理测试后，将兴趣转向人类学，对摩尔根的理论有所修正。

在中国学者中，把体质人类学与文化人类学有机结合的典范，是被尊称为“中国人类学第一人”的李济。他在美国完成了博士学位论文《中国民族的形成》，这是第一部中国人写的现代人类学著作。1923 年，李济回国，应南开大学聘约，担任人类学教授。1938 年，李济获英国皇家人类学研究所荣誉研究员。1949 年，李济在台湾创办台湾大学考古人类学系。

在应用人类学研究中，体育人类学应高度重视借助体质数据解释文化。尽管个别学者通过划分所谓“大人类学”“小人类学”，把人类学等同于文化人类学，[①] 试图把自己不熟悉的体质人类学排斥于人类学外，然而极端强调人类的“文化”和“社会”，都不可能离开身体这个基础，更无法回避自己是大自然的物种之一这个事实。

体育人类学具有连接体质人类学的天然优势，而且它能够使人清醒地认识到：体质测量作为自然科学技术是中性的，对其测量结果的应用没有主观偏见。体育能够使人身体健壮，这是显而易见的事实。对人类身体的测量是为了检验体育的效果，但又不能把目标仅止于“增强体质”——增强了体质以后

---

① 王铭铭．人类学讲义稿［M］．北京：世界图书出版公司，2011.

干什么可能才是更重要的。测量不是最终目的，而是追求更高目标的手段。正如体育运动可以增强体质，但不能把身体强壮者视为工具甚至驱其作恶。人类要根据体育带来的效果决定如何发展体育：体育可以作为政治、经济的工具，也可以用以提高人类生存质量。

中华传统的文化概念有“纹理”之意，指的是人与人之间纵横关系形成的人伦现象。以人伦规范化成天下，即“文化”。回顾历史，人类学对体育实践并非只有积极促进作用，在滥用“文化”时也有负面的影响。以奥运会为例：1904 年美国圣路易斯奥运会的“人类学日”，宣扬种族歧视，违背了人道精神；1936 年德国柏林奥运会，宣扬纳粹的侵略与杀戮欲望，违背了人类的团结与和平精神。对人类生物性的文化研究，如果不在价值理性中向善，就会阻碍和误导体育文化的进步。因此，体育人类学并非仅仅是体质人类学方法的部分应用和发展，更是为体育判断向善的理想提供扎实可靠的依据。体育人类学在创立之初，把汲取营养的触角伸向文化人类学；而在发展成熟阶段，在生物学科群的基础上有选择地采用体质人类学的部分测量方法，其目的在于正确解释和说明身体文化的价值。

诞生于北美的体育人类学以文化人类学的理论和方法为主要内容，但在近 30 年的实践应用中出现不接地气或水土不服的现象，这恐怕是与体育人类学前辈们的体育史研究背景有关。日本学者将其引入亚洲，聚集的也是一批有体育文史研究背景的大学教师。然而，文化人类学的研究对象是文化，其终极目标指向对人性的了解和阐释，需要对所有的人类族群及其文化进行比较研究，这当然也包括人类不同历史发展阶段和水平的身体运动文化的研究。体育人类学在实践中不断发展，需要不断解决问题，应根据人类学跨学科的特点及当代转向，迈上一个新的台阶。体质人类学和文化人类学理应携手进入体育研究，在体育研究中实现文理融通，汲取行之有效的发展理论，使体育人类学成为一门能真正体现自身价值的应用人类学。

## 二、文化理论与体育研究

人类学正式进入中国体育研究者的视野，与文化研究有关。“文化”一词，在西方源于拉丁文“cultura”，原义是指农耕及对植物的培育，15 世纪后逐渐引申为对人的品德和能力的培养，但直到欧洲启蒙运动时期才具有独立的抽象含义。所有的文化理论流派的源流几乎都可以追溯到人类学。①

---

① 胡小明. 胡说体育文化［J］. 体育学刊，2010，17（3）：1-6.

改革开放初期，神州大地掀起“文化热”，成都体育学院一群对体育文化抱有浓厚兴趣的青年自发组织了“体育文化沙龙”；同时，北京的卢元镇、南京的程志理等学者，也是当时研究体育文化的先锋。对体育文化的研究，使我国的体育理论研究进入一个新的阶段，体育人文社会学科与其他体育学科有了更加明显的分野。

文化研究使体育界认识到，自然科学规范套用于社会文化研究领域应十分慎重。譬如，以单线性的社会达尔文主义进化理论来看体育文化，得出的结论一定是农耕土壤里的中华传统体育必然落后于作为工业文明产物的西方体育。况且，进化论的“适者生存”并不等于“弱肉强食”，进而引申出“在斗争中求生存”的军事化体育思维方式则更不利于当代中华民族的和平崛起。在竞技运动针对体能发挥的有限范围里强调“更高、更快、更强”没问题，但与进化论的“优胜劣汰”联系起来推及广阔的社会层面，就会从体育文化中消减人文情怀，由个体身体发展的不平衡滋生出歧视弱势群体的病毒。

文化生态的理论似乎更有利于体育文化的研究，而发展人类学则可直接介入体育实践的发展。体育生态化问题，可能在 21 世纪成为研究热点；而运动参与的推进，需要借鉴参与式评估方法。参与式发展理论更有利于解决实际问题，对民族传统体育活动的后现代化提供了路径与方法。

近年来，“身体”作为现代学术思想阐述的重要切入点之一，渐次成为一种独特的思维范式。该范式不仅渗透于诸多哲学问题的探究之中，而且还影响到其他学科领域，形成“身体现象学”“身体伦理学”“身体美学”等。但就体育研究而言，这些暂时还是看似与体育有关的一堆飘忽概念，落地尚需时日。

把文化与发展连在一起，是传统向现代过渡的新途径。虽然发展的理论是由新古典主义经济学家提出的，但当他们看到自上而下的技术和资本密集方法收效不佳时，于是就转向了对社会文化因素的重视。“发展的人类学用人文学科的理论和方法解决社会科学中由来已久的问题（发展、经济、社会），使研究者得以站在另一个空间、以另一种眼光看现实。”发展人类学的创始人之一米歇尔·塞尔尼指出，一旦认识到对人类学知识和技巧在发展进程中的贡献，像世界银行这类著名机构也会让人类学家来改善以经济为中心的自上而下的传统方法。[①] 20 世纪 70 年代，一些发展机构，如美国国际发展署和联合国开发

---

① ［美］阿图罗·埃斯科瓦尔．人类学与发展［M］．北京：社会科学文献出版社，2000：76.

计划署等，开始利用人类学家的专长和知识修订发展计划，把社会问题的解决方案与经济增长指标都放进政策和规划里。同时，发展人类学的研究机构也开始建立，如美国的发展人类学研究所、英国的海外发展研究所、丹麦的发展研究中心、法国的海外科学和技术研究办公室，以及肯尼亚的发展研究所等。以发展人类学为题的论文或书籍也相继出版，这些都是发展人类学诞生的标志。[①] 西方应用人类学的发展趋势表现为向当代以问题为主导的跨学科研究转移，采用参与式与合作式研究方式，更多使用定量方法和高科技方法（如地理信息系统 GIS）来收集资料，采用焦点小组访谈、参与行动研究（PAR）、农村快速评估（RRA）、参与研究式评估（PRA）、多方检证（triangulation）的方法，有更强政策性和社会影响。对体育文化、体育制度和体育活动相对滞后的部分，都可以尝试以发展人类学的理论为指导，围绕人类身体运动的特殊研究领域，探索出新的综合方法。

## 三、人类身体运动综合研究的新阶段

人类学对体育研究呈台阶式影响。前期是体质人类学潜移默化地影响人体测量的方法；在学科正式建立以后，是用文化人类学指导学科构建的主动引进阶段，这个阶段长达20余年；现在则进入形成具有自身学科特色的理论和方法的新阶段。

人类学对体育研究者开启了一扇大门，其视野开阔、文理融通、脚踏实地的优势一目了然。但是，人类学的各种文化理论并非绝对真理，它们会随着人类学研究的进步而不断被补充和修正。在体育人类学研究中，在方法上的与众不同之处就是特别看重对特殊身体运动文化的实证，而且需要走出空谈体育文化无关体质的误区。体育人类学的资料收集借鉴了人类学的有效手段，可以取得真实的第一手体育研究调查资料，但最终目的是为了与体育有联系的相关研究。因此，体育人类学对人类学的理论与方法不能一味生搬硬套，而是需要认真选择、实际试用、择优改造、反复检验。

多年来，体育界经常把理论探讨视为对现行方针政策的诠释，使得体育学术研究具有短期功利色彩，忽视了基础理论研究。而人类学用于体育研究的形式相对超脱，它通常运用价值中立的跨文化范式来进行理论建构，强调必须掌握足够的已有成果作为研究素材，尤其倡导踏踏实实做田野调查，确保获取第

① Satish Kedia，John van Willigen. Applied Anthropology：Domains of Application［M］. Greenwood Press，2005.

一手数据和材料，以使自身研究结果具有毋庸置疑的权威性。人类学以人的体质和文化作为立足点，或侧重理论，或偏向方法，往往根据不同的研究领域、任务、对象、目标而交替或同时使用。一般而言，体育研究者刚开始接触到人类学，较多注重其理论观点的借鉴；逐渐深入后，开始对方法论倾注更多兴趣；而真正拿出学术界认可的成果，则仍然需要回到田野，用自己的辛勤劳动换取的扎实材料来证明假设，进入理论创新的阶段。

就中国的体育人类学进展而言，为了推动体育研究进入协同创新领域，它必须重新选择实践中行之有效的理论，尝试主客体共同探讨发展路径的方式。在实证化技术路线的层面倡导文化人类学与体质人类学在更高层面的综合，是人类学面向特定领域的新的综合，也是人类学研究中的一个新趋势。综合的本身就是创造，尤其在文化人类学与体质人类学分家已久的中国学术界，重新把人类学两大分支结合起来运用到体育研究领域，并在具体方法及技术路线上改造、增加和完善，使之更适合于体育研究，对人类学和体育学的发展都有创新的意味。

这种在高度分化的学科理论和方法上的新综合，围绕人类身体运动的研究领域，当前初步产生了三个指向：

一是澄清或颠覆了对体育本源及演变进行解释和说明的基础理论，通过体育人类学的理论和方法对体育萌生及演变的传统理论进行实证以纠正谬误，丰富与完善现有体育原理；

二是对身体运动独特的社会文化功能的价值评估，主要针对原始身体文化的田野调查，通过相关文化现象的发生学意义上的实证研究，令人信服地阐释身体运动对人类文化萌生的贡献；

三是为了使体育运动与人类社会协调发展，尤其是当前中国体育事业发展方式的改变，需要推动参与式发展趋势，对存在的问题提出导向性意见。

这三个方面的研究领域，第一类偏重于运用人类学已有的大量研究成果对以前缺乏依据的体育假说进行演绎和验证；第二类通常采用特别适合原生态少数民族传统体育研究的田野工作方法，获得原始文化研究中体育人类学独创的创新性成果；第三类则借鉴本土化的社会学、人类学、民族学的综合研究方式，试图在当前亟须的应用领域解决问题，如制度创新、青少年体育及民族体育的参与式发展等。在此过程中，体育人类学应积极汲取发展人类学及各相关学科的成熟知识，形成具有自身学科特征的理论与方法。

体育人类学的发展历程，是吸收人类学理论与方法的过程，也是在方法特色和技术路线的层面进行改良与创新的尝试过程。文理融通的田野调查方法能够使体育人类学与其他学科区分开来，为体育理论建设推出最新成果，形成自己的研究特色，等待未来实践发展的检验。

## 第三节　体育人类学的学科建设

### 一、体育学科建设的空心化问题

我国体育学科的发展，在改革开放初期空前繁荣，对体育学科体系的探讨主动积极，新兴学科如雨后春笋般发展起来。不过，从历史角度看，体育科学的发展几乎都是借助各个非体育学科的理论、方法、手段、公式和定律去研究体育的各种现象、问题、功能和价值，体育几乎没有从自己领域生长出来的成熟学科，因此还处于哺乳期。然而，为这个学科发展打基础的哺乳期不能无限延长，它需要解决阻碍成长的空心化问题，发展成为独立的学科。

**（一）体育研究的轻浮表浅导致学科空心化**

当前，我国的体育研究，尤其是人文社会学科存在借壳换名、贪大求洋、脱离实际的弊端。体育因舶来于西方，不少研究者唯西方马首是瞻，拾人牙慧，纠缠于名词术语的自我理解与生编硬造，甚至数十年如一日把概念研究等学科启蒙知识当成一门学问来做，却未能探究飞速演进的当代体育结构变化与发展路径。

尤其令人担忧的是，部分中青年研究者崇尚高谈阔论，热心“宏大叙事”，不从实际体育问题中汲取素材，从而使书斋里拍脑袋式的“体育研究”缺乏现实基础，导致“成果”的假、大、空、飘；各种渠道的课题项目泛滥成灾，研究成果泡沫化的虚假繁荣，却大多无益于体育实践，仅供研究者自娱自乐。近年来，许多论文牵强拉扯某些昙花一现的西方理论，热衷于做读书笔记式的推介。这些研究大多是对文献资料的梳理和重组，缺乏第一手资料和对研究对象的直接把握，倚仗外来的翻译资料封杀了中国学者自己的创新可能性。这种情况的长期积淀，导致体育学科大多仅剩外壳而内容空心化。

数千年封建专制的惯性，使体育很容易把崇尚竞技精英放大为上尊下卑的心态，成为膜拜锦标的上智下愚、压抑个性的工具。在学校体育千篇一律的强制性操练动作中，成为消减青少年好奇心、想象力和创造性的手段，铸造失去人格独立和思想自由的简单劳动力。然而，研究者漠视中国体育人文价值观的匮乏，追求“放之四海而皆准”的解释模式，轻视个案分析方式，也导致体育研究脱离实际，不解决任何现实问题。我国体育学亟须加强学科建设，为各门学科填充有价值的内容；同时应面向实践接上地气，为体制机制创新提供学理依据。

实证得出的结论最令人信服，其重要性在信息爆炸的今天尤为重要。在体育研究中，我们遇到问题往往习惯于上网查询。事实上，网络上充斥着大量思想水平不高、权威性不强、理论性不足、文字表达缺乏逻辑和规范的“学术”文章，出处不明、真假难辨、剽窃抄袭现象普遍，致使学术的平庸化和劣质化。

这种情况并非个人的道德意识所能约束。网络时代，人们习惯于即时性的快餐式阅读，脱离了书刊时代按照书刊的页码和文字顺序运用逻辑思维能力思考的模式，“鼠标轻轻点，信息蜂拥至”，猎奇心理下的点击行为以某条信息为起点向外延伸分散的被动思维结构，消解了对体育理论和实践问题产生的反思。人们通过网络和电脑进行搬运组合，却没有深刻理解和体验，结果大量信息迅即成为过眼云烟，没有升华为理性认识，这些都削弱了人们的思想创新、学术创新和理论创新能力，使知识泡沫化，错漏信息泛滥。这就需要体育人类学以文理融通的实证方式抗击浮躁之风。

借助人类学的体育研究者，仅仅依赖网络来获取粗糙浅薄化的信息远远不够。一般是通过对人类学经典文献的阅读，逐渐形成对于人类学基本理论和研究方法的初步认识，并有意识地应用于对体育运动行为与文化的分析之中。而进一步理解人类学理论和方法的有效途径，则是阅读相关的民族志，为实证的有效性奠定基础。人类学的研究依赖脚踏实地地面向现实生活进行细致入微的全面调查，尊重真实可靠的第一手材料的实证过程，可有效抗击学术研究中的功利浮躁之风。只有面向基层，面向陌生的现实，面向广袤的实践，亲身奔赴体育运动第一线，亲手获取第一手资料，在第一时间把握体育观念更新的导向，才是体育人类学的风格。

一门学科，即使是分支学科，如果完全没有自己的理论和方法，就只能为所依附的母学科提供研究场所和素材。众所周知，早在体育人类学的名称正式提出之前，已经有不少人类学家研究了各民族的传统身体游戏和竞技。从这个角度讲，如果体育人类学长期无法生成自己的理论和特有的方法，这门学科还有存在的必要吗？

与依附同时存在的是封闭，即学了一点其他学科的理论和方法，就在体育圈子里故步自封，无视体育与诸多社会文化现象之间的复杂联系，把体育“封闭”起来孤立看待，从而失去人文社会科学的“滋养”。长期以来，一些体育研究者习惯于东拼西凑二、三手材料或借助网络将资料下载到电脑里进行排列组合，无视学术规范，不和其他学科交流，严重脱离实际，因而导致研究结果在体育实践中毫无用处。

体育学科中几乎都是借助某一门母学科的理论和方法来研究体育的某一方面。然而，依附的目的是为了尽快获得独自生存的营养，而不是无休止地仅仅披着一张皮。体育研究者总是想证明自己的学科存在及学科的科学性，总是担心自己成为其他学科的领地，但并未警觉到自身学科的空心化。

因此，借鉴相邻学科的发展，可以获得有益的启示。

**（二）艺术学科发展的启示**

国务院学位委员会和教育部印发的 2011 年《学位授予和人才培养学科目录》，使艺术学正式成为独立的学科门类，而同一批申报的体育学却铩羽而归。

19 世纪末 20 世纪初，艺术学从美学中分离出来，成为一门独立的学科。20 世纪 20 年代，艺术学被引入中国，一批学者曾撰文讨论艺术学的研究对象等问题。20 世纪 90 年代，艺术学在教育界得到正式认可，其学科地位在中国得以确立。与之相比较，体育科学体系的讨论早在 80 年代就已成为热点，但被作为学科得到正式认可要晚于艺术学。

国务院学位委员会于 1990 年颁布的《授予博士、硕士学位和培养研究生的学科、专业目录》中，艺术学被确立为一级学科，在文学学科门类之下，与中国语言文学、外国语言文学等并列，下设 16 种专业。而体育学则于 1996 年正式成为一级学科。

1997 年，在国务院学位委员会颁布修订后的研究生学科专业目录中，艺术学仍然是文学门类的一级学科，在它下面分设了 8 个二级学科，即：艺术学、音乐学、美术学、设计艺术学、戏剧戏曲学、电影学、广播电视艺术学，以及舞蹈学。其中，首次增设了作为二级学科的“艺术学”。这时，体育学下设只有 4 个二级学科：体育人文社会学、运动人体科学、体育教育训练学、民族传统体育学。这些学科的名称不尽合理。

综合考量历史根源、学理和现实状况等多方面因素而形成的艺术学的设置，曾极大地推动了艺术学学科体系的发展，但由于艺术学归属于文学门类下，而实际上文学应该是艺术门类之一。这样引起的现实知识体系与学科体系划分的不一致，导致这一领域发展不畅。随着艺术理论和艺术实践的发展，要求将艺术学由一级学科升格为学科门类，成为近年来艺术学研究的热门和艺术学界的强烈呼声。同时，体育学也酝酿升格，但对学科体系的研究却相当滞后。

2010 年，进入学科评议阶段后，国务院学位办曾认为独立的艺术门类应当是三个左右一级学科设置的建构，由此一度形成了去除艺术理论单独占据一级学科而简化设置的意见，但很快招致艺术理论家的强烈反对。2010 年，在密集的研讨和意见碰撞后，国务院艺术学学科评论组确定，按照 4 个一级学科设置，即艺术学理论、音乐舞蹈学、戏剧影视艺术学、美术设计艺术学，并最终获得批准通过。最后，又将美术学和设计艺术学分立，形成现今的五个艺术学科的定稿，艺术门类及其下属一级学科的划分，尘埃落定。①

经过长时间、多方面的研讨论证，国务院学位委员会终于讨论通过，将艺术学升格为学科门类。在国务院学位委员会、教育部印发的《学位授予和人才培养学科目录》（2011）中，艺术学正式成为与原有的哲学、经济学、法学、教育学、文学、历史学、理学、工学、农学、医学、军事学、管理学并列的第 13 个学科门类，下设 5 个一级学科：艺术学理论、音乐与舞蹈学、戏剧与影视学、美术学、设计学。②

反观体育，不仅难以出台升格后如何重新组合的合理方案，而且学科建设不顾学理支撑的现象比比皆是。如最新设立的两个专业——运动康复和休闲体育：我们没有充足理由把运动康复从运动医学中剥离出来独立成为一门学科，休闲没有成熟为学、休闲体育概念混乱、没有理论框架的一种实践活动也无法成为学科。此外，原来以“武术（含气功）”为主干的民族传统体育学二级学科，不能改变包容关系为并列关系而更名为“武术和民族传统体育学”。这种拍脑袋东拼西凑的结果，累加各分支学科的组合，导致“体育学”整体空心化。

**（三）人类学文理融通的优势有助于学科建设**

体育学科基础条件不差，并且与艺术学科一同申报但未能升级，其中一个重要的原因恐怕与学科建设的空心化有关。譬如，所谓“体育人文社会学”，表面上看很热闹，随手可以抓出若干门学科，但挤干水分一看却并没有什么干货。

现代医学已不满足于防病治病，而试图通过调节人的情绪、起居、饮食、劳作等各类因素，使人身心俱佳，几乎把体育研究中的多个科学内容涵盖殆

① 周星．文化视野中的艺术学门类建构思考［J］．艺术百家，2011（4）：27-33.

② 育轩．中国第 4 版学科专业目录公布新增“艺术学”学科门类［N］．北京：中国社会科学报，2011-04-07.

尽。“社会—文化人类学有一个区别于其他学科的特征。具体说来，就是我们的理论和方法都是，要把人这一现象置于全面的环境中考察，要涉及自然的、生物的以及社会的、世界的一切方面和种种变项。”① 从这个角度看，人类学是与自然科学、社会科学结合得相当紧密的学科，这一点与体育学特征极为相似。引进人类学的理论与方法，使之在一个特别需要对身体运动加以实证研究的应用领域加工凝练，结合自身特点构建体育人类学，对体育的发展十分有益。

人类学在学科属性和相关的研究方法上，横跨生物科学、社会科学和人文科学 3 种不同的学科领域，对学科高度分化的调适以促进其综合发展。人类学在跨学科的交往互动中不断丰富发展，其研究领域和影响力日益扩大；同时，也产生新的交叉分支学科，一些应用人类学被纳入发达国家高校的教学与科研体系，推动相关学科向纵深发展。在这样的背景下，包括体育人类学等一系列分支学科和应用学科不断涌现。

相对于其他学科的学者，人类学家从更广阔的基础来研究人类行为，因此更擅长从复杂的生物或文化层面，对人类进行总体的一般观察。透过文化人类学对不同文化的研究结果，人类学家常常对社会学家、心理学家、经济学家的结论提出质疑和挑战，因而常常扮演对社会科学富有建设性的角色。②

人类学进入体育研究的优势，具有文理融通的特点，为体育学科的建设带来衔接各学科的立体时空架构。体育人类学的跨学科特点，有利于不同学科背景的研究者走到一起，在团队里不同学科的相互碰撞、修正和交融中，产生新观点、新思想、新方法、新理论，从而推动体育研究的新发展，并在其他体育学科难以涉足的应用领域得到显现。体育人类学可以深入到边远少数民族地区开展田野工作，可以实证性地研究一切身体运动与真正的体育活动的异同，可以分析“非物质文化遗产”的真伪及体育文化价值。通过“实践是检验真理的唯一标准”在方法论中的执行，发挥实证的优势进行判断和评估，正视身体运动异化与生态平衡的矛盾，解决文化变迁与适应的问题，参与政策评估与发展规划制订，积极扶助体育与人类社会生存与发展协调一致。

众所周知，体育专业的学生都要学习有关人体的生物学科，尤其是人体解

---

① 希利尔·贝尔绍. 社会人类学与文化人类学的未来面临挑战［M］. 北京：社会科学文献出版社，2000：122.

② ［美］威廉·A. 哈维兰. 当代人类学［M］. 王铭铭，等译. 上海：上海人民出版社，1987.

剖学和运动生理学。这些学科以人体的一般形态结构、正常的生理功能变化为研究目的，与体质人类学的关系十分密切，掌握一定的生理学、病理学特别是人体解剖学的基础知识，是学习体质人类学的必备条件。但这些学科在研究目的和研究方法上又不同于体质人类学，它们在研究过程中着眼于人类的个体，注重于人体的某一方面或某一部分；而体质人类学则着眼于人类的群体，包括人类在自然界中的位置，人类与动物，特别是与灵长类动物的区别和联系，各人群的特征和分类，人体的生物变异，性别和年龄差异，以及身体各部位的尺寸、形式和比例关系等问题。令人遗憾的是，由于在高中阶段的文理分科，文化人类学的研究者，懂体质人类学尤其是了解生理学、解剖学的研究者如凤毛麟角。而具有体育专业知识结构的基础来学习文化人类学并应用于体育研究，具有特殊的综合优势。随着体育人类学的构建，可以重新实现体质与文化的科研方法的最佳链接与交叉互动，在体育理论方面形成宏观、综合的创新成果。

人类学研究通常能把一些新的研究范式吸收进来，从而为体育问题的认识和解决提供了新的可能性。人类学家的那种将人类丰富多彩的文化现象尽收眼底统筹考虑的恢宏气度，值得体育研究者积极效法。在当前我国的体育研究中，特别需要借鉴人类学关注弱势群体的传统，为我们从体育的角度去认识和为弱势群体提供有效途径。当前，我国体育人类学最需要的研究，是民族传统体育活动的参与式发展与非物质文化遗产保护等问题。

美籍奥地利人类学家艾瑞克·沃尔夫曾将人类学描写为“最具科学性的人文学，以及最具人文性的科学”。① 体育的人文价值充分显现于体育人类学的研究中，需要我们踏踏实实、一步一个脚印地追求真理。

西方体育人类学以异文化为主导的研究，研究对象集中在欧罗巴人种以外的遥远地区原住民；而在中国，体育人类学具有以自我文化为研究主体的鲜明特点，研究对象都是生物性特征差异不显著的人群，所以重点仍然在其人文特征，依赖实证的途径去彰显东方的人文精神。即使中国的体育人类学研究者对少数民族传统体育更感兴趣，一般也不会视为“异文化”，至多视为具有多样性新奇感的非主流文化。

因为与许多学科有共同的工具和背景的实证优势，体育人类学的学科特征决定其在跨文化研究中是卓有成效的。构建体育人类学这样的新兴学科，为体育学科群增添了生力军，使体育学研究更具有综合科学性和体现文化多样性的人文情怀。

---

① Wolf Eric R. Anthropology [M]. Englewood Cliffs: Prentice-Hall, 1964.

## 二、相关学科的影响

述评相关学科对已经包容了数十门学科的体育学的影响，在这有限篇幅中显然不够。因此，把体育人类学作为一只麻雀来解剖，可以给我国体育学的建设添砖加瓦。

依据郑德坤的看法，从 19 世纪 20 年代到 1949 年，中国人类学的发展可分为 3 个学派。首先是“历史学派”，由蔡元培创立。该学派提倡文化人类学的本土化，称之为民族学。它以历史文献为研究对象，兼及民俗、考古及语言学，并以实地调查为手段，参加者包括凌纯声、芮逸夫、陶云达、严复礼等。其次是“民俗学派”，由顾颉刚创立。19 世纪 20 年代，北京大学的一批国学家南迁，初至厦门大学，后移往广州中山大学，成立了民俗学研究中心，参加者包括钟敬文、杨成志、卫惠林、杨昆等。最后是吴文藻创立的“社会学派”，以北京燕京大学社会学系为中心，介绍社会人类学理论，也做实地调查，参加者包括林耀华、费孝通、杨庆昆、李安宅、李有义等人。抗日战争期间，这三派学者会合，集中前往昆明与成都，从事边区民族调查。①

### （一）历史学方法

人类学的深度访谈法可以探索人类认识体育的心路历程。法国人类家列维·施特劳斯曾经精辟地指出：人类学和历史学的主要差别在于它们选择了可以相互补充的透视法。② 因此，体育人类学具有自己独特的角度，在研究体育发展脉络，尤其是处于原始混沌状态的体育萌芽上有明显优势。

早期的文化人类学开拓者大多依赖历史学方法。如英国社会人类学的先行者泰勒，虽曾前往美国、墨西哥进行过田野之旅，但他与弗雷泽都是主要通过广泛阅读采集用于比较研究的历史文献资料。这些资料包括：古希腊与罗马的文学与历史、早期欧洲民俗学家的作品，以及来自传教士、旅行家、同时代民族学家的报告。弗雷泽创作了极具影响力的《金枝》（*The Golden Bough*），但他与泰勒一样，都对田野调查不感兴趣。20 世纪初，历史文献重构的方法逐渐受到质疑，一种新的研究取向开始盛行于英国人类学家。这种研究关注以针对当时状态的同时限（synchronic）分析，探讨社会如何整合在一起，而不是贯时限（diachronic）分析或历史分析；并强调长期的（一年到数年）深入田野调查。

---

① 陈国强. 建设中国人类学［M］. 上海：三联书店，1990：70-71.

② ［法］列维·施特劳斯. 野性的思维［M］. 李幼蒸，译. 北京：商务印书馆，1987.

此后的很长时间，在欧美人类学研究方法中，一般只注重于民族志的实地调查，并从大量的民族志资料中抽象出若干理论来指导实践。博厄斯及其学生虽然被称为历史学派，但强调的是“历史特殊论”，原因之一是对印第安原住民文化的研究中难以寻觅到历史资料与之配合，因而只能倚重田野调查。

在早期中国人类学家的学术背景中，不仅有着欧美的人类学训练，而且有着深厚的中国传统学术底蕴，尤其是深厚的历史学功底及对历史资料的充分熟悉与掌握。因为中国是一个有着数千年文明的多民族历史大国，拥有丰富的历史资料，其中包含着零散的民族志资料。再加上在几千年的社会传统中国学有很大影响，因此，许多人类学者往往既具备了西方人类学的素质，又具备了中国历史学的素质。从 20 世纪 50 年代到 80 年代，由于西方人类学处于被批判的分隔状况，我们只能模仿苏联，将民族学纳入历史学学科的范畴。

中国体育直接采用历史学的研究方法建立了体育史学科，数十年来成果累累。但是，根据典籍记载的资料来研究所谓古代“体育活动”，却凸显了历史学的不足——因为中国的历史典籍从来就不屑记载身体娱乐游戏。虽然体育史研究者一直用历史资料与考古学的发现来编写只言片语式的古代体育史，但很少结合运用亲自调查的民族志资料研究问题，所以中国古代体育史很像一堆古文献的零散串接。如果能将文献资料与田野调查资料有机地结合起来，体育史研究必将跨上新台阶。

采用从文献中寻找材料的历史学研究方法，是中外学者广泛采用的传统路径。中国的学术传统为“史外无学”，导致史学相当成熟，而体育史研究只能屈身于历史学高深殿堂上专门史的一角。而体育人类学的研究方法具有史志结合的特点，对还原体育发展进程的真面貌具有无法取代的优势。无独有偶，体育人类学作为一门学科在北美诞生并传播到东亚，最初介入的研究者也是一批体育史的学者。体育史研究者具有文献检索、阅读、梳理的基础训练，在论文写作方面也有较强优势。不过，由于自然科学尤其是生物学科方面的知识积累和训练相对较弱，因此只能在文化人类学的范畴里探讨问题，对身体运动的过程和效果无法涉及，容易使研究成果沦为摆设。

**（二）民族学方法**

民族学，可以被视为利用民族志的描述来探讨文化问题的人类学研究。民族学和人类学的同步引进，使 20 世纪上半叶的中国学者并不在意二者的区别。从 20 世纪 50 年代开始，我国学者采用了比较狭窄的苏联民族学模式，从事关于少数民族的民族调查和民族识别，积累了卷帙浩繁的资料和实地观察认识，为我国民族政策的制定和民族团结进步事业做出重要的贡献。重视民族历史研究的学术传统在新中国民族学得到持续和加强，但一直到 20 世纪 80 年代以后，才渗入民族体育研究中，为一些中国体育史的研究者学习采用。

民族学与文化人类学的差异与其形成的历史有关。法国虽然是民族学最早发轫并于 1787 年就出现“民族学”一词的国度，而且世界上第一个民族学学会和第一所人类学博物馆也在巴黎创立，但一直到 1943 年，巴黎大学才创立了第一个民族学教席。而英国结构功能学派的代表人物拉德克利夫·布朗在 1923 年就指出：“民族学和社会或文化人类学这几个名词，用于文化或文明的研究上，通常是没有一定的区别的。”①

20 世纪初，梁启超发表观点，由“保种”“民族”到“中国民族”，再到“中华”和“中华民族”，基本完成了“中华民族”一词的创造。这是目前所见到的关于“中华民族”的最早词汇，一直沿用到了今天。② 过了一百多年，中国体育界还在对民族体育的概念进行争论。其实，这在人类学里是很清楚的。人种或种族，与民族有着不同的含义，分别属于两个不同的范畴。众所周知，所谓民族，是指在历史上和一定的地域内形成、其成员具有比较稳定的共同语言、文化和心理特点，以及共同民族意识的人类群体。因此，民族并不是根据人们的体质特征来划分的，在体育研究中具体联系及根本的意义尚待研究。

当涉及民族这一概念时，我们主要侧重于对某一个人类群体社会文化属性的考察，而在涉及种族概念的时候，则更侧重于对该人群自然生物属性的考察。种族也称为人种（race），是指那些具有区别于其他人群的某些共同遗传体质特征的人群。这些特征是在一定的地域内和漫长的过程中逐渐形成，是对自然界环境长期适应的结果。因此，种族或人种这一概念，与人类的自然地理分布有关。由于人类的居住地是在不断变化着的，尤其是近百年来，这种变化的幅度越来越大，所以在进行人种地理分布的描述时，通常以一千六百年以前的状态为依据。③ 因此，在中国少数民族传统体育研究中，如果能够搜集到 100 年以前出生的人群体质数据，尤为珍贵。

一个种族常常可以包括一个或几个民族，例如，南亚人种便包括我国华南

---

① A. R. Radcliffe Brown. The Method of Ethnology and Social Anthropology [J]. South Africa Journal of Science, 1923: 124-147.

② 李喜所. 中国现代民族观念初步确立的历史考察——以梁启超为中心的文本梳理 [J]. 学术月刊, 2006 (2): 139-143.

③ 朱泓. 体质人类学 [M]. 北京: 高等教育出版社, 2004: 319.

地区和邻近国家的多个不同的民族。同样，一个民族中可以包括一个或几个种族，例如，汉族就至少包括东亚人种和南亚人种两个不同的种族成分。而我国体育界关于民族体育概念的相关争论，几乎都不考虑种族和民族的关系，导致所谓的民俗体育、乡土体育、民间体育之类的提法，这并非从人群的基础性差异上进行分类，其学术含义都较民族体育淡薄。

现有考古学和人类学资料表明，中华民族长期以来重要遗传学基础上的人种主要是单一的蒙古人种，在居民人种成分上的相对稳定性应该视为中华民族多元一体化格局形成的人种学基础。然而，我国在人种学研究方面还有许多空白领域有待填补，现代各民族的体质调查还没有全面展开，在民族体育研究中出现的民族与种族的概念模糊不清的现象无可厚非。

必须指出，人种与生物学上的物种（species）是两个不同的概念，是不同层次的分类阶段。尽管各人种之间在形态特征和基因频率上存在着一定的区别，但相互之间并无明显的界限，总是被一些过渡类型所联系着。此外，各人种之间均可以互相婚配，并且生育具有正常繁殖能力的后代。这就充分说明当今世界上一切现存的人类，在生物学上都属于同一个物种，即智人种，其中再进一步区分为许多不同的人种。因此，人种这一概念大体上相当于动物界中的亚种而不是种。① 对人类全球规范化的现代体育活动的研究，应该视为相同物种的生活行为。

我国体育界不从种族的角度而从民族的角度来研究非主流体育，是有历史原因的。20世纪上半叶，传入我国的欧陆学派的民族学占据主流地位，社会学理论和文化人类学方法被用于民族学研究。林耀华总结为："英国的'社会人类学'(Social Anthropology)、美国的'文化人类学'(Cultural Anthropology)和当前合称的'社会文化人类学'(Social-Cultural Anthropology)，无论从研究对象和范围来说，都基本上等同于民族学，彼此间也经常互相通用。"② 而吴文藻曾明确主张，研究汉族的属于社会学，研究少数民族的属于民族学。这种对学科对象的认识，表现出其强烈的民族学为国家政治服务的取向。20世纪50年代后，我国全面采用遵循欧陆学术传统的苏联模式，民族学与体质人类学各自为政，后者逐渐衰微。诚如学者何星亮所言："我国的'民族学'与国外的'民族学'在概念上有所不同。民族学存在广义和狭义之分。广义的民

① 朱泓. 中国古代居民种族人类学研究的回顾与前瞻 [J]. 史学集刊，1999 (4): 69-77.

② 林耀华. 民族学通论 [M]. 北京：中央民族学院出版社，1991: 1.

族学，既包括一般的分支学科，如民族理论与民族政策、民族史、民族文化、民族语言、民族宗教、民族艺术等，也包括特殊的专门学科，如蒙古学、藏学、西夏学、突厥学、纳西学等学科。狭义的民族学通常等同于西方的‘文化人类学’或‘社会人类学’。广义的民族学是具有中国特色的学科，它与西方的‘人类学’有所不同。我国有 55 个少数民族，民族理论和民族政策是广义民族学研究的重要内容。我国目前有 12 所民族院校，多数民族省区和民族院校都设有民族研究所或民族学研究院，有一大批从事民族学的研究人员。”① 改革开放以前，社会学、人类学等受到批判，民族学一枝独大。有学者认为，“目前中国大陆学术界对人类学和民族学这两个名称的界定与涵盖并没有一个共识（乔健，1995）”；“……学科规范没有严格立起来，给后来的学生培养和学科建设留下不少困惑，显示我们国家的学科专业分工还不够成熟（林耀华，1999）。”中国体育界称中华民族的传统身体活动为民族体育，并建立了“民族传统体育学”作为“体育学”的二级学科，其内容中明确包括“武术（含气功）”，显示了把体育学科本土化和中国化的信心，也表明了与西方体育“和而不同”的决心，但与我国民族学的主要对象为少数民族的指向格格不入。

国家层面学科分类的不成熟，影响到民族体育的研究。我国的民族体育研究者大多有意无意地声称用民族学来进行研究，但至多只是涉及民族学的一点理论，而基本上忽略民族学的方法。因为，即使是撰写一本具有学术价值的民族体育志，其基本途径也必须经过认真扎实的田野调查。更严重的问题是，所涉及的少数民族传统体育运动虽属民族学研究范畴，但基本被排除于作为体育学二级学科的“民族传统体育学”之外，甚至国内迄今尚未建立像样的研究机构。民族学这扇学术之窗显然不是为民族体育研究而开，长期以研究汉族武术为主的民族体育研究，显然也与长期面向少数民族领域的民族学格格不入。

对民族体育研究而言，民族学的方法在收集资料方面很有效，其他方面则有待观察。正如蔡元培所说：“民族学是一种考察各民族的文化而从事于记录或比较的学问。”② 中国的民族体育研究者自 20 世纪 70 年代深入少数民族地区，尝试采用民族学方法进行研究，十余年后发现只是在资料搜集方面收获颇多，而在理论生成方面则收效甚微，所以才转向人类学。当国际上推行“国

① 何星亮. 关于“人类学”与“民族学”的关系问题 [J]. 民族研究，2006 (5): 41-50.

② 蔡元培. 蔡元培全集 [M]. 北京：中华书局，1959: 255.

际人类学与民族学联合会”的名称、中国社会科学院民族研究所在改名为民族学与人类学研究所的背景下，民族体育的研究者最好选择聚集在体育人类学的理论和方法下进行研究，合力推动学术分量更重的成果跨上新台阶。

**（三）社会学方法**

法国社会学奠基人之一的涂尔干主张把社会现象作为研究对象，利用民族学的实地调查资料进行分析研究。① 他提出了社会学的研究方法，并影响了英国社会人类学的结构功能学派。可以说，英国的功能学派是法国社会学派在海外的传播和发展。法国社会学派的社会整体论成为英国功能学派直接的思想来源，其功能观点被加以系统的阐发而成为完整的理论。英国社会人类学家布朗即为代表。当他读过法国社会学家的作品后，就给自己的田野研究定了一个简单标题《安达曼岛民》，将重点放在仪式与神话的意义及目的上。后来，他所发展的研究取向被称为结构功能论（structural functionalism），聚焦于社会各种制度如何发挥作用而产生制衡，以使其和谐地运作。这套理论有别于马林诺斯基的功能论，而且与法国结构主义人类学不同，巩固了英国社会人类学的理论典范。英国人类学家弗思认为，文化就是社会；社会是什么，文化就是什么。这样把文化等同于社会的观点虽然有学理依据，但从体育等应用领域的具体研究来看有些极端，照搬过来用于体育研究似乎过于宽泛而无从下手。社会包罗万象，而体育文化的研究必须从漫无边际的状况收缩到可以把握的范围；况且，体育文化研究如果与社会体育研究画等号，可能会被淹没于另一片汪洋中而消解了自身的存在。

在西方学科传入中国的初期，社会学、人类学与民族学混为一谈。直到1932年，美国社会学芝加哥学派的帕克（Robert E Park）来燕京大学任客座教授并指导学生在都市里进行社区研究，以及后来英国社会人类学家布朗来华讲学，都使社会学名声大噪；更重要的是，吴文藻于1933年接掌燕京大学社会学系主任后，倡导社会学中国化的社区研究范式，认为人类学功能学派是当时社会人类学中最先进的一个学派，并将费孝通、林耀华、李安宅等青年推荐到英美名校名师门下，使一批学者的研究方法兼有民族学、人类学和社会学的成分。他说：“我所教的‘人类学’主要是文化人类学，我认为它与社会学有许多共同之处，因此，根据中国国情，还是把它们结合起来研究和教学比较合宜，这个方法得到了公认。”（吴文藻，1982）“吴老师把英国社会人类学的功

---

① ［法］埃米尔·涂尔干. 社会学方法的原则［M］. 胡伟，译，北京：华夏出版社，1990：5.

能学派引进到中国来，实际也就是想吸收人类学的方法，来改造当时的社会学，这对社会学的中国化，实在是一个很大的促进。”（费孝通，1996）这种把人类学与社会学结合起来的后果，形成了中国特色，如费孝通的老师马林诺斯基是社会人类学家，他在北京大学招生时挂在社会学系，他的学生获得社会学学位，研究方法仍然是理论探讨性的社区研究和田野调查。至今，研究机构仍然称为社会学与人类学研究所。与之相比，中国体育界在改革开放以后很久才接受社会学，但时至今日，所谓的体育社会科学才与人类学真正发生联系，有众多的体育社会学研究者怵于做田野调查，大都固守于书斋臆想或翻译国外资料，而亲临实地调查研究者寥寥无几。这样的书斋式体育社会学当然门槛很低，以致某些担任行政职务者也可标榜自己在搞体育社会学。

以往，由于社会学主要研究文明都市的生活，因此习惯使用量化的方法和明确的局部材料做研究，以便快速处理规模大而变化多的社会现象。体育社会学在中国兴盛了 20 多年，其优势是问卷调查、数理统计等方法在大规模群众体育调查中发挥作用，使体育活动人群的现状一目了然，可参考价值十分明显，社会学被许多人视为制订方针政策的热门显学，几乎没有门槛的限制，使得自称体育社会学的“研究者”也大量涌现。国内体育界依据社会事实或社会组织的需要解释体育文化，导致体育社会学的兴盛，但也存在对时间维度的重视不足，导致缺乏历史纵深感而减弱了生命力。社会学的研究视角在横向展开方面富有成效，但它与纵向联系不足的平面局限，在体育研究中特别突出。社会学研究看似门槛低，却要求很深的理论功底，光靠拍脑袋臆想而不深入实地调查很难获得有价值的成果；如果体育社会学仅仅着眼于当下、眼前的量化指标分析，成果往往欠缺历史纵深感，容易泛泛而谈，对于过去和未来的探索，似乎都有些捉襟见肘。社会学除了难以探索人类的起源和演化外，体育活动中大量存在与社会文化交织的身体特殊性也使社会学的研究束手无策。如黑人运动员与其他种族的红肌、白肌在比例上有差异、蒙古利亚人种在体能项目上不具有优势等，就必须依赖体质人类学的研究成果进行解释和说明。

体育人类学在社会调查的方式上前进了一步，不仅要记录和叙述社会的实况，还要解释这些社会事实存在的原因，说明事实内涵的意义及各个部分的相互关系。如果说进化论和文化相对论是历史的观点，那么社会学派的功能论则重在现实。前者把文化制度和文化物质视为构拟人类历史原貌的残迹，认为可观察的一切社会现象，总是历史上演变而来的结果；后者则倡导鲜活的动态文化观，但强调功能协调而降低了对变迁的思考。二者共同认可的参与观察的田野调查至今仍是人类学研究的范式和绝活。体育人类学的研究并非按需选择其一，而是尽可能综合采用，并用发展人类学等新鲜理论武装自己。

体育人类学借鉴历史学、民族学、社会学的方法，保留其精髓即重视材料、实地考察和实证研究，持之有据才能言之成理。同时，对体育研究而言，历史学的殿堂太满，民族学的窗户偏深，而社会学的门槛较低，因此它们的方法都不能完全照搬。此外，体育人类学还需要尽可能吸取体质人类学的营养，充分尊重身体运动的科学性，使体育效果与人类的全面发展和谐一致。

## 三、对体育人类学现有理论与方法的反思

“方法”一词，中国古已有之，春秋战国时墨子在《天志》上就说了以“中吾矩”度量方形之法；英语的 method 一词源自希腊文“道路”之意。科学研究中的方法，是为了获得预期成果而采用的工具、手段或途径。那么，体育人类学现有的方法，能够达到既定目标、完全解决问题吗？

西方学者认为，体育人类学的理论模型主要是针对文化研究而建立的，一般可以分为两大类型：解释（explanatory）模型和说明（interpretive）模型。解释模型是一种提出因果关系的明确的“科学”模型，而说明模型只为观察者理解事件或行为提供了不同的视点。这些模型是在人类学各文化理论流派的影响下形成的，在不同的历史阶段发挥作用时各有优势和局限，作为从不同角度进行价值判断的观念，研究者可根据不同的对象和条件加以选用。①

中国的体育人类学研究者在长期实践的基础上对此进行评估，认为这两种模型都是从一般人类学中照搬而来，且疑似无序堆砌，缺乏逻辑连贯性，在中国的体育研究中几乎无法采用。更重要的是，体育领域的人类学研究不是纯粹求证于公式、定理的基础理论，而是通过实地调查形成新的知识；即使偏重于理论阐释，但终究必须面对实践应用，而仅仅“解释”和“说明”很难推动其现实的发展。

人类学在西方形成的很长一个时期，推动其发展的力量主要是殖民主义的需要，这在理论和方法上难免打上时代烙印。后期走向本土化的应用领域，当然要顺应时代发展潮流，对其理论和方法进行符合自身学科发展的反思。早期的研究目标是为了对陌生族群异文化的解释和说明，但在现今地球村的背景下更需要多元文化的共存发展。首先，在研究的视角上，必须消减当时欧洲列强拓展海外殖民地时居高临下的侵入性心态，不用过分强调主、客位差异，而是采用与人为善的平等态度努力促进当地人积极广泛地参与到自身事务的发展

① 胡小明，陈华. 体育人类学［M］. 北京：高等教育出版社，2005.

中。其次，并非人类学的每一种传统理论方法都适用于每一个分支学科的应用，需要认真分析加以选择，而不能囫囵吞枣。

在现行体育人类学专著和教材的解释模型中提到的主要是进化论和功能论。进化论用于解释人类体质的进化，也被用于解释文化和社会的发展变化，将文化或文化事件按照其出现时间的先后排列起来，研究其发展变化的规律。我们由此形成了惯性思维，认为事物都遵循从低级到高级，从简单到复杂，从种类稀少到种类繁多的发展趋势。20 世纪的进化论学者仍然参照进化的过程来解释文化现象。这种线性认识方法，可以在宏观上解释体育的发展，但对维系体育文化的民族多样性十分不利。而功能主义（functionalism）的基本假设是：各种文化现象起到满足人类需要的功能，各种社会团体构成了满足人类需要的服务系统，制度在这个服务系统中为满足人类的需要发挥着功能。像其他所有理论模型一样，功能主义模型也不能被证明或反证。尽管功能论存在着主要用于平面描述而缺乏历史纵向分析的问题，但可以用来作为理论建构和检验的基础，因此在体育社会学研究中也大量采用。

而说明模型作为理论分析的新鲜尝试值得鼓励，但它最终仅仅能够为理解问题提供一个新视点，对未来研究的问题可能具有预言的意义，其研究结果往往是模糊和抽象的。譬如，象征人类学（symbolic anthropology）认为，社会文化活动显示出社会结构的象征信息，表达出该社会制度的基本特征。研究者在分析体育竞技行为中，应用象征人类学模型会得出许多有趣的结论。在公众体育竞技表演中，经常会显示出有关社会组织、社会阶层、政治行为、国家特征和宗教等方面的象征信息。文化的各种要素都可能在体育竞技活动中象征化，研究者的目的就是确切地分析这些象征信息的意义，通过这些象征信息解读出其所表达的文化特征和意义，仅此而已。此外，这种模型把北美传统人类学的文化相对论（cultural relativism）与整体观（holism）放在和欧陆学术传承的重构文化要素分类体系的民族科学，并与 20 世纪 70 年代在文艺理论和历史学中昙花一现的解构主义（deconstructionism）并列，显然混淆了它们的相互关系，把不宜平列的几个东西堆砌在了一起。说明模型中尽管也提及人类学参与观察中的“主位”和“客位”研究视角，但对身体活动的田野调查中的应用目的和效果令人质疑；进而把身体运动视为可以解读和说明的文本，使活生生的形象成为隐喻而不是真实，甚至画蛇添足地设计为晦涩的符号，导致体育界的研究者不明白如何使用这样的理论模型进行具体的研究。

至于具体方法与在研究过程中必须选择的技术路线，以前的教科书只是简单介绍了一些人类学的常识，是人类学的方法论而并非体育人类学的具体方法，对如何操作也鲜有提及。因此，需要对传统方法进行重新选择、改善试用及检验评估，经过缜密的推演和归纳构建体育人类学的理论与方法，让后来者也能够通过文字说明亦步亦趋地完成整个研究过程，并有把握获得预期成果。

# 第二章 国内外体育人类学相关研究述评

对体育人类学的诞生和发展进行一般性描述，本应是历史文献的整理工作，重在梳理过去发生了什么。如果仅就手中能够查阅到的资料进行罗列，其性质是文献综述。然而，本书需要考虑学科的发展脉络，重点在对经验教训、成果价值进行评论，以期完成对其理论与方法的正确评估。最终，在对学科整体发展进行分析总结的基础上，把对规律性的认识上升到理论高度，推动中国体育人类学的进步。

## 第一节 前学科时期的相关研究

体育领域的研究发展至今，已经有数十门学科入驻，衍生出一个庞大的学科群，涉及体育的各个方面。然而，要想从宏观上把握飞速发展的体育活动脉络，在立体交织的框架中审视其内在神经，人们必须在认识体育的过程中选择新的途径，把视线持续投向人类学知识体系，逐渐形成人类学的一个应用型分支。

### 一、研究游戏的人类学家

19 世纪后半叶，一些文化人类学家开始将原始的身体游戏作为其研究内容之一。当然，那并不是从发展体育的角度进行的研究，而是把传统竞技活动看成陌生人群的特殊文化表现形式，作为一种习俗去探索其来龙去脉。

在古典进化论统治人类学的时代，达尔文和赫胥黎等人的生物进化论对早期的人类学者影响巨大，不少竞技游戏在各民族的原始文化中表现出耀眼的色彩。英国的文化人类学元老泰勒（1823—1917）对后来的体育人类学研究影响较大。他提出了文化“残存”（survival）的概念，即在某种文化演变后，总会留存一些过去的遗留物，仍然具有原来的意义和机能。后来的许多人类学者受到泰勒这一观点的启发和影响，认为在未开化社会中，有些被现代人认为是类游戏性的运动形式，原来却是非游戏的，作为政治、经济活动或宗教礼仪而进行的。泰勒曾于1879年著书《竞赛的历史》、1896年撰文《论美洲运气竞赛是前哥伦布时代与亚洲交流的证据》等，在学科研究方法上最早提出和使用文化比较法、遗存法和统计法，至今仍然对体育人类学的研究具有指导意义。在泰勒的影响下，一些人类学者的研究开始转向对“残存”体育文化现象的研究，如库林于1907年撰文《美洲印第安人的游戏》、达姆于1922年著书《印度尼西亚和大洋洲各民族的运动比赛》、拉塞尔于1933年著书《波尼人的鬼舞猎手游戏：文化变迁的研究》、奥普勒于1944年撰文《吉卡里拉阿帕契人的仪式接力赛跑》等。①②

荷兰文化史学家豪伊津格面对泰勒的“残存”起源说和后来德国的格鲁斯等人的游戏说，在其1944年出版的《人类文化与游戏》一书中认为，今天为人熟知的某些竞技和游戏形式，在未开化社会中，是作为一种礼仪及劳动形态存在着的。受到现代文明的影响，在进化过程中，这些礼仪活动逐渐失去其原有属性，演化成纯粹的竞技活动形式。③

对原始体育萌芽的人类学研究，一开始就是通过人类学特有的参与观察为主的实地调查来完成。像穆尼在1890年发展的论文《切罗基人的拍球竞技研究》，就是在实地调查研究的基础上写成的。④ 马林诺斯基和布朗在太平洋一些岛屿进行了田野工作后，用文化构造的功能论研究传统竞技游戏，还有弗思所著《大洋洲的掷标枪比赛》等，都是利用这种方法的研究成果。⑤ 美国学者奥科斯丁的专著《美洲印第安人的竞技遗产》等，是针对一个民族纵向的竞技和体育史性质的专著。⑥ 而德国的威尔于1926年所著的《运动与人种学》，

---

① Kendall Blanchard，Alyce Taylor Cheska. The Anthropology of Sport：An Introduction [M]. Greenwood Press，1995.

② 胡小明. 体育人类学进展 [J]. 北京体育大学学报，2004，27（3）：289-293.

③ [荷] 约翰·赫伊津哈. 游戏的人 [M]. 北京：中国美术学院出版社，1996.

④ Mooney James. The Cherokee Ball Play [J]. American Anthropologist，1980，3（2）：105-120.

⑤ Firth Raymond. Primitive Economics of the Zealand Maori [M]. New York：E. P. Dutton，1930.

⑥ JosephB Oxendine. American Indian Sports Heritage [M]. University of Nebraska Press，1988.

则基本上算是体质人类学的成果。[①] 但是，在很长一个时期，研究者并没有建立体育人类学学科体系的意识。

20 世纪中叶以来，与体育运动相关的文化人类学研究在北美兴起。1959 年，罗伯茨、阿思和布什等发表了《文化当中的竞技》一文，应用了统计方法，把竞技游戏作为一种特定种类与其他类型的文化之关系进行了调查与比较分析，将竞赛定义为：两方或多方有组织的游戏竞争、以意见一致的规则等特征确定获胜者的标准的娱乐活动；并将竞赛分为身体技巧类、策略类、机会类 3 种类型。基本属于跨文化的分析。[②] 他们用这个“竞赛”定义，分析耶鲁大学“人类关系区域档案”中 50 个部落的资料后发现，环境条件与身体技巧类竞赛的类型和数目之间可能存在关系。策略类竞赛的出现与社会组织的复杂程度有关，即社会制度越复杂特定的社会越有可能发展出一些策略类竞赛。此外，他们还发现机会类竞赛似乎与宗教活动有联系。“许多人都会这样想，机会类竞赛的获胜者肯定得到了超自然或魔法的帮助”[③]。

20 世纪 60 年代，英国人类学家罗宾·福克斯发表的一篇研究体育竞技的论文《印第安人村庄棒球：古老巫术的新用途》(1961) 引人注目。他的田野调查发现，作为现代体育竞技项目的棒球运动传入新墨西哥科奇提印第安人的村庄，竟然是为印第安人提供施行用于医治目的古老巫术的新形式。1964 年，莱斯利·怀特充分肯定了体育与竞技的人类学研究，他认为棒球这种专业竞技项目是美国文化体系本身的一种重要表达方式。当时，民族志研究者十分关注民族传统体育和游戏活动，在人类学专业会议上，经常有学者宣读与运动竞技有关的论文。20 世纪 70 年代，作为美国人类学界的著名人物，爱德华·诺贝克也提倡对游戏进行研究。1971 年，他在《游戏的人类》中指出，游戏是一个应该严肃对待的课题，是人类学家不应该忽视的人类经验的一个重要方面。[④]

美国人类学家乔伊斯·雷杰豪普特（1973）认为，发展体育人类学很有必要。而具有世界影响的现代美国人类学家克利福德·格尔茨的《沉迷游戏：

---

① Weule Karl. Ethnologie des Sports [M]. London: simpkin Marshall, 1926.

② Roberts John M, Malcolm J Arth, Robert R Bush. Games in Culture. American [J]. Anthropologist, 1959, 61 (1): 597-605.

③ 杨海晨，王斌，胡小明. 论体育人类学研究范式中的跨文化比较 [J]. 体育科学，2012，32 (8): 3-15.

④ 胡小明. 国外体育人类学述评 [J]. 武汉体育学院学报，2006，40 (4): 1-8.

关于巴厘人斗鸡的笔记》描述了巴厘岛非法的，但却非常频繁举行的斗鸡竞赛过程及围绕斗鸡活动的赌博，已经成为人类学的经典论文。他详细描述了具有赌博行为特征的复杂规则，并指出这种在外界观察者看来是不合理的“经济行为”与“沉迷”比赛有关，是一种结果的不可预测性和总赌资被提高到最大极限的比赛。格尔茨在其《文化的解释》(1973) 中对“深层游戏：关于巴厘岛斗鸡的记述”进行了深描，将“斗鸡”研究发展为人类学家在研究文化时分析解释问题的一种工具，把文化人类学对游戏的研究推向一个前所未有的高峰，甚至影响到文学、历史等各个领域。①

## 二、教育人类学的研究

教育人类学（educational anthropology）是教育学与人类学结合的一门新兴边缘学科。它运用人类学的理论和方法来研究教育，融人类学、教育学、社会学、历史学、哲学、文化学、生物学等相关学科于一体，改变囿于教育本位、以教育论教育的旧习，倡导从人类发展的宏观高度来把握现代教育的本质，从人类历史发展的高度提供了教育发展的新视野，促进了教育的进步。人类学研究应用于教育领域，为教育的研究方法和对人本质的认识提供了新的维度。人类学认为，人的本质是非专门化、非完成性的。因此，人类具有可教育性和可塑性，人在教育中应发挥自主性和创造性，改善强制性的旧教育气氛。这对教育和体育同样具有指导意义。

与体育人类学关系相对密切的教育人类学，最早由俄国的康斯坦丁·德米特里耶维奇·乌申斯基在 19 世纪中叶提出。乌申斯基于 1867 年出版的《人是教育的对象》，其副标题就是“教育人类学初探”。自 19 世纪末美国对印第安人的族群教育开展以来，人类学的概念、方法和理论被应用到教育领域。博厄斯于 1898 年发表了论述大学的人类学论文，开创了文化相对论的定性教育研究。赫威特于 1904—1905 年间撰写了关于“人类学与教育”的论文，被尊为“美国教育人类学之父”。② 其后，米德、本尼迪克特等都对教育人类学进行过研究。20 世纪 70 年代后，学术性和理论性的教育人类学崛起，以田野民族志为方法论核心，积极采用参与观察的研究手段，并吸收了心理学、社会学的有益养分，其代表人物为加州大学伯克利分校的约翰·奥格布

---

① [美] 克利福德·格尔茨. 文化的解释 [M]. 韩莉，译. 南京：译林出版社，2008：424.

② 陈国强. 文化人类学词典 [M]. 杭州：浙江人民出版社，1990：433.

(1939—2003)。[①] 一百多年以来，教育理论研究与人类学的研究都是关于人的科学研究，而人类学研究所铸就的相对成熟的学术传统，特别是它的整体性视角与田野工作的方法原则，以及它的跨文化分析及其文化普同论，反映了人类学对现实的密切关注的特征，成为教育理论创新的他山之石。

20 世纪是人类学最发达的时期，也是体育发展的鼎盛期。早有一些学者用教育人类学的名义把人类学的某些理论和方法应用到体育研究中，如 1913 年，意大利教育家蒙台梭利在其标志性专著《教育人类学》中，就把体质人类学的概念应用到教育中，对学生身体的各项发展如身高、体重、胸围、肤色、肌肉等进行记录，据此制订教学措施和教育方案。[②] 令人不解的是，蒙台梭利在教育人类学实践中包括的体育内容，一直没有引起当代体育人类学研究者的注意。

即便是体育人类学萌生时期的研究，似乎也远离了教育。无论是早期的文化人类学家或是后来的体育人类学研究者，都从传统游戏活动的角度出发，利用实际的调查研究，折射出某些民族独特的文化观念及其变化。如中国最早的竞渡，开始是祭水神的巫术礼仪，苗族保持了原始的祭奠恶龙的古老仪式，但后来在汉族中演变为纪念文人屈原；即便如今龙舟已成为全国性的现代比赛项目，傣族、白族的龙舟比赛却仍然遗留着传统风味。近现代的中国学者对龙舟的研究发表了不少有份量的研究成果，却几乎都没有站在教育人类学的立场，而是把注意力放在传统习俗和原生态的体育上，这种现象也是耐人寻味的。[③]

今天，已经有不少中国学者采用教育人类学的理论与方法研究原生态，尤其是少数民族的身体运动文化。仅以博士论文为例，近年来就有《西南地区民族体育之教育传承体系研究》(李嘉，2002，西南师范大学)、《教育人类学视野下的彝族儿童民间游戏研究》(张新立，2006，西南大学)、《朝鲜族传统游戏传承的教育人类学研究》(崔英锦，2007，中央民族大学)、《鄂伦春族传统游戏的教育人类学研究》(白洁，2007，中央民族大学)、《蒙古族传统体育传承的教育人类学研究》(钟志勇，2007，中央民族大学) 等，从中发现原生态教育活动中身体运动所占的分量远比现在多。2007 年，首届中国教育人类学学术研讨会召开，教育人类学作为人类学的分支学科得到认同。它被视为教育科学的基础性

① [美] J. U. 奥格布. 教育大百科全书：教育人类学 [M]. 石中英，译. 重庆：西南师范大学出版社，2011.

② 冯增俊. 教育人类学 [M]. 南京：江苏教育出版社，1991.

③ 胡小明. 体育人类学概论 [J]. 体育与科学，2000，21 (2)：4-13.

学科，倡导在人类学本土化进程中实事求是、求真务实的田野精神，宣扬善待别人、尊重他者的包容精神，旨在办教智民、兴教为民的人本精神。

教育与体育，在原始状态中混沌一体。从体育人类学田野调查的结果看，许多“民族传统体育”实际上是作为现代教育、体育活动的萌芽与宗教、艺术萌芽的一种共生体，夹杂于其他社会文化因素中的原生态混沌状态，很难从原始教育、休闲娱乐、宗教仪式、军事演练、节日集会中剥离出来，因此在过去很长一段时间并未考虑从人类学中分离出一门专门学科来研究这些忽隐忽现的共生文化现象。一旦混沌状态由模糊变得清晰，具有体育意识的身体活动脱颖而出并自立门户，成为一种专门的人类文化创造与实践的领域，并且在劳动方式转变的再次影响下明确了新的功能，体育人类学作为应用人类学中的一门新兴学科的出现也就不可避免了。

## 三、体育文化与民族体育研究的切入

一旦触摸到文化理论流派大师们开拓的思维空间，清醒的研究者就都知道，文化定义的问题不是可以随意展开讨论的。认识体育文化、选准体育文化研究的切入点，是更棘手的问题。譬如，采用简单的排除法，问：羚羊的跑、青蛙的跳、黑猩猩的投掷是不是文化？显然不是。北极熊游泳、狗熊摔跤，以及许多动物争夺配偶时的角力竞技，既非体育，更不是文化。不仅动物的跑、跳、投不是文化，即使它们的身体活动可以“增强体质”，也不是文化；动物那些可以达到强身健体效果的肢体活动，当然也不能称为体育——因为它们没有体育意识。体育文化是人类有意识为发展自己身体而创造的文化，其精髓是培育身体的价值体系。①

体育文化是构筑在身体活动基础上的文化，它的起点无法脱离身体和运动，其主要特征要通过身体的教育与训练的运动过程来凝聚。体育研究不可脱离身体，不可脱离通过运动对身体的培育。需要注意的是，现代运动竞技是检验身体运动后天习得的效果，奥林匹克运动凝聚为体育文化皇冠上的明珠，是人类文化中显示度最高的标识和精华之一，但体育研究不能等同于奥林匹克研究。寻找体育文化研究的切入点，目光要聚集到作为体育基础的身体运动，尤其是超越动物本能身体活动的文化部分。这也是体育人文社会学超越生物学，描述人类身体活动的独立思维方式。

体育人文社会学对体育文化的研究，应该从人类学的文化理论中汲取营

① 胡小明．胡说体育文化［J］，体育学刊，2010，17（3）：1-6.

养。文化的一切方面，从语言、习惯、风俗、道德一直到科学知识、技术等都是后天学习得到的。在体育人类学看来，“体”不是文化，因为它是遗传的；“育”才是文化，因为它是习得的。但在具体研究中，应该把固化、物化的内容搁置一旁。实际上，体育服装、体育场馆、体育器材……这些只是体育文化的物质形态，并非体育文化研究的真正对象。体育领域的物质文化是一种物化的显性凝结，是科学特别是自然科学的研究对象；体育制度文化虽然也属于隐性文化，各种社会行为规范、政策法规之类虽然也值得探讨，但它们已进入实践轨道，与学术型体育文化研究者也离得太远；只有在观念层面的价值取向、思维方式、审美情趣等精神文化内容，尤其是受传统文化影响的民族特性如何在体育领域发挥作用，才是体育文化研究者施展的广阔天地。

体育文化研究之大忌，是简单问题虚玄化，无病呻吟、小题大做，用“文化”来忽悠体育。一篇探索体育文化的论文，尤其需要避免生硬挪用文化术语来套在“体育”前后，作为无所不包的玄妙命名，或提出一些假命题而鲜有实证性考察分析，把本来不是问题的“问题”复杂化之后又不去找解决之道，将体育文化囿于自娱自乐的纸面学问。体育文化研究的前提，是以成熟理论的规范话语作为范式，借助文化人类学的经典方法及成果，对身体运动现象的丰富性与差异性的关注，切忌仅仅沉迷于引经据典，或以书斋里幻想出的概念替代实际体育活动本来的联系。

在中国，当前体育文化研究的实际工作中，真正的对象其实相当有限，体育文化研究者够得着的只是很小一部分。体育运动的器物层面，可以重复实验揭示客观事实并放之四海而皆准，基本上是自然科学家的掌中之物，成果是科学和技术的结晶，必须实现全球性的标准化；大部分的操作制度，如竞赛组织、规则及技战术之类，也早已是人类共同的精神财富，对其进行所谓“文化研究”不过是画蛇添足；那么，剩下的主要是观念层面。国内研究体育文化的人群，原来大多是研究体育史出身，古今中外体育史料搜集殆尽，档案室资料浩如烟海，博物馆持续建设，从历史角度研究文化尝试已十分成熟和精细，创新实属不易。从哲学、社会学的角度分析，也做了许多有益的探索，但离实践仍嫌遥远，一不小心就有隔靴搔痒之嫌。没有文化人类学的基础，刚上手就直奔伯明翰学派、葛兰西转向、大众文化理论、后结构主义、后现代主义等眼花缭乱的当代文化重要话题，很难对体育文化本身进行基础性的细致探究。①

① 胡小明．胡说体育文化［J］，体育学刊，2010，17（3）：1-6.

作为一名体育文化研究者，既不必像经济学家那样把体育产业作为文化产业的组成部分加以微观分析，也不必像科技人员那样去改善体育器物层面的物质条件，而重点应把握观念层面，从民族传统文化积淀的精神领域切入。当前，国内体育文化研究者十分重视本土民族体育研究，许多研究者不仅研究少数民族的身体游戏，还研究汉族的传统身体活动习俗，把“民俗体育”“民间体育”都纳入民族传统体育的研究范围内。但相当一部分研究者对于采用国际视角比较陌生，尚未在实际的体育文化研究中应用人类学理论中有价值的文化相对和文化多元等理念，还存在着使用文化人类学相关方法上的某些误解。因此，探索西方体育文化与本土传统文化的有机融合，学习人类学对文化进行实证研究的理论和方法，寻求中华民族的传统身体文化在全球化浪潮中发扬光大，是当前中国体育文化研究者的努力方向。

体育文化作为人类身体活动的特定行为模式，也是人的对象化或对象的人化，它的灵魂是人文精神、人文关怀，以及人文价值观。体育文化研究关系到国民性的塑造，深层影响着中华民族的复兴与和平崛起，其重要性无论如何强调也不为过。在人类未来和谐的生态伦理与“更高、更快、更强”的西方竞争观念发生冲突的后现代，中国体育文化饱含东方智慧的健康休闲观念，以返朴归真的绿色大旗引领世界新潮。这样摆脱了政治附庸与经济工具的体育，是为了以人的身心健康发展为本，积累教化育人的体育文化。

体育人类学在学科建立初期，由于研究者的体育史背景，偏重于文化人类学研究，对象集中于民族传统体育，实际是延伸到文献资料之外部分借鉴田野调查的体育史研究，与研究人员文科出身的知识背景有关。与之类似的状况是，国内人类学界相当多的研究者只关注文化人类学，甚至有学者认为人类学就是文化人类学，主要原因可能也是仅具备文科知识结构而对生物学科量化方法的生疏。体育人类学实行文理融通的路径，应该根据不同的身体运动对象，选择相应的理论和方法进行解释和说明。

## 第二节　学科建立初期的研究

体育人类学诞生之初，并没有经历早期西方研究者作为“自我”千里迢迢去研究“他者”的阶段，而是一开始就扎根于本土，从现代体育的“自我”立场出发来研究本国的民族传统体育。无论在北美、日本或是中国，都是以原住民的身体活动为主要研究对象。

## 一、北美学者的体育史情结

也许是较多接触到人类学家对传统游戏的研究成果，研究体育史的北美学者最早对人类学产生兴趣。1972 年，在美国健康、体育、娱乐和舞蹈联盟（AAHPERD）工作的艾莉斯·切斯卡将一群对体育竞技游戏人类学研究感兴趣的体育竞技教育工作者组织起来，在 1973 年的 AAHPERD 年会上，她组织了一次有关体育游戏人类学研究的专题会议，并制订了若干年的工作计划，以满足致力于体育竞技和游戏行为研究的人类学家的要求。1974 年，在北美体育史学会（NASSH）的年会上成立了游戏人类学研究会（TAASP），后来更名为游戏研究会。该研究会出版了两种期刊，即《游戏与文化》（*Play and Culture*，1987—1992）和《游戏理论与研究》（*Play Theory and Research*，1993—1994）。到 1984 年，该研究会拥有多种学科背景的会员 300 多人，并在每年的年会上汇编出版论文集。1993 年 4 月，游戏研究会召开了第 20 届年会，年会除由人类学界和体育界人士参加外，还有来自多个不同学科背景的人士，如娱乐、历史、教育、社会学、心理学及其他行业。①

1985 年，两位美国人类学者站在体育的立场正式提出了“体育人类学”的学科名称并尝试建立体系。布兰查德和切斯卡的《体育人类学》（*The Anthropology of Sport An Introduction*）是运用文化人类学、民族学、民俗学方法研究原始体育和民族体育的大胆尝试。但令人遗憾的是，这本书最初只引进了人类学的一部分，即主要在用文化人类学研究民族体育方面做出了有益的尝试，而忽略了体质人类学等其他方面，也很少涉及当代体育最为火爆的现代竞技运动。②

1995 年，布兰查德修订了这本《体育人类学》，修订后的图书目录如下：

第一章　体育与人类学

第二章　什么是体育：一种文化方式

第三章　体育人类学：理论与方法

第四章　史前及早期体育

第五章　文化中的体育：进化论的视角——游群社会

第六章　文化中的体育：进化论的视角——高级游群社会

---

① 胡小明. 体育人类学进展 [J]. 北京体育大学学报，2004，27（3）：289-293.

② 胡小明. 体育人类学的兴起 [J]. 体育学刊，1999，6（1）：54-57.

第七章　应用①

如果说《体育人类学》第一版的编写是为了创建一门学科，那么10年后的修订使其更像一本教科书，而且带有明显的由体育史研究向外延伸的痕迹。

而美国学者罗伯特的《人类学、体育运动与文化》，则是另一种风格。这本书由罗伯特主编，同时收集了其他多位学者的研究成果，虽然其研究的对象仍然有民族传统体育的内容，但重点已转移到与现代体育运动有关的人种和文化的各个方面，这也反映了当时国外体育人类学研究的新进展。②

此书共分五部分：

一、体育人类学的理论和方法

二、体育、文化、人种和赛跑

三、体育与文化变迁

四、体育和文化特征

五、文化、体育和宗教③

该书的每个部分分别围绕一个主题做了理论研究和个案分析说明，旨在揭示人类行为的各方面与体育运动之间的联系。罗伯特通过田野调查的民族志研究指出，其研究不再是对体育文化功能的描述，而是作为体育文化的实证，揭示其隐藏的文化力量。在这本书的第4部分还讨论了体育与文化认同的问题，通过对美国黑人篮球和加拿大田径运动明星的分析，揭示了体育运动在民族身份认同、民族国家的心理分析中的重要作用。④

2008年，罗伯特·桑斯撰写的《体育人类学与人类运动：生态文化透视》出版，为体育人类学研究走向纵深提出了新的见解。⑤

## 二、欧陆学者的生物学视角

用考古的方法来研究古人类，人类学家所形成的方法建构了古人类学或考古人类学，这也是一门把人类体质和文化综合起来探索的学科。人类学家从古

---

① Kendall Blanchard. The Anthropology of Sport-An Introduction [M]. BERGIN & GARVEY, 1995.

② 胡小明. 国外体育人类学述评 [J]. 武汉体育学院学报, 2006, 40 (4): 1-8.

③ Robert R Sands. Anthropology, Sport and Culture [M]. Green: wood Pub Group, 1999.

④ 胡小明. 国外体育人类学述评 [J]. 武汉体育学院学报, 2006, 40 (4): 1-8.

⑤ Robert R Sands, Linda R Sands. The anthropology of sport and human movement: A Biocultural Perspective [M]. New York: Lexington Books, 2010.

人类骨骼进行年龄、性别鉴定的材料中，了解当时的社会制度与经济生活的关系，以及这些关系对人类体质的影响。人类学家通过科学的技术手段测定与复原古人类的肌肉强壮程度，分析他们的身体活动方式。同时，对古代遗址的发掘，有时能够明显推动体育的发展，如 1881 年古代奥林匹亚、德尔斐竞技场的发现及大规模发掘，直接推动了现代奥林匹克运动会的诞生。随葬品的性质也反映出当时人们的身体活动状况（比如，从各地墓葬中发现的石球，有人推测为游戏用具）。①

从考古材料中不难发现，人类体质经历了漫长和曲折的变化，今天仍被社会文明迅速改变着。因此，回顾人类过去的身体状况，是选择健康生活路径的参照基础。不仅研究体育和竞技活动的历史需要考古的方法，而且，在对民族体育的研究中也经常需要利用考古学的成果。目前，自然科学最新技术的发展推动考古研究越来越多地采用高新科技，然而，体育界能够采纳最新成果的并不多。

体质人类学经典技术在体育研究中的应用，是人体测量方法。人体测量主要是通过对人体整体或局部进行测量和观察，来探讨人体的特征、类型、变异和发展规律。它包括骨骼测量和观察，以及活体测量和观察。骨骼测量和观察多用于古人类学研究；而活体测量和观察则多用于现代人类的研究。与体育关系更直接的是活体测量和观察。活体测量根据人体的部位，可分为头面部测量和观察及体部测量和观察。随着技术的发展，人体测量学还增添了诸如关节活动度测量、皮褶厚度测量、体力测定和生理测定等。与传统的体质人类学不同的是，对体育研究而言，人体测量很少涉及头部，而主要是身体的围度，这可以直接检验肌肉发达程度以确定体育效果。进行活体测量首先必须确定测量项目和找到测点。体质人类学研究所选的测点和测量项目主要以德国人类学家马丁所编著的《人类学教科书》为标准。头面部有 37 个常用测点，头面部的观察主要是观察肤色、发色、眼色，以及头型、面型和五官的形态等。体部有 38 个常用测点，体部的测量值也可以组成不同的指数，用于表示体部的形态特征。有些指数，如李氏体重指数、罗氏指数、体质指数、艾里斯曼身高胸围指数、体型指数等，可以表示一个人的体型特征和体质状态。体部形态观察主要是观察颈部、胸部、体姿类型、乳房类型、臂部伸展类型、腿部类型等。另

① 狐鸣，谭广鑫. 当代中国体育人类学的发展与展望［J］. 体育文化导刊，2008（1）：17-23.

外，有时还要观察全身的毛发，包括头发、胡须、眉毛和体毛等的形状和多少。①

欧陆各国的学者习惯于从生物学视角，采用人体测量方法，广泛应用于研究不同年龄、性别、地区的人种或民族，积累了丰富的成果。体育人类学研究可以根据不同的研究目的，选择不同的人体测量和观察项目，收集有关的数据和资料。值得注意的是，人类学往往更注重研究人体在功能、时代和地域等各方面的特殊变异，而体育人类学也并不主张静止地去研究人体常态。对于一个体育测量者来说，要善于吸收人类学的成果。在进行活体测量的同时也要注意了解该人群的风俗习惯等文化人类学的知识。体育测量如果不运用人类学的知识，在不同种族的比较中也会产生偏差。②

在体育领域的研究中，早已使用由体质人类学家擅长采用的人体测量技术，对体型进行测量和分类，对运动员的体格进行测量，试图找出体型与特定运动技能之间的相关性。这个方面较有价值的人类学资料是布罗泽克和赫谢尔所写的《身体成分测量与技术》(1961)。库库什金于 1964 年发表的文章《生长、体格与运动技能》，描述了苏联国立身体文化研究所对其国内成年运动员所进行的一系列身体测量。结果显示，每种类型的体育竞技都有自己的特色，它们能影响人的身体发育和机能潜力。链球选手、举重选手和摔跤选手的胸围最大，而篮球选手胸部却有最大的扩展性。另一方面，游泳选手的特点是有最大的肺活量。苏联的一些学术机构认为，高校体育院系里应该有人类学家的位置，研究运动生理学与体质人类学之间的关系，并对体育竞技运动与人类发展进行直接研究。例如，戴维 · 卡利尔在 1984 年对人类奔跑和人科进化的研究，分析生长与运动竞技活动的相互影响方式，对于理解运动竞技发展的人体生理过程有重要贡献。再如，优秀运动员在成长过程中的许多问题，可以通过应用人类学技术来解决。罗伯特 · 马利纳在其《人类学、生长和体育》一文中，对这一过程进行了详细描述。

体质人类学对灵长类的比较研究，是研究人类以外的灵长类行为的分支学科，通过研究猴类和猿类的游戏玩耍行为，加深了对人类的游戏玩耍行为及其功能的理解，为人类认识自己为何热衷于从事运动竞技比赛有相当的帮助，直接影响到体育起源、演变和发展的研究。

1926 年，德国民族学家威尔和博根格编写出版了两卷本的《全时代和民

① 邵象清. 人体测量手册［M］. 上海：上海辞书出版社，1985.

② 胡小明. 体育人类学进展［J］. 北京体育大学学报，2004，27（3）：289-293.

族的体育史》，其中第一章名为“体育民族学”，由威尔主笔，主要由“体育民族志”和“体育民族学”两部分构成。尽管是体育史和民族学著作，但进化论作为19世纪末民族学研究中最具代表性的理论之一，对作者的影响至深。这本书从进化主义的立场，对体育和游戏的起源及其发展，以纵向的时间轴为基轴，以及史前体育的再构成等进行尝试性的探讨和研究。

## 三、日本的体育人类学研究

在亚洲，日本较早出现提倡传统体育的运动。1988年，在有6 000多名会员的日本体育学会中，成立了“体育人类学专门分科学会”，作为第13个专门分科学会，几年后会员就发展了100多名。日本早稻田大学的寒川恒夫博士是该学会的负责人，他翻译了《体育人类学入门》一书，并于1988年出版。1991年，寒川恒夫到上海体育学院与中国学者交流；之后，他又数次带日本体育人类学分会的会员来我国观摩少数民族传统体育运动会，并于2012年在华南师范大学等校举办讲座。①

### （一）日本体育人类学发展历程简介②

在日本，“体育人类学”这一名词的正式登场是在1988年。但是，日本学者以体育为对象的人类学研究可以追溯到20世纪中期，大致经历了从萌芽到初创、快速扩展的两个发展阶段。

1. 民族学阶段

体育人类学正式登场之前，在日本一直存在“体育的民族学”研究。在体育学领域，体育民族学的相关研究成果可以被看作体育人类学的铺垫。

1954年，体育史学家今村嘉雄出版了《体育的民族学》一书，此后，从民族学的角度对体育展开研究的学者开始增加。今村嘉雄的思想和理论主要来源于德国民族学家威尔（K. Weuie）和博根格（G. A. E. Bogeng）。他的书主要是以《一切时代和民族的体育史》的第一章内容为蓝本撰写的。受此影响，日本早期的体育民族学研究几乎都是从进化论的立场展开的。不过，随着文化传播学派在人类学界的兴起，对体育民族学的发展也产生了重要的影响。

1981年，寒川恒夫的博士学位论文《稻耕民传统游戏的文化史考察》在充分吸收前人成果的基础上，依托传播学派的研究方法，完成了具有代表性的

---

① 胡小明. 国外体育人类学述评［J］. 武汉体育学院学报，2006，40（4）：1-8.

② 李凌. 日本体育人类学研究进展［M］. 西安体育学院学报，2012，38（5）：517-521.

体育民族学研究成果。这篇论文尽管也采用了参与观察法，但主要还是运用以民族志等资料为主的文献研究法。对无文字社会，以及不存在历史资料的史前时代的历史进行了再构造。在此之前，由于受到体育学研究的一些陈旧约束，那些没有文字记载的史前时代或古代的身体活动都难以成为体育民族学研究的对象。然而，寒川恒夫的论文打破了这一点，提出了对无文字记载时代的体育进行复原的可能性，其研究成果成为当时体育民族学领域具有开创性的代表作，得到了很高评价。此外，该研究是体育民族学通过自己独特的研究手法，弥补了体育史研究中仅依靠有记载的历史材料进行研究的不足。因此，体育民族学曾被评价为体育史的有力辅助者。由于日本的体育民族学最初是由体育史学家今村嘉雄介绍传入的，此后的很长一段时间对体育民族学的关注都来自体育史学界，再加上早期进化主义视角的研究也都是以历史时间的纵轴为脉络，虽然后来的传播主义重视空间上的横轴，但空间上的拓展也在一定程度上受到时间的限制，因此，最终时间上的纵轴成为体育民族学研究的首要因素。体育民族学与体育史虽然在概念上各不相干，但都是一种对历史的再构造或复原，从这一点上看两者又具有一致性。由于以上原因，日本的体育民族学在很长一段时期内都是处于体育史范畴之中的一个部分。《稻耕民传统游戏的文化史考察》的完成，标志着体育民族学研究法成为体育学中一种有效研究方法得到了确认。此后，体育民族学的视点和方法论与后来的体育人类学一脉相承，直到今天也持续发挥着重要的影响力。

1988 年，美国人类学者勃兰恰德和切斯卡合著的《体育人类学》日文译本面世。它由日本民族学大师大林太良监译，体育人类学开创者寒川恒夫翻译。译者寒川恒夫曾认为，在日本开展的体育人类学研究的主要目的是保存传统体育，即与传统文化有直接联系的民间体育或民族体育。可能是因为这个原因，译作对原著进行了一些删减，舍去了原著中关于现代的部分和体育人类学方法、理论部分。

2. 人类学阶段

1988 年，也就是在《体育人类学》译本出版之后数月，日本体育学会又迎来了新的分科会，那就是体育人类学专门分科会正式设立。1998 年 12 月，日本体育人类学学会正式成立，专门分科会变为独立的学会。1988 年，长岛信弘的专著《赛马的人类学》面世，该书将赛马视为一种文化表现，对人类社会中赛马的起源与发展，以及赛马的社会影响和价值等方面进行了分析和论述。1995 年 10 月，寒川恒夫编著的《相扑的人类学》由大修馆书店出版，作者运用跨文化比较的方法，通过对中国朝鲜族、菲律宾、瑞士、冰岛等民族和区域的摔跤活动（相扑技法）进行分析和比较，探寻各民族独特的文化。自20世纪90年代末期，一些研究者开始深入乡村、远赴海外，进行了大量的田野调查工作，发表了许多有价值的研究成果。2002年，《草相扑的体育人类学》一书出版，这是日本第一本以田野调查工作为基础的体育人类学专著。作者宇佐美隆宪的调查范围包括日本、韩国、中国，以传统地域社会的相扑活动为对象，运用参与观察等田野工作和跨文化比较等人类学方法和理论，完成了从民族学到人类学的转变，标志着体育人类学走向了独立。

跨入21世纪后，田野调查法逐渐定格为日本体育人类学的主要研究方法。到访特定的区域社会，通过与当地居民的深入交流，体验当地居民的生产方式、生活样式、思维方式和价值观，记录他们的体育活动，描写出以身体运动为主要对象的民族志，在当地社会的文化系统中理解和分析体育现象的深层含义。田野工作法的积极运用成为日本体育人类学走向成熟的重要标志。

除了学术界的努力以外，进入大学课程成为促进体育人类学走向成熟的另一个重要因素。20世纪80年代末起，随着体育人类学专门分科会的成立，日本的许多大学都开始将体育人类学作为通识教育纳入课程体系中，而在体育专业课程体系中，《体育人类学》和《体育文化论》两门课程也逐渐成为必修课程。通过大学课程的专业讲授，体育人类学这门古老而年轻的学科不仅得到学术界的关注，在作为一种理解体育文化、解析体育现象的方法论方面，体育人类学也发挥了重要的作用。

### （二）日本体育人类学研究现状

在日本体育人类学快速发展的30年里，相关著作纷纷面世，在各类学术会议和专业学术刊物上，数量不少的体育人类学论文也有重要的位置。

1. 教材与专著

在体育人类学专著方面，吉冈郁夫的《身体的文化人类学》①、菅原和孝的《身体的人类学》②、寒川恒夫的《竞技运动文化论》③，均从宏观研究视角出发，运用人类学的理论和观点对身体文化进行了深入剖析。这几本书自出版后，被列为体育学科各专业的重要参考书。日本高校将体育人类学作为体育学领域中一门高度综合的基础学科，成为培养体育专业人才必不可少的学习环节。

① ［日］吉冈郁夫．身体の文化人類学［M］．雄山閣，1989．

② ［日］菅原和孝．身体の人類学［M］．河出書房新社，1993．

③ ［日］寒川恒夫．スポーツ文化論［M］．杏林書院，1994．

2004年，寒川恒夫编著的《作为教养的体育人类学》① 和宇佐美隆宪编著的《体育人类学》② 两本教材的出版，给作为通识教育的体育人类学课程提供有力的支持。《作为教养的体育人类学》一书主要是从文化人类学的方法和视角解析体育现象中凝聚和折射出的文化和社会。全书共分为3章，第一章是"体育人类学的精华"，内容包括体育人类学的研究对象、理论、方法，体育的起源与传播，体育与观光，体育与身体文化，体育与神话礼仪宗教，体育与文化变容，体育与民族学和国民性，以及舞蹈的文化和游戏的文化等；第二章是"体育人类学的研究选集"，汇集32篇日本学者的研究成果，可谓集中了近年来日本体育人类学研究成果的精华；第三章是"民族生活和体育"，该篇介绍了日本、中国、朝鲜、中亚、中南美、非洲、埃及等不同地域国家，以及游牧民、农耕民、都市居民等不同类型人群的体育活动。球类游戏、与动物（主要是家畜类）相关的运动、格斗类竞技、赌博性竞技、养生、舞蹈在世界范围内的广泛分布和特征，向读者展示出体育文化在全球范围内具有的相同性和差异性，能够帮助读者更好地理解体育文化多样性的价值和意义。

宇佐美隆宪编著的《体育人类学》与《作为教养的体育人类学》一书略有不同，是更偏向体育专业及体育人类学入门知识的书籍。该书的重要宗旨之一是"通过体育去理解他者的文化"，也就是说，我们可以将体育视为理解异文化的一扇窗口，并在与跨文化的比较中形成正确对待自我与他者的文化素养。全书由4章内容构成：第一章是"体育人类学的邀请"，从体育人类学的研究目的和研究对象，体育人类学的视点和发展动向，以及体育人类学肩负的责任等方面进行了学科的概况介绍；第二章是"体育人类学的视角"，通过15项内容阐述了如何在人类学的观点下去理解作为异文化的体育；第三章是"体育人类学的研究方法"，对先行研究的文献检索与综述，田野调查的工作手法及程序，调查报告的撰写方法及要点，都作了比较详尽的阐述，这对于初踏田野的体育人类学研究者来说，是十分重要的工作指导手册；第四章是"体育人类学的文献"，介绍了日本国内外具有较大影响力的体育人类学专著。《体育人类学》不仅是体育学界学者参与编写的专业书籍，其他参与编写的学者还涉及文化人类学、社会学、历史学、人类生态学、体育史、体育社会学、体育行政学、体育生理学、解剖学等多个学科领域。

相扑是日本独具魅力的民族体育活动，无论是早期的体育民族学研究，还

① ［日］寒川恒夫．教養としてのスポーツ人類学［M］．大修館書店，2004.

② ［日］宇佐美隆憲．スポーツ人類学［M］．明和出版，2004.

是当代体育人类学研究，以相扑运动为研究对象的著述屡见不鲜。寒川恒夫编著的《相扑的宇宙论》① 和《相扑的人类学》②，是该研究领域最具代表性的著作。参与撰写《相扑的宇宙论》的学者有日本著名的民族学和考古学家滝音能之、谷川章雄等，透过相扑运动洞悉日本传统文化，6 位学者分别从天皇、修炼道、女相扑、裸体的力士、不战斗的相扑和近代考古学几个方面分析了相扑运动中的日本文化特征。《相扑的人类学》一书于两年后面世，将相扑运动定义为："两人徒手格斗，直至一方倒地定胜负的竞技。"因此，该书将摔跤、柔道等运动形式都纳入泛相扑运动的范畴之中。全书共有 6 章，分别是"相扑的人类学""中国朝鲜族摔跤的持续和变容""西亚的相扑""菲律宾的相扑""冰岛的民族格斗技 Glima"和"瑞士的 Schwingen"。该书通过分析相扑的规则、技术及身体技法，试图描绘出各自民族的独特文化和性格。

宇佐美隆宪源于其田野调查研究方法的运用和民族志撰写的《草相扑的人类学》，是一本在日本体育人类学界具有重要意义的专著。在此之前，日本的体育人类学研究虽然也有一些田野调查，但受到调查规模的限制，且田野工作的规范尚未得到足够的重视，因此调查结果大都是以不引人瞩目的小论文形式出现。宇佐美隆宪以其博士论文《草相扑的存续与变化——以东亚的事例为中心》为基础展开了延续研究，参考《相扑的人类学》一书对相扑运动的定义，用"草相扑"指称非专业、非正式的相扑运动，作者的调查范围涉及日本、中国和韩国等地，对广泛存在于民间的徒手格斗竞技展开调查，运用人类学的理论与方法，记录和研究这些传统身体技能的发展状况，尝试获得民族志的解释和阐释。全书由 5 部分构成，即"东亚地区相扑研究的现状和课题""日本的事例研究""韩国和中国的事例研究""草相扑的存续和变化"和附录"20 世纪 40 年代左右朝鲜半岛摔跤的地区分布"。在涉及韩国和中国的事例研究中共有 5 章内容，分别是"韩国摔跤的事例——朝鲜半岛摔跤的统一和韩国的专业摔跤及业余摔跤""中国延边朝鲜族自治州的摔跤事例（1）——社会变动和运动形态的变化""中国延边朝鲜族自治州的摔跤事例（2）——运动技术的认知和分类""中国内蒙古自治区摔跤（博克）的事例——作为礼仪的媒介的传播和塑性"及"中国西南地区侗族拌摔的事例——基于相扑起源

---

① ［日］寒川恒夫. 相撲の宇宙論—呪力をはなつ力士たち［M］. 平凡社，1993.

② ［日］寒川恒夫. 相撲の人類学［M］. 大修館書店，1995.

传承对相扑意义的探讨”。[①]

除了对最具民族代表性的相扑运动的研究以外，风柳祐生子的著作《格斗技的文化人类学》[②]，探讨了从 UWF 专业级格斗，到武术、相扑、拳击等运动形式，提出格斗中的美来自对身体的终极追求，而格斗者的精彩表现是一部绚丽磅礴的英雄列强传。桥本和也的《斐济的橄榄球和足球运动的田野调查》[③]、桑原一良的《棒球的人类学》[④] 两本著作，则从现代运动项目探讨传统社会与竞技游戏的关系以及运动项目中所隐含的文化要素。

对身体游戏及其文化的研究，一直以来也是体育人类学关注的，其中较具影响力的著作有青柳真知子的《游戏的文化人类学》。该书由“游戏是什么”“劳动与余暇”“游戏的传播和受容”“游戏的类型和文化类型”4 章构成，通过对汤加、密克罗尼西亚等地的调查及对在世界各地各民族之间流传的传统游戏的分析，从游戏的分类，余暇活动与游戏的关系，游戏的起源和传播所隐含的文化要素及其与社会组织、宗教活动的关联，将游戏的类型作为文化要素对余暇行动进行分类，阐释了游戏的重要意义和地位。[⑤] 而寒川恒夫的《游戏的历史民族学》一书则是沿袭历史民族学对文化要素的空间分布状况进行的研究，从民族志文献中尝试对捉迷藏、婚约球戏、竹马、拔河、秋千、划船比赛、相扑等传统游戏的文化史进行再构成。该书收录的 11 篇论文中既有从传播主义视角出发的研究成果，也有从功能主义、多元文化和文化分层等理论视角出发的研究。[⑥]

体育人类学研究的主要对象，历来是对各民族体育形式和内容的收集和整理，这也是体育人类学研究的丰富素材。寒川恒夫监修的《21 世纪的传统体

---

① ［日］宇佐美隆憲．草相撲の存続と変化—東アジアの事例を中心に—［D］．東洋大学学位論文，1998.

② ［日］風柳祐生子．つよいのなんの！——格闘技文化人類学［M］．青弓社，1992.

③ ［日］橋本和也．ラグビー &サッカー inフィジースポーツをフィールドワーク(文化人類学ブックレット1)（京都文教大学文化人類学ブックレット（No. 1)）［M］．風響社，2006.

④ ［日］桑原一良．ベースボールの人類学［M］．文芸社，2007.

⑤ ［日］青柳まちこ．遊びの文化人類学［M］．講談社，1977.

⑥ ［日］寒川恒夫．遊びの歴史民族学［M］．明和出版，2003.

育》[①] 和大林太良等编写的《民族游戏大事典》[②] 这两部书，为体育人类学研究提供了很好的工具书。

2. 相关论文

日本体育人类学专门分科会和日本体育人类学学会每年定期召开年会，并出版大会论文集。由体育人类学学会于 1999 年创刊的《体育人类学研究》，是日本体育人类学专门学术月刊。通过了解这两个学会每年大会的发表情况，可以较全面地把握日本体育人类学的研究状况及特征。

根据研究者对 1988 年至 2003 年间体育人类学专门分科会和日本体育人类学学会发表的 170 余篇论文的统计分析，在研究对象的地域方面，日本国内各地区的研究占总数的 55%左右，国外各地区的研究占 45%左右，对国外地区的研究比例呈逐年上升趋势。海外地区研究主要集中在亚洲各国，大约占 64%左右，特别是东南亚、东北亚地区的研究较多。日本体育人类学研究的对象从日本国内逐渐扩大到亚洲以及世界各地，与老一辈研究者相比，年青一代研究者的学术兴趣和志向都有扩大的趋势。[③] 在研究日本国内的民族传统体育运动中，数量最多的是对舞蹈的研究，其次是相扑、拔河、赛舟。然而，在研究国外民族的传统体育运动中，数量较多的是对游戏、格斗技、舞蹈的研究，其次是竞技比赛（如中国的少数民族传统体育运动会）。除此之外，在国外研究中，研究对象的多样化也是一大特点。[④]

2000 年是日本体育人类学研究的一个重要时间节点。2000 年以前的研究对象大多是拔河、相扑、舞蹈等传统运动，学科关注点主要集中对体育人类学的理论探讨上，譬如，围绕体育人类学的研究方法和研究对象展开的讨论曾持续较长时间。进入 21 世纪后，应用人类学理论被引入体育研究中。由日本体育科学学会主办的《体育的科学》杂志于 1999 年 7 月刊登了以“民族体育的传统与革新——从观光人类学的视角展开”为主题的专辑，共收录了寒川恒夫的“新的词语：民族体育的观光人类学”等十余篇论文，由此掀起了对民

① ［日］寒川恒夫監修. 伝統スポーツ国際会議実行委員会編：21 世紀の伝統スポーツ［M］. 大修館書店，1995.

② ［日］大林太良，岸野雄三，寒川恒夫，山下晋司編. 民族遊戯大事典［M］. 大修館書店，1998.

③ ［日］真田久. スポーツ人類学専門分科会の研究状況の足跡［C］. 日本体育学会大会誌，2003.

④ 李凌. 日本体育人类学研究进展［M］. 西安体育学院学报，2012，29（5）：517-521.

族传统体育观光化研究的热潮。此后，无论是一般论文发表，还是硕士、博士学位论文发表，以旅游观光带动民族传统体育的发展为主题的研究数量猛增，成了日本体育人类学研究的新热点。特别是在探讨民族传统体育在现代社会的生存与发展问题上，旅游人类学成为最重要的依托。

近年来，随着作为通识课程的体育人类学在日本各大学的开设，进行体育人类学研究的学生及研究者逐年增多，研究的对象及内容也更加丰富多样，虽然民族传统运动依然是体育人类学研究中最受关注的对象，但在对传统运动项目的研究中不断呈现出新的视角和新的研究理论。以下是对日本体育学会第62届大会（2011年）体育人类学专门分科会及体育人类学学会会刊《体育人类学研究》2010年12期发表的论文基本情况的粗略统计（表2-1，表2-2）。

**表2-1 日本体育学会第62届大会体育人类学专门分科会论文发表情况**

| 发表类型 | 论文题目 | 作者姓名 | 作者单位 |
|---|---|---|---|
| 主题演讲 | 舞蹈的大众化：以1910—1930年的日本社会为中心 | 中鸠哲也 | 早稻田大学 |
| 专题交流 | 探讨日本传统体育的教育——关于传统和文化的教育动向和意义 | 中村哲 | 兵库大学 |
| | 从制订学习指导纲要的视角看“日本传统体育的教育” | 佐藤丰 | 鹿屋体育大学 |
| | 剑道课程实践报告 | 木原资裕 | 鸣门教育大学 |
| | 从柔道的事例 | 永木耕介 | 兵库教育大学 |
| 分组发表 | 关于对“武道”教育效果的普遍性的考察 | 渡边昌史 | 早稻田大学 open 教育中心 |
| | 关于对武士道的语源及理念的展开的研究 | Benedictus Micchael | 鹿屋体育大学大学院 |
| | 嘉纳治五郎对柔道在海外的普及——美国夏威夷州的事例 | 永木耕介 | 兵库教育大学 |
| | 关于英国チャイルド・ブロテクション制度设立的历史渊源的研究 | 大崎裕太郎 | 鹿屋体育大学大学院 |
| | 英国足球协会的チャイルド・ブロテクション制度的特征和课题 | 森克己 | 鹿屋体育大学大学院 |

续表

| 发表类型 | 论文题目 | 作者姓名 | 作者单位 |
|---|---|---|---|
| 分组发表 | 关于萨满（チンロン）教材化的实践研究——通过身体教育的异文化理解 | 石井隆宪 | 东洋大学 |
| | 巴西公立幼儿园的かボエイラクラス的活动 | 细谷洋子 | 四国大学 |
| | 巴西菲乌市立学校的活动实践——关于ブラジル、ベルナンブ州的レシーフュ民众艺能的考察 | 神户周 | 东京学艺大学 |
| | 从身体科学的侧面看琉球舞蹈的举止的特征——关于「ガマク入れ」举止的流派间比较 | 花城洋子 | 名樱大学 |
| | 九州地区女相扑舞蹈的分布状况 | 一阶千绘 | 福冈女子大学 |
| | 当今加纳的传统舞蹈——传统的舞蹈演出节目和传承法 | 远藤保子 | 立命馆大学 |
| | 在现代舞蹈作品的创作过程中对动作名称的翻译——藤井公（1928—2008）的事例 | 杉山千鹤 | 早稻田大学 |
| | 采用印度刺绣的博物馆研究会的事例讨论——自我身体表现的循环性 | 弓削田绫乃 | 早稻田大学 |
| | 台湾原住民的传统身体及观光化应用 | 濑户邦弘 | 上智大学文学部 |
| | 在竞技运动空间中对“圣地”的再讨论 | 小坂美保 | 山口福祉文化大学 |
| | 在东日本大地震后复兴“相马野马追”的尝试 | 真田久 | 筑波大学 |
| 墙报发表 | 越南中部高原地带大学生健康意识和运动习惯的相关分析 | 片山敬子 | 岗山大学职业开发中心 |
| | 关于越南青年人的姿势的研究 | 西畑贤治 | 神户国际大学 |

**表 2-2 《体育人类学研究》（2010 年 12 期）发表论文情况**

| 论文题目 | 作者姓名 | 页码 |
|---|---|---|
| 体育人类学与启发教育——利用动作捕捉的非洲舞蹈教材 | 远藤保子 | 1-25 |

续表

| 论文题目 | 作者姓名 | 页码 |
|---|---|---|
| 嘉农精神的创造——日本统治时期台湾嘉义农林学校棒球部的团队认同感 | 林胜龙 | 27-49 |
| 以对抗文化为中心的古代武道——根据松本学的古武道提倡及日本古武道振兴会的活动为中心 | 中鸠哲也 | 51-73 |
| 民俗仪式活动的消退和共同体的变容——围绕北海道夕张郡栗山町的盘持大会探讨地域社会的变容 | 木内明 | 75-94 |
| “苗族传统武术”的创造——湖南省湘西土家族苗族自治州勾良村的事例 | 马晟 | 95-113 |

除了集中发表在体育人类学专门分科会和《体育人类学研究》上，日本的体育人类学研究论文也会在一些人类学专业期刊及大学学报等刊物上刊登。如吉井秀邦的《足球运动中关于团队形成的考察——探寻快速成长中的厄瓜多尔足球队》①、田簑健太郎的《体育人类学中对“sports”的理解》②、石井浩一的《在大学教育中对体育人类学（课程）的思考》③。而体质人类学的相关研究，大都发表在由日本生理人类学学会主办的《日本生理人类学会刊》季刊上。

创刊于20世纪70年代初期的《现代思想》杂志，是一本集思想、哲学、艺术和文学等人文学科的学术期刊。1986年5月出版的《现代思想》第14卷第5期，刊登了体育人类学专集，共有17篇体育人类学论文，其特色是论文作者大都来自体育界以外的人文学科，因此大多数论文并没有把民族传统体育作为研究对象，而在选题和研究内容上呈现出广阔的态势，出现了不少有意思的选题。关于该期专集的论文基本情况的粗略统计如下（表2-3）：

**表2-3 《现代思想》(1986年第14卷第5期) 发表论文情况**

| 论文题目 | 作者姓名 |
|---|---|
| 作为语言活动的足球运动 | 帕索里尼·皮埃尔·保罗［著］<br>小林满译 |
| 足球的蹴辞学序说 | 细川蹴平 |

① 顺天堂运动科学研究，2010（3）：426-439.

② 流通经济大学运动健康科学部纪要，2008（3）：71-78.

③ 爱媛大学教育学部保健体育纪要，2010（3）：45-52.

续表

| 论文题目 | 作者姓名 |
| --- | --- |
| “健康幻想”的正体 | 清水哲男 |
| 代表资本主义模型的现代体育 | 多木浩二 |
| 法西斯主义与身体 | 田之仓稔 |
| 从 modern 到 contemporary——习惯了富裕的肉体的支配 | 佐濑稔 |
| 教科书的悲哀——サティ和铁人三项赛 | 丘沢静也 |
| 文明化过程中的足球运动 | 伊莱亚斯·诺贝特［著］<br>冈野进　译 |
| 现代体育中的自然与人工 | 中村敏雄 |
| 男爵顾拜旦的世纪末——奇观论的备忘录 | 高山宏 |
| 转变与变异：体育，或畸形身体的绽放 | 室井尚 |
| 担忧：公平竞技与犯规及依靠作假得胜的美学 | 五十岚一 |
| 身体运动学（运动力学）——现代体育的终结 | 伊藤俊治 |
| 减量的哲学——拳击的“哲学”体系 | 田原八郎 |
| 五禽戏：作为表演的动物行动学 | 津村桥 |
| 性与网球本能 | 萨雷特斯基·西奥多［著］<br>福原泰平　译 |
| 通过棒球运动考察人类性禁忌的演变 | 中尾秀博 |

### （三）日本体育人类学特点与趋势

经过 20 多年的发展，日本体育人类学经历了从历史学和民族学研究转向文化人类学研究的发展阶段，成果丰富，特点显著。

1. 日本体育人类学研究的特点

（1）把人类学作为文化理解的通识教育课程。在奥林匹克运动以外，世界上许多民族都有丰富多彩的传统民间竞技及身体运动形式，它们不仅是民族传统文化的活化石，并且是传承和发扬民族文化的理想载体。世界各民族在了解和认识自己传统体育项目的过程中，接触到不同的文化理念、生计方式及生活方式等，并透过民族体育这扇窗户，认识和理解多元文化。由寒川恒夫主编的《作为教养的体育人类学》，就是这样一本以“文化理解”为主旨的大学教材。该书前言写道：“……在体育活动中折射着许多社会和文化的现象，由此体育成了印刻和浓缩社会文化的一面镜子。在对有关身体的异文化和自文化的对比分析中，运用文化人类学的视角和方法解读和阐释民族体育、国际体育、体育的历史、武道、舞蹈、游戏、养生、治疗等活动，不仅在于理解体育文化本身的意义和价值，也是一种培养文化交流和理解力的有效途径。”①

（2）对田野工作的高度重视。人类学，特别是文化人类学，注重以田野工作为基础，以未开化社会的研究为出发点。20 世纪 90 年代以前，日本开展民族体育研究多是从历史学和民族学的研究视角和方法人手。随着体育人类学分科会的正式成立，民族体育研究转向人类学研究的步伐逐渐加快，人类学田野工作也逐渐成为研究民族体育的主要研究方法。在体育人类学分科会每年召开的大会中，除了研究论文以外，还会发表大量的田野调查报告。无论是在学会大会中，还是在期刊《体育人类学研究》中，田野调查报告都占据了重要的位置。体育人类学研究者在进行田野调查工作时，充分体现出日本人特有的细腻和认真执着，一丝不苟、不厌其烦的工作态度。因此，研究者根据实地调查中所获得的大量材料，所撰写的田野调查报告既能很好地掌握全面性，又能充分展示出调查的每个细节。

然而，大篇幅详述民族志的调查报告和论文，有时会给人造成一种错觉，认为人类学研究成果仅是数量较多而质量不高，特别是具有理论意义的研究不多。日本著名人类学家山口昌男教授说：“民族志与历史记载不同的是，它专注于某一个个别的社会或文化，具有很强的纵深度。它为人类社会的多样性提供总目录，是一件值得永远做下去的事情。”② 田野调查报告也被喻为是完善人类文化 DNA 的一项重要工作，每一份田野报告都是充实和完善人类文化基因库的一份数据。虽然并不是每一份基因库中的数据都可以产生新的理论，但是，数据越多就越有利于新的研究的开展并推动新理论的诞生。因此，体育人类学研究中的每一份田野报告都具有完善人类体育文化基因的重要价值，只有在体育文化基因库得到充实的基础上，才有可能创造出更多有利于维护民族体育文化多样性，以及促进体育文化发展的新理论和新途径。

2. 日本体育人类学研究的趋势

人类学自西方舶来时，日本早于中国接受欧陆传统，日本人类学从明治时期就具有重视体质人类学的学术传统。早期的日本体育人类学研究也偏重于体质人类学，如以《在人类的进化过程中对投掷动作起源的考察》为代表的研

---

① ［日］寒川恒夫. 教養としてのスポーツ人類学［M］. 東京：大修館書店，2004.

② ［日］山口昌男，船曳建夫. 文化人類学キーワード［M］. 東京：有斐阁，2008：5.

究，在当时被认为是研究的主要领域。后来受美国体育人类学诞生的影响，从文化视角研究体育行为渐成主流。特别是在成立学术团体以后，体育人类学逐渐稳定为从文化人类学视角展开的体育研究。

进入21世纪后，日本体育人类学提出了发展的思路和对未来的期望。在现有的研究成果中，虽然关于体育人类学方法论的问题也时常被研究者所关注，然而，如何运用体育科学在身体动作、身体技法等方面的研究成果，对其进行精细的构造解析以及对其文化要因进行解释和说明，是将来体育人类学研究发展中需要倍加关注和强调的部分。作为研究身体文化及体育文化的学科，体育人类学并不是唯一。如何在哲学、社会学、心理学、民族学、历史学等相关学科中凸显出体育人类学的学科地位，真田久教授认为关键在于方法论的建立。①

从日本公开发表的研究成果来看，以民族体育为研究对象的成果占据了最大的比例。拔河、舞蹈、相扑等民族传统体育一直以来都是体育人类学关注的重点。比起以竞技或游戏为对象的研究，日本学者在舞蹈方面的研究成果更多一些。这也许是因为体育人类学是从广义的角度理解体育的缘故，不仅是现代竞技运动，孩子的游玩、民族舞蹈等都可以纳入体育的范畴。民族的、传统的、民俗的、传承的、前现代的、不限地域的各种身体运动形态及文化，其丰富的程度是现代竞技运动（奥林匹克运动）难以企及的。然而，这并不是说就可以将国际体育（现代奥林匹克）排斥在体育人类学研究之外，从文化视角开展体育研究是体育人类学的基本立场，人类学研究并不局限于某个特定的时代或社会，国际体育也是体育文化的一个部分，同民间舞蹈一样，也是体育人类学研究者可以涉足的“田野”。与社会学等相关学科携手，对现代体育现象展开文化研究也将会成为日本体育分科会中重要的研究课题。

从广义的角度讲，各种有关身体运动及技法的内容都可以被统称为体育，如民族体育、传统体育、民俗竞技、祭礼竞技、民俗体育、传统游戏、民族舞蹈、民俗舞蹈、祭礼舞蹈等。这些名词概念从属概念上被认定为体育，这一点并无异义，但是在种概念上却出现模糊混淆的难题。今后，如何在研究中更加清晰地使用这些概念，明确每个概念希望表述和表现的特征和目的，需要研究者们共同努力，对体育人类学中相关概念做进一步研究和整理。此外，在近年来学者们发表的研究成果中，对身体技法、文化变容、文化传播、文化领域、民族性、民族认同、多元文化主义、观光人类学等文化人类学观点和理论运用

① ［日］真田久．スポーツ人類学専門分科会の研究状況の足迹［J］．日本体育学会大会誌，2003.

较多。体育人类学的发展必须依靠和借鉴母学科人类学（主要是文化人类学）的发展和新的理论模型，这理所当然是体育人类学研究中极为重要的事项。然而，不应忽视体育科学的学科领域对体育人类学构成和发展的支柱作用，重视体育科学已有的理论模型及概念，在体育及运动科学的庞大知识体系中创造出研究体育文化的新方法和途径，努力将体育人类学打造成由体育科学和人类学共同构筑的重要学科。①

日本体育人类学学会提出，未来要更加重视国际研究和交流。一方面，在日本体育人类学研究者越来越多地选择海外研究对象，前往世界各国展开体育人类学田野调查的背景下，关于民族体育的文化比较研究以及体育共同文化的相关研究等将会带来更多惊喜和期待；另一方面，以东亚为核心的国际学术团体及学术会议为各国研究者提供了相互交流和学习的平台，构建体育人类学研究的国际交流网络是下一步工作的重要课题。

近年来，日本国内也有学者指出，目前的体育人类学研究存在案例分析不够深入、理论创新不足等缺憾。从田野调查中收集来的资料，经过粗略的整理后，简单地套入某个流行的理论中，就得出了研究结论。如果不对调查材料进行深入细致的整理和分析，发现其独具特点的地方，就很难在研究中探索出新颖和创造性的成果。将数据和资料装进流行的理论模型中，或是在理论中填写数据资料的做法，既浪费了来之不易的田野调查资料，也无法产生出影响和推动体育人类学发展的成果。②

虽然日本体育人类学研究还存在着一些不足和有待提高的地方，但日本学者以其严谨、认真的工作态度，在体育人类学领域中潜心耕耘，在基础性研究方面积累了丰富的成果，为体育人类学界提供了翔实的第一手参考资料。在将体育人类学纳入通识教育课程、重视田野工作方法以及在拓宽专业人才培养等方面，也有很多值得他国学者学习和借鉴之处。

从以上国外体育人类学发展进程可知，国外研究历史悠久，成果丰富。国外体育人类学研究的一些重要著作和论文，为我国体育理论研究提供了极有价值的学术参考和比较研究的资料。

---

① ［日］寒川恒夫. スポーツ人類学専門分科会研究活動の回顧と展望［J］. 体育学研究第50巻紀念特集：スポーツ人類学，2005.

② ［日］藏持不也三.「素朴なエスノグラフィー」とネットワーク方法［J］. 文化人類学研究，2009.

# 第三节 中国体育人类学的形成与特色

回顾体育人类学的发展历程，国外学者已经做了许多开拓性的研究。近年来，中国体育理论工作者也在努力抓住后发优势，积极利用独有的稀缺资源，为体育人类学构筑更加完善的框架。

## 一、体育人类学的引进

体育人类学在中国的出现，是东西方进行文化接触、传播、变迁的过程。其成功适应的原因有内生和外来两个方面。

在内生方面，改革开放后，体育界引进国外学科的热情空前高涨，人类学作为一门学科引起了体育研究者的注意。譬如，20世纪80年代初，体育界已经有人在四川大学进修文化人类学课程，也有人在国内首届人类学会议上发表论文；其后，体育界在全国进行大规模的对民族传统体育的挖掘整理，积累了大量的研究素材，为体育人类学的传入奠定了基础性条件和需求。20世纪80年代以来，各级体委和民委设立机构，各地组织文史队伍广泛调查，进一步开展民族传统体育挖掘整理工作，取得了丰硕的成果。当时在各地体育史志中，大多列有“民族体育”部类。在各省市体育志基础上，国家体委文史办汇编《中华民族体育志》，收录的民族体育项目达977项。1986年，《成都体育学院学报》刊登的《体育与人类学》一文，是我国首次阐述人类学与体育研究关系的文章，文章前瞻性地指出，在运动员选材、体质测量及不同地区、不同时期体育文化比较研究等方面常常要运用体质人类学与文化人类学的研究方法及成果，“人类学已经广泛应用于社会各个领域中，它也必然并已经广泛应用于体育运动的实践中。”① 1987年，《体育与科学》刊发的《体质人类学与体育科学》② 一文，可看出人类学开始进入更多研究者的视野。这一时期，对一些少数民族传统体育的挖掘整理开始出现，如四川民族出版社于1989出版的《民族体育集锦》以及《成都体育学院学报》1989年刊登的《云南彝族体育与原始宗教》③，就运用了文化人类学及其他学科的理论，结合田野调查等研

① 谭华. 体育与人类学 [J]. 成都体育学院学报，1986，12 (2)：1-5.

② 柳伯力. 体质人类学与体育科学 [J]. 体育与科学，1987 (2)：13-16，18.

③ 饶远. 云南彝族体育与原始宗教 [J]. 成都体育学院学报，1989，15 (3)：9-17.

究方法进行研究。①

另一方面是外来的影响，部分研究者多年的研究经验对成熟学科理论和方法的需求，中国的民族体育研究者连续多年奔赴田野工作，但当时却并没意识到应该把民族传统游戏研究与人类学联系起来，只是学习用民族学的方法对所收集到的资料进行简单整理，并未确立体育人类学的学科地位。1990 年，日本学者寒川恒夫、涉谷道夫、獭户口照夫前往上海体育学院讲学，《上海体育学院学报》“新学科介绍”专栏刊发了寒川恒夫的《体育人类学》一文，对体育人类学的研究对象、研究历史和研究内容等进行了简单介绍。成都体育学院民族体育研究室胡小明教授应当时上海体育学院院长陈安槐教授之邀前往上海与日本学者进行交流。在了解到中国已有多年积累的民族传统体育研究领域在国外被称为“体育人类学”后，他决定紧跟国际潮流。1991 年，叶国志和胡小明发表了《体育人类学与民族体育的发展》一文，强调运用人类学研究民族体育的重要性和必要性，主张引进体育人类学以弥补传统研究手段的不足。随后，成都体育学院把民族体育研究室改为体育人类学研究室，并开始招收研究生。1997 年，中国在体育学下设四个二级学科，民族传统体育学名列其中。这时，国内体育界之外的学者也开始关注体育人类学研究，通过对世界体育运动发展的历史与现实的研究，提出了体能文化的概念，倡导进行体育人类学研究。②

20 世纪 90 年代中期，胡小明应邀到美国印第安纳州立大学地理人类学系访问，并赴阿拉斯加考察原住民传统体育活动；回国后又多次到西南少数民族地区考察。他于 1998 年到华南师范大学工作后为硕士、博士研究生课程编写的“体育人类学”讲义，入选“广东省中青年社会科学家文库”并由广东人民出版社出版。1999 年，我国第一部《体育人类学》专著出版；同年，开始招收体育人类学方向的研究生，这标志着中国体育人类学学科地位的确立。但是，“由于从 80 年代后期开始，学术界的风潮逐渐从文化的研究转向现行的体制改革研究，以此为转机，体育社科界也从以基础研究为主向应用研究过渡”③，人类学的研究专业要求高、条件艰苦且周期很长，方法运用上的高门

① 倪依克，胡小明. 发展中的中国体育人类学——国际人类学与民族学联合会第 16 届世界大会体育人类学专题会议述评 [J]. 体育科学，2009，9（10）：65-71.

② 郝时远. 体育运动的人类学启示 [J]. 世界民族，1997（4）：1-16.

③ 邱剑荣. 寂寞不是孤独——《体育人类学》读后 [J]. 体育文史，2001（1）：62-63.

槛使体育人类学的发展一直处于边缘地带，未受到过多的关注。

21 世纪以来，随着经济全球化趋势的不断增强，在全球范围内掀起一股倡导文化多样性的风潮，传统文化重新回到人们的研究视野。面对不断衰落和即将消失的传统体育项目，随着国力的快速提升及国内对非物质文化遗产的大规模保护，运用人类学方法面对传统体育项目研究及探索民族体育发展之路，开始成为体育学术研究的热点之一，人类学对于体育研究的重要性及突破点越来越受到人们的重视。2005 年，高等教育出版社出版的《体育人类学》一书，使这门新兴学科在高等教育的课程中占有一席之地。①

2009 年 7 月，历时 5 天的“国际人类学与民族学联合会（The International Union of Anthropological and Ethnological Sciences，IUAES）第 16 届大会”在云南昆明召开，我国体育学者承办了“发展中的中国体育人类学”和“体育人类学的国际视野”两个专题会议，标志着中国的体育人类学研究开始步入世界最高级别的学术殿堂。为此，世界上第一本体育人类学专著的作者、美国学者布兰查德教授发来热情洋溢的贺信。这次国际人类学/民族学大会的主题为“人类、发展与文化多样性”（Humanity，Development and Cultural Diversity）。体育人类学专题会议参会学者主要从人类学、民族学、社会学、民俗学、生态学等研究领域和视角，就竞技的体质人类学和文化人类学及竞技的价值与未来走向、生态体育与人类身体运动形式的发展、文化人类学视野中的游戏与民族传统体育、休闲文化与民族传统体育、少数民族体育发展的行动取向、少数民族节日体育文化、体育人类学的研究方法、苗族独木龙舟竞赛的体质人类学分析、身体运动对东巴文字的影响、鄂伦春族猎民健康状况、民俗体育的发展逻辑及其现代道路、旅游人类学视角下的民族体育资源开发等问题进行学术研讨，基本反映了当前中国体育人类学的研究热点。②

2001 年，华南师范大学开始招收体育人类学研究方向的博士生；2005 年，出版教材；2010 年被评为广东省研究生示范课程，标志着这门新兴学科在国内崛起，并在高等教育的课程中已有一席之地。尽管华南师范大学已经把“体育人类学”作为课程延伸到本科层次，北京和云南等地学者也出版了新编的《体育人类学》，上海体育学院数篇体育人类学内容的博士论文通过答辩，但这门学科仍然处于初期成长阶段。

---

① 胡小明．体育人类学进展［J］．北京体育大学学报，2004，27（3）：289-293.

② 倪依克，胡小明．发展中的中国体育人类学［J］．体育科学，2009，29（10）：65-71.

## 二、搭建文化和体质的桥梁的本土化尝试

体育作为一种舶来的西方文化进入中国后，势必对传统文化尤其是民族传统体育活动造成相当的破坏，如 20 世纪初中国体育界的“土洋之争”。从某种意义上看，体育人类学是修复这种破坏的试剂。中华民族传统体育中很小一部分如所谓竞技武术，在理论研究不足的匆忙改造中，因主动接受西方体育文化规制而失去自身传统文化特色，正处于文化同化（assimilation）状态；而龙舟、踢毽及丰富多彩的少数民族传统体育则开始在与西方体育文化的相互交往中互相借用和吸收，发生了涵化（acculturation）的情况。体育人类学研究这样的文化接触和变迁，依赖文化人类学是必然的。

近几十年来，文化人类学的研究对象改变颇大，不但早就开始研究那些非西方的传统社会，而且也逐渐在现代都市中开展研究，甚至倒转方向，把欧美现代文明当作对象来研究。其原因很简单，主要是几乎所有原始的部族都被人类学家研究过了；由于交通发达，“全球化”“地球村”现象出现，世界上几乎已经没有文化孤立的地区性族群。在曾经广阔的“田野”日益缩小几近消失的状况下，文化人类学家的视线不得不离开原始或传统的社会，重叠到社会学的传统领域。现在，文化人类学的研究对象延伸至文明都市，它跟社会学之间本来就有的关系就更加密切了。在体育界的情况比较特殊，“残存”的传统身体文化正迅速消失，“民族体育”大批进入国家非物质文化遗产保护名录。比较而言，文化人类学素来以质化的参与观察方法和整体地细描一个乡野的村落生活为特色，在分析个案方面更具优势。

从我国出版的几本专著和教材看，内容都偏重于体育文化研究。但是，与美国学者创立的“体育人类学”几乎是纯粹文化人类学运用于体育研究的内容比较，还是涉及了一些体质人类学的内容。

20 世纪 90 年代以来，我国出现了一些有关“竞技与人类学”的研究，多侧重于体质人类学或生物学科领域，对人类学在运动员选材与训练研究中的作用等进行阐述。如《中国女子竞技体育跃迁现象的形成机制——体质人类学的研究》（肖捷明，1991）①、《从运动员形态特征考究中国女子竞技体育优势

① 肖捷明，傅浩坚，刘江南，等. 中国女子竞技体育跃迁现象的形成机制——体质人类学的研究［J］. 广州体育学院学报，1991（1）：1-8，23.

成因》(周毅，1993)[①]、《关于我国竞技体育水平与种族差异的关系》(周琪，2007)[②] 等，从体质人类学角度，分析比较了中外男女优秀运动员形态特征的差异。也有针对某一民族的专题研究，如《关于藏族参与奥林匹克竞技的人类学研究》(胡小明等，1994)[③]，通过对藏族青少年身体形态、机能、生理、心理等指标的测试，运用体质人类学和文化人类学进行综合研究，指出藏族参加奥林匹克竞技运动的特点。当然，更多是偏重于文化人类学视角，如《决斗的艺术——追索竞技体育本质的另类途径》(路云亭，2006)[④] 一文，认为决斗是人类诞生以来就存在于男性角色当中的自然搏斗现象，也是多种动物所共有的基因遗传；奥林匹克运动优化、改良、移植了古代决斗的公平竞技准则，是对原始的决斗进行现代性改造。程大力发表了身体运动源自生殖崇拜的多篇论文，他的《由英雄美女说起——论奥林匹克的人类生物共性和自然或原始基础》一文[⑤]，认为竞技活动最早便产生于这种为实现性选择的雄性争斗，而成熟发达的奥林匹克运动会则是这种竞技活动的高度文明化、仪式化的产物。卢元镇的《竞技：人类进步的表征与希望》一文[⑥]，从社会文化人类学角度将竞技的体质人类学与文化人类学研究进行了对比。来自人类学重镇厦门大学的研究成果《对体育‘暴力’的人类学解释》[⑦] 也采用了文化人类学的视角。

人类经历了漫长的进化和演变，形成了不同的人种特点，近现代竞技运动用极端的方式将不同人种身体上的特点表露出来，并使当代人恢复他们已经失去的身体能力。竞技对人类社会演进、文化传承有重要作用。在未来，竞技不

---

① 周毅. 从运动员形态特征考究中国女子竞技体育优势成因 [J]. 体育科学，1993，13 (1)：30-35，94.

② 周琪. 关于我国竞技体育水平与种族差异的关系 [J]. 山东师范大学学报 (自然科学版)，2007，22 (2)：149-150.

③ 胡小明，邓廷良，刘建和，等. 关于藏族参与奥林匹克竞技的人类学研究 [J]. 成都体育学院学报，1994，20 (3)：6-11.

④ 路云亭. 决斗的艺术——追索竞技体育本质的另类途径 [J]. 体育文化导刊，2006 (12)：86-90.

⑤ 程大力，周西宽. 由英雄美女说起——论奥林匹克的人类生物共性和自然或原始基础 [J]. 体育文化导刊，2004，(3)：22-26.

⑥ 卢元镇. 竞技：人类进步的表征与希望 [J]. 天津体育学院学报，2008，23 (5)：369-372.

⑦ 谭红春，彭兆荣. 对体育“暴力”的人类学解释 [J]. 北京体育大学学报，2009，32 (8)：18-22.

单从生物和技术上影响人类，不光表现为肌肉的增加，还浸润着强烈人文色彩，以深厚的文化底蕴展现着人类的自我呵护，成为人们追寻健康的积极方式，努力保持人类作为一种生物物种的生存活力。2008 年北京奥运会后，出现了一些从体质人类学角度探讨竞技运动水平的高质量论文①②。

民族民间传统体育是体育人类学研究的重要领域。有关民族体育的研究主要集中在武术研究、通过田野工作对少数民族传统体育进行考察、民族传统体育多元价值及跨文化研究、传统体育的非物质文化遗产保护等方面。2006 年，《中国体育科技》杂志刊载《论田野调查在民族传统体育研究中的应用》一文，对目前民族传统体育研究中所应用的方法进行了分析，认为一些研究成果由于在研究方法上存在问题，从而使理论与现实之间存在一定的距离，不能准确地为政府决策提供参考，不利于民族传统体育学健康发展。近年来，运用田野工作方法进行体育人类学研究的学术论文日见增多，在一些综合性大学和民族院校中，不少硕士、博士研究生的学位论文开始结合体育人类学的田野调查进行民族志的撰写和理论提炼，运用体育人类学田野工作的方法与实践撰写的论文论著也逐渐增多，在中国体育研究领域开辟了一条崭新的研究路径。如广西师范大学李志清教授通过对桂北侗族聚居区三江县 6 个花炮节举办地的实地调查，撰写的《仪式性少数民族体育的当代价值——以桂北侗乡抢花炮为例的研究》就是建立在扎实的田野工作基础之上。贵州民族学院杨世如教授撰写的《苗族独木龙舟竞赛的体质人类学分析》，是自 2003 年以来对黔东南地区清水江及其支流巴拉河流域的 37 个苗族村寨竞赛独木龙舟情况的调查结果。中央民族大学方征教授从 2006 年 2 月至 2009 年年初，多次深入鄂伦春族猎民村，通过实地考察、测量、访谈、问卷等方法，对 5 个鄂伦春族猎民村的人口结构现状、猎民体质健康状况、心理健康状况进行了研究，撰写了《鄂伦春族猎民健康状况研究》。集美大学翁信辉博士深入福建闽南地区的著名侨乡“新垵村”，就武术传播的具体案例分析，撰写了《村角武术的统一——新垵村“五祖拳”的文化变迁》一文。③

值得注意的是，体育毕竟是以“身体”和“运动”作为基本要素，身体

---

① 席焕久. 北京奥运会运动成绩的人种差异 [J]. 体育科学，2010，30 (6)：81-84.

② 乔玉成. 进化·退化：人类体质的演变及其成因分析——体质人类学视角 [J]. 体育科学，2011，31 (6)：87-95.

③ 倪依克，胡小明. 发展中的中国体育人类学——国际人类学与民族学联合会第 16 届世界大会体育人类学专题会议述评 [J]. 体育科学，2009，29 (10)：65-71.

运动的效果是使其辐射出其他功能的出发点，身体的运动是体育区别于人类其他活动的本质特征。离开了身体运动的载体，体育研究就成为空中楼阁。因此，体育人类学研究还必须要依托体质人类学的理论、方法，尤其是技术手段。过去，体质人类学与文化人类学泾渭分明，正如康德所说："一种系统地把握人类知识的学说（人类学），只能要么存在于生理学观点之中，要么存在于实用的观点之中。生理学的人类学知识研究的是自然从人身上产生的东西，而实用的人类学知识研究的是人作为自由行动的生物由自身做出的东西。"①今天，体育人类学使二者携手，把体育看成利用"人作为自由行动的生物由自身做出的东西"去改善"自然从人身上产生的东西"，构建实用的生理学观点。

21 世纪以来，中国体育人类学更加注重文理融通的综合方法，在《体育科学》《体育学刊》等学术期刊上发表了多项建立在本土化田野调查基础上的研究成果，形成了自己的学科特色——人文社会学科与运动人体学科的交叉互动、体质与文化的最佳链接。体育人类学必须建立在能够正确判断体育效果的基础上，中西融合、文理融通，体育研究对体质和文化进行综合分析的优势和特点，可以借此获取完整的研究成果并吸引更多研究者加入该研究领域。

## 三、中国特色的理论生成与方法创新

从体育人类学的视角看来，在国际体育研究的层面，中国学者够得着的学术成果应该是现代体育形成之前乃至史前的身体文化研究领域，对原生态身体文化残存的田野工作，可以最大程度真实地还原人类远古的生活场景。中国的体育人类学，在研究中率先倡导文化人类学与体质人类学的有机结合，中国特色的基础是丰富的民族文化资源，其目标是充分利用独有的原生态"前体育"资源优势和研究成果，促进体育新理论的生成，同时带来具体方法的创新。

理论构建的导向，一方面是"对内"，从体育人类学方法的改良和凝练，获取体育基本理论的创新，进而面对实践，指导体育事业的发展；另一方面是"向外"，通过对人类身体文化的深层阐释和说明，为丰富体育界以外我们共同的知识宝库做贡献。中国的体育人类学研究，在学科建设上产生一个重大的转折性变化，从被动吸收到主动创新，而且从学科内走向学科外，已初步生成以下的创新性理论，试图解决体育发展的重大问题。

---

① ［德］康德. 实用人类学［M］. 邓晓芒，译. 上海：上海人民出版社，2002.

### （一）完善体育基础理论——开拓认识体育的新视角

首先，针对体育的元问题，即体育的基本理论，从可以实证的发生学角度提出新观点——直立行走是体育萌芽的生物学根源、竞技活动的诞生远远早于体育、劳动方式决定体育形态和功能。人类对体育需求的生物学基础是直立行走，而不是以往臆想其起源的所谓“劳动论”、“游戏论”、“军事论”等；劳动以掌握工具为标志，而掌握工具仅能被视为利用器械发展身体运动能力的起点。体育人类学通过多学科集中短期专项的田野工作实证了竞技远早于体育诞生的事实，说明人类在具有了体育意识之后，才把包括竞技在内的身体文化作为体育的方法和手段。劳动方式在脱离自然经济后的转型，带来体育形态与功能的成型及根本改变。如工业革命是现代体育之母，信息社会带来运动休闲的发展。[①] 这些内容，将会在第5章展开。

1. 体育本源及萌芽演变

研究人类的任何活动，首先需要弄清其来龙去脉。研究体育起源及形成演变等“元”问题，单靠历史文献记载甚至凭空臆想是不够的，必须借助体质人类学和考古人类学的研究成果。

由于人类与其近亲——高等灵长类动物之间的密切关系，对人类起源问题的研究，也就是对人类及其近亲——高等灵长类动物的体质特征和类型在时间变化上的研究。这部分内容通常又被称为古人类学、化石人类，化石灵长类动物和现代灵长类动物是其主要的研究对象。体质人类学或生物人类学家提出理论，解释人类如何遍布地球的各个角落，如源出非洲（Out of Africa）与现代人类多区域起源（Multiregional origin of modern humans）这两套理论之间的争论，并尝试解释地理上的人类种族差异。体质人类学的大量研究成果表明，人类与动物特别是灵长类动物的最明显的生物性差别是直立行走。体质人类学的大量科学材料说明，直立行走使人类与其他物种在身体形态与机能上发生了很大不同。这也为体育萌芽揭示了直接的生物学根源。

古人类学给体育带来的最大启示就是：人类开始直立行走的时间，远远早于其使用工具；从另一个角度看，部分灵长类（如猩猩等）动物也使用简单工具，却没有体育。体育萌芽很早成型却很晚，体育性质的身体活动，是以直立行走后人体形态结构的改变为前提条件的，而不是无依据的“劳动起源说”。

人类在进化为直立行走后，所发生的人体形态结构的变化，为体育性质的

① 胡小明. 体育人类学 [M]. 北京：高等教育出版社，2005.

身体活动提供了生物学的基础；人类为弥补自己的生物性缺陷，产生了对体育活动的潜在需求。在工业革命带来的突变中，这种需求变为主动创造，近代体育得以诞生。正是直立行走给人类带来了丰富多彩的身体运动形式，也带给人类特有的健康隐患。人类悬挂着的内脏器官，尤其易患心血管方面的疾病。这个体质弱点在人类进入文明社会之后表现得更明显。增强体质是良好的愿望，人类身体生物活力的弱化趋向其实早在直立行走的史前时代就已经确立，直立行走使人体形态结构的改变，为人类的某些生理疾病埋下了伏笔，产生对体育的需求，现代文明仅仅是催化物。① 新时期发展体育对抗身体疾病及运动能力下降，展开对健康的新追求，由此导致了体育的生活化。因此，需要重新建构当代体育与健康理论。②

2. 竞技与体育的关系

竞技的出现远远早于体育的观点为多数学者认同，但体育界却缺乏实证研究以支撑这一观点。体育人类学的相关田野调查结果表明，原始竞技往往是一种祭祀性的民间游戏，远远早于人类的体育意识；其实质并非仅仅是为了较量体力的强弱和获取好名次，而是一种巫术礼仪的残存，在习俗中偏重于显示诸如家族的强盛、收受礼品的多寡、动作的整齐甚至服装的艳丽。当工业革命时期人类的体育意识把绝大部分身体竞技游戏都纳入自身范畴之后，现代竞技就定型为一种具有竞争性、挑战性、娱乐性及具有成熟规则的身体活动，在“更高、更快、更强”的呐喊声中去挑战人体运动极限，对个人和群体的现实目标集中表现为夺取金牌。后工业社会—后现代—休闲时代的来临，并不需要我们把所有残存的原生态竞技游戏彻底同质化为规范的现代体育活动，而是更有必要保持其体育萌芽状态。体育人类学的研究表明，对这些巫术礼仪程式固化的特殊民俗，尽管具有与当代竞技比赛极为相似的形式，但很难纳入当代体育运动项目的范畴。相反，保存这些以休闲娱乐为特征的原生态竞技活动，恰好可以为人类未来的运动休闲提供更加广阔的多样性选择。③

由此，体育人类学认为，原始竞技活动至多可以说是体育运动形式的萌芽之一，它经历了漫长而又复杂的演变，在人类具有了成熟的体育意识后，大部

① 耿业进，胡小明．体育的生物学本源［J］．体育与科学，2001，22（5）：5-6.

② 胡小明．体育人类学进展［J］．北京体育大学学报，2004，27（3）：289-293.

③ 胡小明，杨世如．独木龙舟的文化解析——体育人类学的实证研究（二）［J］．体育学刊，2010，17（1）：1-9.

分成为现代体育的方法和手段。运用体育人类学的方法，通过实证研究，证明目前即使在全球化的浪潮中，仍然有部分来源于巫术礼仪的程式化竞技游戏，并没被工业社会下的现代体育标准进行规范化改造，仍然可以保持其原生态形式在民间有限地域作为礼仪性民俗延续。巫术作为竞技游戏程式化中举足轻重的催生剂，对体育运动形式的萌生所发挥的重要历史作用不能抹杀，应重视其保留多种原始文化成分的“活化石”作用；由此而演变的竞技礼仪（如奥运会圣火）作为体育文化的结构性元素不仅可以从平面进行哲理分析，而且从原生态残存的身体活动的纵向梳理中能够获得更有可持续发展的潜力，为当代体育理论的拓展奠定更坚实的基础。

3. 人类劳动方式与体育发展方式的转变

正如人类学家马文·哈里斯指出，实证人类学之中已兴起两个主要的架构：对于在不同空间的人群的比较，以及对于长期人类发展过程或是透过时间来看人类。① 文化人类学致力于研究的各种文化理论，可以为体育的发展组织合理的时空架构。譬如，用功能学派或结构功能主义的理论分析体育的形成，就可以产生人类的劳动方式促使体育形态成熟的思维路径，就会显现出工业革命导致人类身体运动方式异化的作用。

人类满足生存需要的阶段，体育开始萌芽；人类满足发展需要的阶段，体育开始成形；人类满足享受需要的阶段，体育开始融入生活。劳动方式的改变，直接影响到体育的结构和功能，使其形态和方式发生重大改变。在自然条件下获取食物的渔猎采集和农业社会，人类缺乏整体的需求，体育只能长期处于萌芽状态。工业社会强调的规模化生产，以机器取代体力劳动，以分工限制了人的全身性运动，体育从萌芽迅速成熟为一种相对独立的社会文化形态。工业经济——异化劳动使人体生物适应性达到极限，破坏了几百万年以来人与自然的和谐，这是人类产生体育需求的社会根源。信息革命将人类的体力劳动降至最低强度和范围，知识经济使人的体力变得更缺乏意义，而分散性的社会组织和多元化的生活方式，使强制性体育的领域迅速萎缩，形式和内容会以一种新的面貌出现。②

劳动方式的演化，产业升级，必将导致体育方式的彻底变革，其社会功能发生从生产到生活、从群体到个体、从工具到玩具的转移。③

---

① Harris Marvin. The Rise of Anthropological Theory [M]. Alta Mira Press, 2000.

② 胡小明. 体育人类学进展 [J]. 北京体育大学学报, 2004, 27 (3): 289-293.

③ 胡小明. 社会发展与体育变革 [J]. 体育与科学, 1999, 19 (20): 29-33.

### （二）关于身体运动人文价值评估

中国体育人类学创新理论的第二方面，实际上是在建立体育文化专题研究的基础上。通过对人类原始身体活动的田野调查，运用体育人类学的动作分析法提出有相应实证数据支撑的观点——身体运动对原始文化的形成（尤其是文字、宗教、艺术的萌生）具有关键作用、原生态巫术是体育运动形式萌芽和传播的重要途径、民族体育的主要价值是维系文化多样性。特别是巫术仪式的形成构建了身体运动文化传承的基本形式；各民族的传统体育具有重要的多元文化价值，其具有的休闲和娱乐特色将在未来体育中得到重视。这些内容，将会在第 6 章展开。

1. 身体运动对原始文化形成的影响

历来有关体育的研究，几乎都是从体育界以外的学科领域居高临下地“施舍”，借助成熟知识体系的外力施以援手，甚至有些像社会文化研究的“嗟来之食”；很少有人想到借体育研究推动对文化的认识，依托现代生物学科技手段透视身体运动与原始文化的经络。中国的体育人类学利用中国西南民族地区独一无二的传统文化资源，从一个崭新的特殊角度实证身体运动对文字形成的促进过程，探讨原生态巫术礼仪在体育运动形式萌生中的关键影响，对人类学发展的贡献是其他学科无可替代的。当前，体育人类学研究者已经开始利用东巴跳和东巴文这类“活化石”，实证身体运动与文字形成的过程，并已开始着手研究原生态体育运动形式的萌生与原始宗教、艺术的关系。

近年来，体育界一些学者试图用语言异同为我国少数民族传统体育分类，这种路径的合理性尚待商榷。语言人类学希望了解人类的沟通过程、口语与非口语、跨越时空的语言变异、语言的社会用途，以及语言与文化的关系。这个人类学分支将语言学研究方法用于人类学问题上，将语言形式与过程的分析联结到社会文化过程的诠释。值得注意的是，体育活动的载体应该是种族，而人种或种族，与语族是两个既相关又相区别的不同范畴。语族只是语言学中的一个分类等级，其级别小于语系，大于语支。从语言学角度来说，属于相同语系、语族、语支的语言被认为具有共同的历史来源。但是，由于人种和语言这两个概念所包含的内容都极为复杂，分别有着各自的历史发展过程，因此，切不可等同视之。过去有些学者试图单纯通过比较语言学的途径考证某一古代民族的人种归属问题，常常会导致错误的结论。这是由于历史发展的复杂性，经常会出现同一种族的居民使用完全不同的语言，以及不同种族的居民讲相同语言的现象。例如，同属于东亚人种的中国汉族，日本大和族和韩国朝鲜族，在语言上却存在着相当大的差异，而由不同种族居民组成的美国人却都使用着同一种语言——美式英语。

作为东方文明重要支柱的中华民族自源文字，在远古诞生之后作为举世罕见唯一传承至今的图画象形文字，但其原产地是否在中国？有学者认为，东巴文是受印度的梵文及藏文的影响形成的。① 由于纳西族聚居的滇西北与藏族聚居地相邻，受藏族文化影响在所难免，而藏传佛教的传入与印度梵文也必然会产生联系，但是，体育人类学认为，藏文与梵文中难以发现身体动作的直接影响，而采用文理融通的田野调查法，可以证明东巴文诞生自中国的原生态状况。这项艰辛的工作已经开始并已获得初步成果，其重大进展将是体育界对于中华文明传承的巨大贡献。

东巴文与达巴文、沙巴文等自源文字的诞生及流传至今的地区，集中于中国大西南川滇交界方圆数百公里的地域，地处横断山脉东南麓相同的自然环境，都有通过原始宗教的巫师的身体活动进行传承的共同特点；再推及更早的巴蜀图语、殷商甲骨文中大量出现的与人体及其动作有关的符号，都应该是原始巫术的产物，遗憾的是，学术界并未从身体动作的角度去探讨它们的形成。中华民族自源文字的形成与身体运动关系的研究课题由华南师范大学体育人类学研究团队提出，以一个前所未有的创新角度研究体育与文化的关系，其推动民族复兴的重要性已显而易见。身体运动，作为体育文化推动人类文明发展的最显著标志，对人类文字、宗教、艺术及其他原始文化的形成都具有不可忽视的作用。②

为了揭示身体运动与文字形成的重要作用，采用体育人类学自创的动作分析法中双向实证的技术路线，正向：选取从现场拍摄的具体动作-逐一对应到东巴舞谱上的符号-再逐一对应到东巴字典上的图画象形文字；反向：从东巴文-东巴舞谱-具体动作。请被拍摄动作的老东巴大师本人逐一示范确认，实证了一个主要假设观点：身体运动对东巴文字的形成过程有重要影响。

研究纳西族原生态身体运动对东巴文字形成的重要影响，探索东巴文化对人类文字起源和形成的影响，是体育文化研究的新领域，却并非全部内容。

2. 原生态巫术是体育运动形式萌芽和传播的重要途径

原始宗教一般源自尚无成文历史之原始社会中，是一种自发源生的自然宗教，其基本特点是万物有灵的神秘观念和祈求敬拜的信仰及崇拜。当今世界上

---

① 黄奇逸. 历史的荒原：古文化的哲学结构［M］. 成都：巴蜀书社，2008.

② 胡小明，张洁，王广进，等. 开拓体育文化研究的新领域——以探索身体运动对原始文化形成的作用为例［J］. 上海体育学院学报，2012，36（2）：1-5.

残存的原始民族的原生状态的宗教与文明社会接触，发生了许多变形。不过，长期生活在中国西南横断山脉复杂地理环境中的一些少数民族，还保留着原始宗教中相当古老的巫术仪式，其中不乏从身体运动到文化教育的体育萌生状态的“活化石”。

对中国的少数民族传统体育而言，当今最具有价值的地域就是西南地区南北贯通的横断山脉了。横断山脉东侧作为中华民族自源宗教的萌生地，产生了著名的道教和苯教。道教是汉族固有的宗教，源于中原地方的原始巫术。藏传佛教虽然与体育一样是舶来品，但包含自源宗教的成分。苯教是源于远古时期青藏高原的原始“苯”术。早在20世纪初，“华西学派”的人类学者即重视这片作为氐羌民族迁徙走廊的区域，即当今人类学界所称的“藏彝走廊”地区。无论是早期的华西大学博物馆、社会学系、华西边疆研究学会，或是抗日战争时期的华西边疆研究所、康藏研究社等人类学机构均以此为研究的重点。时至今日，这个相对封闭的地区仍然保存着丰富多彩的民族文化，是中国体育人类学研究的宝贵资源。

原始状态下的武、舞、巫三者合一。研究舞蹈、宗教、绘画、戏剧、武术的学者，今天在探索这些文化形态的萌芽及其初期状况时，得到的往往都是记载原始巫术活动的资料。武、舞、巫的合一状态维持的时间之长，恐怕超过了我们的想象。武术套路的最初萌生形式——武舞就是在这种合一形式下的分流。武术套路中带有舞蹈艺术的成分，武舞中带有武术套路的雏形，它们在远古都与身体巫术礼仪有密切联系，是体育人类学的重要研究对象。

3. 中华民族传统体育的多样性与审美价值及发展路径

体育活动的多样性、独特性、丰富性，在民族传统游戏中表现得淋漓尽致，涉及人类精神生产最高层面的审美领域。令中国的体育人类学研究者感到幸运的是，中华民族的传统文化数千年没有中断，生活在复杂自然环境中的西南少数民族保存了丰富多彩的原生态身体运动文化残存，为我们探讨西方体育萌生之前漫长的身体运动文化提供了举世罕见的重要资源。研究本民族的传统身体活动和游戏，即我们称之为民族传统体育的内容，是非西方的体育文化研究者义不容辞的责任，也是中国体育人类学探讨的重点。结果表明，民族体育的特殊价值在于维系人类文化的多样性，当前应该选择的最佳发展路径是参与式发展模式。

### （三）体育与社会协调发展的趋势及导向性观念

面向实践应用的人类体育事业的发展研究领域包括竞技运动极限与伦理的平衡、通过分享运动促进基本公共服务均等化、体育生态化与绿色回归、通过运动休闲改善人类生活方式。后现代社会，不能单纯追求“更高、更快、更强”，而是使体育运动尤其是竞赛表演更顺应人与自然、社会环境的协调发展，在基本公共服务均等化的框架下倡导“分享运动”、重在参与、惠及大众的普世价值和人文观念，推崇绿色生态的身体运动形式，在休闲时代成为人类高品质生活方式的重要组成部分。这些内容，将会在第 7 章展开。

1. 体育理想与竞技伦理

作为体育文化“王冠上的明珠”，高水平的竞技运动是许多学科研究的焦点。体育人类学可对竞技运动发展整体观照，全方位分析竞技的价值，以至竞技人类学很可能发展为一门独立的分支学科。体育人类学通过对藏族的田野调查案例，说明竞技运动虽重要但涉及的人数与时段很少而并非体育的主流，它仅仅是体育活动的一种极端展现方式，不能单纯关注极少数精英而忽略了芸芸众生的基本健身需求。当前的中国体育，一方面要使培养优秀运动员的长效机制更加合理，同时还需要削减“举国体制”的弊端。制度变革是转变发展方式的关键。

体育人类学指出：直立行走是体育诞生的生物学基础，竞技是人类特殊生存状态的积极显现。把这种不同于其他动物的身体运动形态提升到制度化的竞技，是人类的创造，是一种特殊的文化。从人类学的角度看，在不断涌现的竞技项目中，各国健儿各领风骚，体现出异质文化的缤纷多彩，这种文化的多样性正是种族的细微差异性在体育中的反映。人类学研究竞技运动中的人种差异，但强调种族平等。竞技场上的成绩高低，不应该用以概括种族的优劣。①接受生物的多样与文化的多元，为什么一定要把所有的竞技活动统一到全球化的奥林匹克中呢？

体育人类学特别关注现代竞技运动发展中的种种问题。像生态学者重视环保一样，体育人类学特别忧虑为追求超越人体极限而带来的滥用药物等弊端，同时也分析竞技与性别、暴力、赌博、宗教的关系，促进人类的健康发展。

2. 公共服务与分享运动

当前国家发展的清晰指向，是公共服务均等化，表明政府要为社会公众提供大致均等的公共物品和基本公共服务。从某种意义上说，体育也应该是政府提供的一个面向民生的公共产品。它的合法性和立足点就是普惠大众，其次才是政治、经济的服务功能。中国人类学研究曾经主要以功能主义为理论为指

---

① 胡小明. 中华民族传统体育——在休闲时代体现文化多样性 [J]. 体育与科学, 2006, 27 (2): 1-3.

导，采用社区研究的方法介入，取得丰硕的成果。如果在体育研究中沿袭这样的传统去看待存在的问题，就可以发现，现存体育制度的顶层设计是有问题的。体育人类学注重文化的后天习得及共享特征，提出“分享运动”的理念。①

改革开放以来，中国体育表现了耀眼的辉煌和深深的遗憾，最明晰的亮点是金牌不断增多，最大的遗憾是青少年体质持续下降。从人类学的角度而言，金牌是重要的，但更长远的需求是广大青少年生理和心理的健康发展，亟须结合健康教育提高体育教学水平，把体育提高到素质教育和终身教育的层次。体育人类学研究认为，体育锻炼应自学龄前儿童开始。如果不考虑人类身体发育最重要的儿童期，只是关注进入小学以后的学校体育教学，很难构建增强中华民族体质健康水平的长效路径。因此，宜改用“青少儿体育”的概念置换缺乏学理支撑的“青少年体育”。把“分享运动”的人文价值观作为我国体育发展的理论导向，使健康第一的指导思想与课外、校外、假期、家庭、社区体育活动衔接，建立健全符合中国国情的公共服务体系，才能保障广大青少儿成为基本公共服务均等化最受益的对象，体质健康水平便可借此持续提高。②

3. 体育运动的生态化与绿色回归

中国的体育事业，不仅要继续维护国家和民族利益，也要考虑个体小康生活的需要，弥补西方体育传入后对“娱乐”“游戏”的长期漠视。体育未来的生态化，是要满足人类身心健康发展的整体需要。我国体育发展应顺应运动休闲的时尚潮流，实现“从工具到玩具”的转身，是竞技娱乐性和文化本位的回归，符合运动休闲的大趋势。中国的体育人类学追寻的是选择实践的理论，将继续尝试通过原生态身体运动的田野调查探索主客体共同参与的发展路径，在实证化技术路线的层面倡导文化人类学与体质人类学在更高层面的文理融合。而在未来时尚的体育运动形式上，在运动休闲中挖掘绿色体育的审美理想。

人类的发展脉络，是体育为未来制订坐标的唯一参照系。体育是人类针对自己的身体发展所创造出的一种文化，归根到底，其结果要落实到身心的全面发展上。任何对于体育的研究，如果不考虑对于人类体质和健康的终极效果，都难免陷入重重误区。体育人类学特别关注高新技术推动的文明进步给人类体

---

① 胡小明. 分享运动——体育事业可持续发展的路径［J］. 体育科学，2010，30（11）：3-8.

② 胡小明. 体育发展新理念——“分享运动”的人文价值观与青少儿体育发展路径［J］. 体育学刊，2011，18（1）：8-13.

质带来的负面后果，促进人类的体质健康与社会文化的同步发展。未来体育的可持续发展，应该借鉴生态人类学的理论，走向绿色和生态。体育人类学站在全人类发展的高度，应提供日益绚丽多彩的身体运动方式源源不断地促进健康，未来的体育将是最积极、最有益和最愉快的途径。①

应当看到，中国的体育人类学由于研究人员匮乏，理论和方法正在完善，这门学科还没有达到其应有的学术影响。面向未来，我们需要更加关注人类学研究的国际前沿，实现人文理念的更新，寻找体育事业的审美理想。

① 狐鸣，谭广鑫. 当代中国体育人类学的发展与展望［J］. 体育文化导刊，2008（1）：17-23.

# 第三章 体育人类学方法论

一门学科的研究方法，是理论形成的出发点，同时理论又是方法应用的前提，二者相互联系紧密。以方法体系强化科学，对科学方法系统地进行研究，是英国学者培根首倡的。[①] 把方法作为研究对象的基本理论与学说，可以称为方法论。它是体育人类学学科发展的重要基础。

对方法的认识和了解涉及研究方法的理论层面，并非本土原创，以至于过去我们对舶来的理论和方法深信不疑。西方学者认为，体育人类学的理论模型一般可以分为：解释（explanatory）模型和说明（interpretive）模型两大类型。前者是一种明确提出因果关系的“科学”模型，包括进化论（evolutionism）、功能主义（functionalism）、结构—功能主义（structural-functionalism）、冲突理论（conflict theory）；而后者只为观察者理解事件或行为提供了不同的视点，包括象征人类学（symbolic anthropology）、文化相对论（cultural relativism）、整体观（holism）等。[②] 西方体育人类学现有两大类理论模型是否能够有效地解释和说明？应该遵循怎样的具体方法和技术路线面向体育研究的实践？这门学科的作用难道只能进行解释和说明吗？中国学者经过长期的多次实践检验，确定这些进化论、文化相对论等部分具有合理性，但需要梳理和验证，而对其他部分诸如冲突理论、象征人类学等，因其并不能对体育进行有效解释和说明而提出质疑。同时，针对体育广袤的应用领域，还需要增加更符合体育研究需要的有效方法，在创新中寻找到解决实践问题的真实路径，使这门学科焕发活力。

方法论如果存在缺陷，这门学科早晚也会失去生命力。既然现有的体育人类学的研究方法存在不足，就需要从认识论的角度重新梳理与审视，否则势必影响到这门学科的发展。

---

① ［英］培根．新工具［M］．陈伟功，编译．北京：北京出版社，2008．

② 胡小明，陈华．体育人类学［M］．北京：高等教育出版社，2005．

# 第一节　体育的价值区域与研究途径①

体育在萌芽、形成和演变的过程中，为满足人类的不同层面需要，决定了人们对体育价值的不同认识，形成不同的价值思考和判断。按照人类对客观世界的通常理解，体育价值可分为 3 个区域：自然价值、社会价值、人文价值。这三方面的价值就是参与体育活动所集中反映的身体自然物质材料积极变化的价值、体育竞赛等组织形态辐射到其他社会领域的价值、体育对促进人自身终极发展的精神文化价值。这三种价值构成了人类有意识利用自己身体活动所需要的效果、功能和导向。

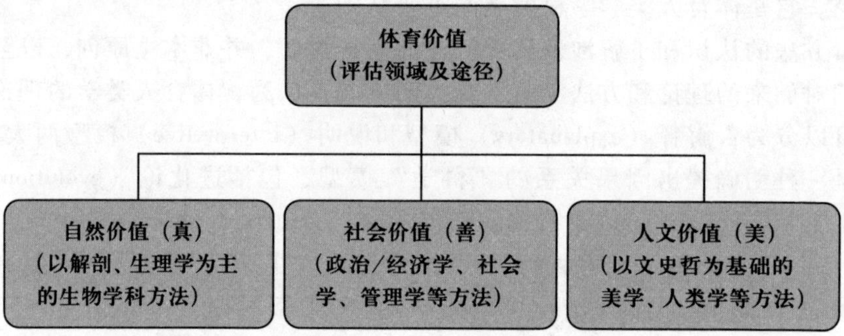


## 一、自然科学、社会和人文学科的支持

把体育作为研究对象，一般可划分为自然、社会、人文三个不同层面的价值区域，再从学术界通常划分的自然科学、社会和人文学科的分支中，选择成熟的母学科的理论和方法作为适宜的探索途径，以期取得正确的成果。而在学科构建初期，西方体育人类学研究者显然绕开了自然科学的基础层面。

### （一）研究体育自然价值的自然学科

人类作为大自然中的一个物种，必须遵从自然规律，满足符合自然规律的生物存活基本需求。人类的身体经过史前时代的巨大改变，形成了世界上独一无二的直立行走的身体活动方式；后来，工具的发明使双手掌控器械，为萌生丰富多彩的运动形式奠定了基础。“非常专门化了的人类的腿形成于人类的脑

① 胡小明. 体育的价值区域与探索路径 [J]. 体育科学，2007，27（11）：9-14.

之前——甚至可以说腿的专门化也许是促进脑发展的条件。我们的祖先最初一定是像猿一样的动物，后来臂和腿发生了改变，使它能站立起来并能直立行走。”① 从体育人类学的视角看，直立行走是人类产生体育需求的最直接根源。

体育的自然价值也可以成为生物价值或科学价值，来自体育对人体培育和锻炼的生物性效果，是一种反映在生物学意义上的功利需求，也可以说是遵循自然规律的身体活动对人的身体自然属性所产生的积极作用。体育给人类带来的这个最基本的好处看得见、摸得着，是实实在在可以发生在每个个体身上的效果，是体育为满足人类在大自然中延续生物性存在的最基本的功能。体育的其他价值都是在这个基础上引申而出的，体育人类学作为综合性研究人类体育活动的学科，显然不能脱离这个基础。

近代自然科学的兴起，使人们认识到体育可以强身健体，发达肌肉、提高躯体的运动能力。这方面的知识如果在自然科学中按学科划分，应该归于生物学科的范畴。生物学研究方法的核心是对生物界的准确观察和资料分类处理的系统方法，成为19世纪末科学的主流，对体育研究的科学奠基功不可没。在体育学的二级学科中，有专门的“运动人体科学”，包括人体解剖学、运动生理学、运动生物力学、运动生物化学、运动医学、人体测量与评价等若干子学科。这些医学和理学的学科，都是把人作为自然物质，通过体育活动给人体带来的变化，从不同的角度确认其自然价值。其实，这些内容大多早已为体质人类学所涉猎。

体育在生物学意义上的自然价值，反映在体育活动可以强身健体的效果上，现在主要借用医学的方法进行评估，而未来应更多进入体质人类学的视野。这种效果清楚地显示在每一个参加体育锻炼的个体身上，迄今为止对它的研究已十分成熟，甚至人们在很长的历史时期内几乎把它等同于体育的全部价值。奇怪的是，包括体育人类学在内的体育人文社科研究者却往往忽略它。

人虽然是动物之一，但却有其他动物所没有的体育行为。人类进入所谓文明社会不过短短几千年，体育则成熟于最近的几百年。即便在不长的体育史中，大部分地区的人类仅限于某些局部区域的身体游戏和娱乐竞技活动的兴盛，而伴随着工业化的进程面向大众和深入学校的体育活动成为一种相对独立的文化形态，其真正传播到全球的历史不过短短一个多世纪。人类依赖自然科学认识人体的自然现象，确认体育给人带来的生物学意义上的变化，为体育的

---

① ［英］H.G. 韦尔斯. 世界史纲［M］. 曼叶平，李敏，译. 北京：燕山出版社，2004：48.

全球化奠定了基础。但仅用科学主义来认识体育的自然价值，是一把利弊均存的双刃剑，在遵循工具理性的轨迹中给体育的发展留下阴影。

自然科学的特点是面向客观的自然界，目标是求真，研究对象是自然现象，研究方法主要是重复实验以证明事实，其成果可以物化和体现在技术当中，对人类社会的影响是直接明显的。因为其结果充满功利诱惑，当今社会人们往往更重视自然科学。不过，科学虽然伟大，但只能回答“世界是什么”的问题，而“应当如何对待”等伦理价值目标却在它的视野和职能的范围之外。我国体育界一度大力倡导“科技兴体”，过度依赖自然科学带来各个研究领域发展的畸形失衡，实质就是受西方科学主义的影响。

西方的科学主义在方法上的特点，是主张用自然科学的眼光来看待人文社会科学的研究对象和方法，认为社会科学研究也应当像自然科学研究自然现象一样进行，试图用自然科学的规范和方法论建构人文社会科学。在实践中，社会科学研究已在很大程度上接受了自然科学方法，尤其是用于社会调查资料的量化统计分析。人文主义者却强调人文社会现象与自然现象的根本区别，否认在人文社会科学研究中运用自然科学方法的可能性。在人文主义者看来，自然现象具有确定性、普遍性和可量化性，可以对其进行客观的实证解析与说明，而人文社会现象尤其是人的思维、意志、情感和行为等则具有个别性、非确定性和非量化性，它们本质上是意义的空间、价值的世界，不能通过实验加以解析和说明，而只能通过理解才能把握。然而，科学主义认识论和数量化研究方法论，始终是现代体育研究的坚实基础。

**（二）研究体育社会价值的社会学科**

追溯体育的社会价值，可得知人类很早就通过身体活动给自己所属的社会群体带来利益，特别是渔猎时靠体力围捕猎物、冷兵器作战时靠体力在战争中获胜。到了工业革命以后，身体活动能力因火器应用而脱离了军事走向相对独立的体育成形期，其教育价值得到社会广泛确认。

体育的社会价值，往往在人类不同群体相互杀戮的战乱时期受到高度推崇。体育运动是用来训练身强力壮的士兵的必要手段，在全民皆兵的年代充分体现其军事工具价值。尤其在19世纪下半叶和20世纪初，在世界范围受到了军国民主义思潮的深刻影响，体育的社会价值受到国家意志的空前认同。这种惯性一直延续到第二次世界大战后的冷战时期，体育运动成为宣传意识形态优越性的手段，通过国际竞赛的较量来显示政治制度的巨大威力，甚至利用互相抵制奥运会来给敌对阵营施加政治压力，偶尔也作为外交手段，掀动国家主义、民族主义的狂热，使体育的社会价值发挥到登峰造极的层面，一度甚至成为唯一推崇的价值。在某些特殊的历史时期，体育作为受压抑群体寻求显示度和话语权的特殊手段，认为体育竞赛活动可以振奋人心、凝聚民族自信，给国家带来精神利益，这时体现的是作为政治工具的巨大价值。进入21世纪，少数国家仍然惯性地尊崇曾经给自身带来巨大效益的体育社会价值，使体育的其他价值受到忽视。在和平年代，体育竞赛作为疏导人类攻击性（或称侵略性、破坏性）的“社会安全阀”，更加体现了稳定社会的价值；面向未来的社会发展，体育运动又成为人们休闲娱乐的重要方式。随着人类社会的发展，体育的社会价值还将随着需求的递进而变化。

20世纪80年代以来，我国体育的社会科学研究掀起了空前的热潮，取得了丰硕的成果。同样是探讨体育价值的社会学科和人文学科，尽管相互有密切联系，但仍然是两个有区别的学科群。

众所周知，社会科学是研究社会各个领域的学科，而人文学科是有关人类思想、文化的学科。这两个学科群，在对象和方法上是有差别的，有“外向”和“内向”的不同，分别表现在关注“身外之物”和关注“内心世界”上。社会学科强调人的社会性、组织性、关系性、协作性等共性方面，研究外在于具体个人的客观“社会”，对其结构、机制、变迁、功能、动因等进行研究，获得关于社会运行的系统知识以便更好地加以管理。而人文学科研究的是人的观念、情感、精神和价值，是人类的精神世界及文化财富。社会学科研究的对象是社会发展、体制，往往关注社会运行中需要处置的阶段性问题，主要方法是大范围调研、量化分析及数理统计；而人文学科则追求人类精神、情感方面的终极目标，主要的研究方式是个人思辨、定性说明。因此，社会学科研究中部分应用自然科学的数理统计等方法，而人文学科则很难。由于长期看重体育的社会价值，我国体育界较侧重于“对外”的功利性研究，体育社会学几乎成为体育社会科学的代名词。

尽管如此，人文学科与社会学科的密切联系使其实际区分相当困难，在德国甚至认为社会科学和人文科学的性质相同均属文化科学（精神科学），科学只分为自然科学和文化科学两类。我国早在1997年就把“体育人文社会学”列为二级学科，也是考虑到两个学科群的密切联系。

从本质上看，体育是一种后天习得、共享、传承和创造的身体文化，是人类独有的培养、完善自己身心的有组织有目的的活动，是追寻健康理想的过程。它并不是天地间生生不息的自然现象，也不是人类社会直接的政治经济活动，不能单纯视为一种资源或工具加以利用。因此，它所隐藏的人文价值，就进入了我们的视线。[①]

### (三) 研究体育人文价值的人文学科

体育的人文价值，是体育中关乎人的生存状态的价值，是体育满足人的文化需要的程度。体育不是人利用体力进行物质生产的劳动，更不是动物的生存竞技或躯体游戏，它是人类为自由发展而能动地设计出来的身体运动方式，在本质上具有人文属性。

在体育活动中，人是发展的中心和主体，在所有价值中，人的价值高于一切，世上最宝贵的就是人。人参与和享有社会经济、政治、文化各方面的发展，而尊重人的利益和尊严，是体育价值的终极评估。鉴于人的全面发展的重要性，体育的主要作用、功能、目标，最终都围绕人的发展。当代体育的人文价值，已成为核心价值。

体育的人文价值，是体育如何塑造人、培育人的一种内在标准，是体育的属性和功能在满足人类对自身发展需要的过程中形成的一种抽象关系。建立正确的体育价值观，必须反映人类通过体育活动实施的人文关怀，也体现通过体育行为所表达的人类的情感、志趣、欲望和审美理想，最终凝聚为体育未来发展的航标。

体育的人文价值相对于体育的生物、社会价值，具有隐性特征。体育的人文价值从根本上反映了人为什么需要体育、人类体育追求的终极目标究竟是什么。确立真正的理想价值，是体育追求的终极意义，因此，它在体育价值观体系中，属于主导性价值。体育人文价值的外化形态显现为体育文化，其出发点是对人性的尊重，蕴涵人文精神。体育人类学虽然是跨越自然科学与社会科学的桥梁，但自身却具有人文学科的性质。

人文学科的研究方式中个体特征非常明显，许多成果出自个体经验性的体验，需要形成独特的理论模型或范式。自然或生物科学试图从可重复与可验证的实验中产生普遍法则。总而言之，来自自然科学特别是解剖学、生理学的进展，使人类对体育自然价值的认识相对成熟，使体育具有健身效果成为常识；20 世纪下半叶，社会学科的飞速发展使对体育社会功能的研究达到了前所未有的高度，竞技比赛也成为政治生活的宠儿；随着 21 世纪的到来，人文学科介入体育研究进入黄金年代，人类对体育的关注转移到以人为本的价值中枢，人文学科的发展所带来的价值判断颠覆了许多传统观念。研究体育的不同价值，需要采用不同的学科作为探索途径，这是对人类智慧最好的运用。

---

① 胡小明. 体育的价值区域与探索路径 [J]. 体育科学，2007，27（11）：9-14.

## 二、发挥人类学理论的综合优势与方法的实证特色

在西方，科学研究的理论与方法有相当的一致性和稳定性，各学科之间的联系与方向都有公认的规范性、逻辑性的归纳确认。在培根的经验哲学指引与牛顿、伽利略等大师的自然科学研究成果的辉映下，孔德等法国学者倡导将自然科学实证的精神贯彻于社会现象研究之中，他们不再根据权威教条或玄思冥想来构建知识，主张从经验入手，采用程序化、操作化和定量分析的手段，发现并归纳事实，使社会现象的研究达到精细化和准确化的水平。“要在人类发展的科学研究中使用理论，学者必须把他们关于发展的概念与某些程序联系起来，这些程序需使实证的（可观察的）证据与他们关于发展变化的思想联系起来。致力于用观察法获得知识（即赞同实证主义）是科学的特征。这一哲学方法（即这种认识论）被称为科学方法，它代表了一种理念，即要在科学（认为信息是正确的、真实的）中有用，知识必须是可用经验来验证的。”①

从事实出发，以事实为依据，使实证性研究成为人类科学研究的基础范式。在发达的体育强国，体育运动纯粹的自然科学研究一般被融入医学与工学中，另一些学科如哲学、经济学、管理学等包含对体育运动的人文社会现象的研究，而狭义的体育主要指中学体育教学，很少把体育作为一个整体的单独学科。各类研究所遵循的基本原则是科学结论的客观性和普遍性，强调通过经验观察的数据和实验研究的手段得到结论，所形成的知识必须建立在自己观察到的经验事实上，在同一条件下具有可证性。而中国的体育研究由于只有几十年的积累，薄弱的基础上存在为数不少的脱离观察和检验的臆想式“研究”。最缺乏实证训练的研究者，大多集中于相对封闭的体育人文社会学二级学科，不仅难以与学术界正常交流，与运动人体科学似乎也有很深的鸿沟，甚至许多与教育训练学也毫不搭边。

中国传统文化博大精深，但明显的软肋是科学意识的缺乏导致疏于实证。在体育领域的科学知识，应该是可以被有目的地系统性观察，如果其他学者按照其精确程序进行观察，将得到同样的观察结果。国际学术界通行的研究途径，是包括如胡适等中国学者早已概括的“大胆假设，小心求证”的归纳—演绎法，即假设加论证的正路，有前提、有证实、有结论的踪迹可寻，经过交流和修正而成为人类科学领域的知识。然而，我国体育界，尤其是人文社会学

① ［美］理查德·M. 勒纳. 人类发展的概念与理论（第3版）［M］. 张文新，译. 北京：北京大学出版社，2011：568.

研究领域停留于文献综述、读书笔记阶段或评头论足、空谈是非的现象比比皆是，长期难以创造新的知识。近年来，令人担忧的是，部分青年学子不屑去做看似烦琐枯燥却是学术研究主体的论证工作，往往热衷于想当然地扩大叙事，倾向于按思辨的方式摆出观点，一味冥思苦想得到该问题的主观答案，却不去寻求支持观点的证据。因此，倡导对研究问题的逻辑实证，鼓励面向实践应用，或许是一种必要的补课。

人类学是运用自然科学和人文、社会科学对人类进行综合性研究的一门学科，在体育学研究领域可以充分发挥鸟瞰全局的宏观视野；而且，研究过程具有更容易令人信服的实证过程，遵循现代科学最基本的原则进行归纳推理，其理论生成具有明确的科学价值并得到社会普遍认可。通过对研究对象大量的观察、实验和调查，获取客观材料，从个别到一般，归纳出事物的本质属性和发展规律。人类学理论的形成，是人类学家通过对世界上不同的人类群体的文化形态和体质特征进行长期观察和研究后得出的一系列经过实证的观念集合，这些观念通过实证推导，对人类自身及其社会文化做出尽可能合理的解释和预测。但是，这些人类学理论并非绝对真理，将随着人类学研究的深入而很快被补充修正。作为人类学分支和应用学科的体育人类学，也应该形成自己富有特色的理论方法。

衡量一门学科是否具有科学性和现实指导意义的重要标准，首先是基础材料的真实性。如果体育学研究所引证材料不真实或不全面，那么结论就将建立在主观臆想和猜度、假设之上。早期的文化人类学家并不重视从事科学的田野工作，而是采用传教士、航海者和冒险家的记录作为素材，通过借用、转述材料进行理论假设构建框架，使得学术研究脱离现实生活的真实状况，成为少数在书斋里玄想的学究的智力游戏。因此，尽管早期人类学理论具有极强的概括力，所引证的材料看似包罗万象，但材料来源于记录者带着以欧洲为中心的文化观念和西方文明的优越感观察未开化的部族，这样的视角下产生的“民族志”其完整性令人质疑。《古代社会》一书的作者摩尔根是较早亲自进行调查的学者之一，虽然其调查持续时间较短且要靠白人译员的帮助，使得其研究成果具有局限性，但毕竟是第一手资料。随着西方实证主义思潮的兴起，早年专攻数学、物理学的马林诺斯基使人类学的方法论发生了巨变，他倡导的功能学派在田野调查实证方法的坚实基础上一跃而起；而大洋彼岸的博厄斯也靠田野工作使文化相对论有了可靠的理论支撑。对体育运动中出现的问题进行分析解答，必须首先对资料进行验证；缺失了这个首要环节，体育的任何理论都不能被认为具有了科学的使用价值。

人类脚踏实地的实证传统曾铸就辉煌的年代，不过，它也有摇摆的时期。20 世纪 30 年代起，西方出现强大的反实证主义的潮流，最先是波普从逻辑主义内部发起攻击，之后库恩和费耶阿本德也表达了对科学的经验基础、合理性与进步性的怀疑，主张采用社会心理学的非理性解释。40 年代中期，法国人类学家列维·施特劳斯率先提出把音位学中的结构分析法运用到文化研究；50 年代至 60 年代，运用结构分析法的理论流派风靡其他众多学科，回归于书斋式的研究。第二次世界大战后，由于原殖民地的新民族国家的纷纷独立，世界交通、电信的发达使闭塞地区越来越少，一些学者遂将研究重点转向理论分析，如美国学者夏皮尔新历史主义的科学实在论、英国学者拉卡托斯的科学研究纲领方法论①，开辟了一条介于逻辑主义与历史主义的中间道路。这些转变所导致方法论出现问题：如结构论所指的“结构”是在经验实体之下存在的无意识结构，不能从现实社会中被直接观察到，通过建立概念化的模式来说明社会结构，把人类文化的普同性归结为人类先天就有的无意识结构的共同性，是一个理论假设的“黑洞”；而历史主义虽然试图弥补逻辑主义的不足，但否定科学发展的理性标准就意味着不能指导科研实践。联想到体育界近年来不乏引进尼采、福柯、海德格尔、伽德默尔等学者的理论来阐释体育现象，甚至出现一批对西方哲学界昙花一现人物、著作、观点进行读书笔记式的“研究”文章，作用甚微。把“身体哲学”之类生搬硬套进来而忽视体育的“运动”要素，缺乏实证根基，很难满足体育实践的需求，解决不了任何问题。

在科技飞速发展的今天，即使在传统意义上的书斋里，体育理论的研究也可能陷入比凭空臆想更加危险的境地。这是因为，信息时代利用数字技术、网络技术，通过互联网、宽带局域网、无线通信网及电脑网等提供的信息服务的传播形式，给人类提供极大方便的同时，也迅速降低获得信息的成本；但同时也影响了学者的思辨和推理，大大减少了学术腐败的机会成本，使对数字网络的反向利用迅速升级。网络上的代写代发可以提供“一条龙”式的服务，使知识创新的学术研究变成了搜索下载和粘贴复制，“科研成果”往往成为大众化的交易商品。虚拟世界的迅速膨胀，助长了同质化凭空臆想的惊人偶合与雷同。人们长期习惯用单一的价值观念而不是多元的价值观来看待体育文化，体育事业出现的偏差和弊端难以避免，这在本质上就是文化价值观念的单一、极端和不完善。人类学具有整体全面审视人类身体文化的综合视野，为体育学科

---

① ［英］伊姆雷·拉卡托斯．科学研究纲领方法论［M］．兰征，译．上海：上海译文出版社，2005.

的整合提供了很好的方法论路径。因此，在体育研究中大力倡导面向实践、面向基层、面向具体问题的人类学实证研究模式，针对有条件的对象开展扎实的田野调查，有望获得更多有分量的成果。

## 三、形成体育人类学自己的独特方法

体育人类学研究什么内容？解决什么问题？这些在其他学科都无法研究解决吗？如果体育人类学尚有独到之处，那么它有什么独特的方法论？体育人类学采用自己的方法得到了哪些创新性理论观点？这些都是本书需要回答的问题。

近代科学以观察和实验方法为主导，掀起了人类认识客观世界的热潮。这种注重实验和归纳的趋势深刻影响到文艺复兴以后的人文思想，使西方思想家重理性、重演绎，重视研究的逐步推导过程。这就使体育人类学研究有机会去学习如何一步一步正确完成实证的过程，而不是投机取巧找一些现成的理论观点来装饰体育现实。

体育人类学的研究过程与其他科学研究一样，包括问题的提出和分析，假说的验证，得出新结论等步骤。研究者首先要确立有价值的研究对象，在确定问题后，根据以前积累的印象、经验和知识，对某种体育相关现象进行分析后提出假说，即问题的可能答案或解释。假说在研究过程中可能会被不断验证、修正或证伪。一种假说如果以后被反复证明是正确的，就可上升为理论，这在体育人类学及其他科学研究中是一样的。相对而言，自然科学的实验条件可以严格控制，一种自然现象的规律可以被重复实验所证实，因此，自然科学的理论比较客观和可靠。在人文社会科学中，由于人类社会文化现象错综复杂，外界条件难以控制，而且许多社会文化现象不能被重复，因此，在人文社会科学中，假说和理论的界限不清晰，许多“理论”其实只是一种假说，是对社会文化现象的一种可能的解释。① 体育研究是一种应用性研究，很容易导致研究者产生“宏大理论无须验证”的想法，仅仅通过阅读甚至是臆想就提出假说，把浮想联翩的过程视为“研究”的唯一途径，直接将假说贴上理论的标签。这种虚浮空洞的模式在体育人文社会学领域尤为突出，需要体育人类学以实证过程的示范加以矫正。

真正的研究，是有计划地系统收集和分析资料，最终可靠地解决问题。采

---

① 胡小明，杨世如，夏五四，等．黔东南独木龙舟的田野调查——体育人类学的实证研究（一）[J]．体育学刊，2009，16（12）：1-8.

集最真实、最基本、最原始、最可靠的第一手资料，是科学研究的基础。这在研究体育对人体带来影响的生物学科和运动技术分析等领域中得到广泛的共识。然而，有相当部分的体育人文社科的研究者不愿亲手采集素材，往往闭门选题、凭空设计问卷、间接发收问卷、简单问题复杂化地统计分析、形成空洞结论并提出无法实施的对策建议，其目的仅仅在于寻找“短平快”的方法发表论文。收集直接的新资料，是为了理论创新。文献检索本是科学研究的必要准备，如田野调查就包括这一环节，但体育界却把“文献法”单列为最主要的方法，成为遏制创新的障碍。如今许多体育研究成果的“田野调查”仅仅是到此一游式的观光摄影与蜻蜓点水式的访谈，甚至不比网上的许多旅游文章更有新意；体育专业研究生论文中的文献综述环节，大多是复述并重组早已为人所知的陈旧资料，严格意义上说，这些都并非是真正的研究。

体育研究中采用人类学的田野调查实证方法，研究对象多为一些简单的传统身体活动，获得资助少、条件艰苦、出成果时间周期却很长。在商业大潮的浮躁氛围中，信息辗转传递失真，更难得到有价值的真实材料；尤其对局限于偏远地区的缺少记载的历史文化内容，无法利用文献参照比对，不亲临其境难以把握全貌及特征。在这种情况下，人类学获得的调查资料远比其他方法翔实，参与观察过程中小样本量的深入访谈，使取得的成果在世界范围内得到普遍的认可度。人类学研究虽然在反映宏观整体的即时性政策研究中不具备优势，但田野工作中的测量记录、参与观察和深度访谈却很有特殊优势，是研究罕见、孤立、奇特的“小、微众文化”，尤其是原生态民族传统身体游戏的最适宜的方法；以小见大，更有利于把握和掌控创新性的理论生成。

把人类学以往的研究成果硬搬到体育研究中，并不一定能取得有价值的成果。譬如，法国社会人类学家莫斯在 20 世纪 20 年代研究礼物交换，把原始人际间的礼物交换视为一种整体的社会现象，指出交换可以减少社会内部亚群体之间和个体之间的封闭性和排他性，维系着社会的整体性。中国体育专业的博士论文中引进这种理论是可喜的现象，但用其说明某些乡土游戏是“礼物交换”，则显得较为牵强；停留在所谓“村落体育”的简单描述阶段，无助于最终解决研究对象的发展问题。

有研究者认为，美国符号人类学和阐释人类学的倡导者格尔茨的文化“深描”理论，是研究民族体育的重要方法。当然，我们首先要承认格尔茨是致力于复兴文化象征体系研究的前沿人物，其原创著述在 21 世纪国际学术界影响广泛。他关于巴厘岛斗鸡的记述也给体育人类学带来启示，注重文化的“深描”及多重意义阐释，揭示了知识受权力结构、社会背景、文化传统等诸多因素的影响，具有浓厚的人文色彩。[①] 阐释人类学可以反映体育活动中的人类学事象，如用黔东南独木龙舟活动可以说明竞技早于体育，着重揭示这种毫无体育意识的文化行为的"当局者迷"性质和对抗恶龙态度的象征性。[②③] 反映在表现身体美中的文身现象也可以用阐释学进行清晰解释。但是，格尔茨无法对于怎样辨别文化解释的优劣提出指导性原则，尤其在评价同一现象出现多种解释时，说服力和判断力大打折扣。中国的体育人类学研究者通过巴厘岛的实地体验，深感没有明确的评价标准，更容易使得对体育文化解释的理论建设陷入困惑之中。文化解释学仅仅阐释意义，而无意研究规律性；它不是跨文化比较，而只是对单个实例做概括。由此看来，这种理论和方法在体育研究中的应用，尚待摸索、规范和完善。

体育人类学应该清醒地认识到，对体育的一切研究，其基本出发点和依托的基本主干都离不开对人类身体的影响，均需要以身体运动为基础，这也是体育学存在的依据。形成体育人类学自己的独特研究方法，必须利用自身的学科优势汲取体质人类学的精髓，认真借鉴检验体育效果的生物学方法；对文化人类学也不是照搬支离破碎的理论观点或单纯模仿学术论文的程序式写作模式，而是整体借鉴其理论和方法深入消化其精髓，在把握体育学科的脉络谱系的基础上发展、创新并形成自身特色。

## 第二节　人类学的理论和方法与体育研究

对体育研究来说，人类学是理论和方法的宝库。很少有学科像人类学这样，有如此丰富的理论和方法。这些理论和方法并不是可以全部照搬应用，而是要根据不同的具体对象加以选择。当前最需要引进和倡导的方法，是针对停滞不前的体育理论中虚浮的部分，借鉴具有人类学实证研究之传统的田野工作（田野调查）方法。"方法论是学科发展的基础，人类学学科又是靠田野调查起家的，国内外学术大师有价值的著作、有影响的观点都是对田野工作经验的

---

① ［美］克利福德·格尔茨．文化的解释［M］．韩莉，译．南京：译林出版社，2008.

② 胡小明，杨世如，夏五四，等．黔东南独木龙舟的田野调查——体育人类学的实证研究（一）［J］．体育学刊，2009，16（12）：1-8.

③ 胡小明，杨世如．独木龙舟的文化解析——体育人类学的实证研究（二）［J］．体育学刊，2010，17（1）：1-9.

提炼、概括与升华。于是，研究方法在人类学学科中的位置与其他许多学科相比似乎更重要一些，而方法论更成为人类学理论的重要组成部分。①”

田野工作是人类学的根基，是人类学家获取研究资料的最基本途径。可以说，田野工作的独特方法建立了学科的基本知识框架，因而成为人类学最重要的方法。人类学的田野工作有两层含义：一是指一种方法论（methodology）；二是指一种具体研究方法（method）。具体地说，田野工作是指经过人类学专门训练的研究者亲自进入某一社区，通过直接观察、访谈、住居体验等参与方式获得第一手研究资料的过程。体育人类学最重要和最基本的建设，就是借鉴人类学的田野工作方法，在实践应用中加以创新性改进，形成以身体动作分析法与体育效果测量及以客观评价为基础、同时进行影像记录及生态测评、多学科集中介入的短周期专题性田野调查的特色，成为体育人类学的标志性方法。这在下一章将专门论述。

对于处于发展初期的体育人类学而言，田野工作的目标，主要是为撰写民族体育志提供大量有用的资料。田野工作的结果，最直接的是形成一部以真实调查报告为基本框架的民族志，在此基础上运用跨文化比较、文化相对论和整体观，生成新的理论观点。

在每一次具体的研究中，首先要选择项目（田野点、社区、对象等）——主题要符合自己长期以来的学术经历和兴趣点，有前期积累的研究基础，研究结果具有学术价值或指导实践的意义。对选题学术价值的衡量至关重要，重点考量的是提出假设并加以实证的理论意义，以及社会效应和可操作的实际意义。对于在学术上已经有过很多讨论但仍然虚浮不定的理论假设，可以进一步用田野调查材料加以证明，或者颠覆传统理论、观点和前人做过的研究，也可以提出新的理论假设来进行实地验证和说明。

## 一、经过田野调查的民族志——民族体育研究的基础

体育人类学对研究民族体育始终抱有强烈兴趣，这是因为它的理论和方法最适合在民族民间传统体育的特殊风貌中寻求人类文化的潜在价值。人类学田野调查作为其标志性的研究方法，是获取研究资料的最基本途径，是撰写“民族志”的源泉——这是民族体育研究的基础。人类学与其他学科的区别，主要在于人类学家所使用的“田野工作”独特方法，这也是区别一项研究是

---

① 凌纯生，林耀华. 20世纪中国人类学民族学研究方法与方法论［J］. 北京：民族出版社，2004：2.

否属人类学的关键标准，它甚至成为整合整个学科的资源和依靠。倘若自称在做体育人类学研究的人却无任何田野工作经历，那么其作为人类学者的身份在同行圈内会受到严重质疑。同样，一本没有细致田野调查的“民族体育志”，难免不被学界质疑。

人类学最核心的理论和方法建立在扎实田野工作的基础上，其直接成果是民族志。民族志，一般是指研究者对某一社区、族群或民族的文化所做的描述或解释的文本，我国的民族体育研究中最为匮乏的就是这种由作者直接观察后获得第一手材料对民族传统体育活动的系统描述。“就人类学的大部分历史来说，人类学家依靠印刷出版的资源以共享信息，特别是依靠白描型的民族志，偶尔辅之以照片，在很少的情况中，辅之以影片和类似的记录。民族志特别反映出西方人对学术工作的态度，是我们学科的基础。”① 一般的民族志中并没有记载多少身体运动的内容，因此，像通过田野调查再编写民族体育志这样的基础工作，还是得由民族体育研究者来完成。

文化人类学早期对于文化的研究，往往基于民族志；而真正的民族志，既是研究方法也是研究产物。民族志（ethnography）即“记述民族学”（descriptive ethnology），是对一个人类群体进行客观调查结果的全面详尽描述；对民族体育进行专业性研究，准备在田野调查中发现新事实形成新观点，阅读民族志是最基础的工作。反观我国的民族体育研究，严重忽视学术研究中这一具有出发点性质的重要环节，几乎找不到一部以田野调查为基础的较为规范的民族体育志，更不用说把民族志作为研究的“导航仪”。其明显的结果，就是大量人、财、物用于搭建沙滩上的大厦，数不清的宏观叙事沦为文字垃圾。

完成民族志需要大量依赖参与观察的实地田野调查，强调长期对文化脉络的深度检视。以民族体育中占主体的武术研究为例，过去往往过于依赖并不详实的文史资料，理论依据则多在传统文化哲理中寻觅附会。然而，中国古代的正史记载历来注重典章文物而不屑于雕虫小技的传统，难免遇到丝毫不见具体武艺内容的窘境，也常因牵拉阴阳五行、周易八卦被学界质疑，其实，对于大量在明清以后才逐渐成形并流传至今的拳种，老老实实做田野调查，参与观察一招一式，深度访谈来龙去脉，认真撰写民族志，才是研究的基础和正途。

人类学作为研究民族传统体育最适宜的方法，在大量阅读经典尤其是民族志的基础上，田野中的感性体验才能激发灵感。但由于缺乏专门技能训练和浮

---

① ［美］威廉·A. 哈维兰. 文化人类学（第10版）［M］. 瞿铁鹏，张钰，译. 上海：上海社会科学院出版社，2006：3.

躁心态导致的急功近利，一般体育研究者很难去阅读自认为与己无关的民族志。即使民族体育活动的研究者仔细阅读了相关研究对象的民族志，往往也得不到自己所需的直接描述材料。因为身体运动并非记载重点，一般的民族志并不一定把该民族的传统身体游戏统统记录在案；即使有零星记录，也一定不详尽。民族体育研究者大多需要前往实地考察，通过自己亲自投入田野调查获取真实经验，对于书本知识重新进行理性过滤，再撰写专门的民族体育志。

当前民族体育研究工作中最缺乏的，是真正、完整、详细的民族体育志。西方体育进入中国是一种文化传播和文化变迁，但同时也是对中华民族原有的养生保健体系的破坏，东方文明中的养生保健精髓具有顽强的生命力，要使其现代价值重现或博采众长建立新的体系，就需要还原传统的真实风貌以作为参照系。完成描述传统身体运动文化的民族志，是建设文化强国的基石。

过去，在不了解人类学的情况下，把看到或听到的传统身体活动形式记录下来，再通过访谈相关人员了解来龙去脉等背景材料，拍几张照片或录像，最后回到书斋查阅相关历史记载归纳成文，是体育文史工作者挖掘整理工作的常见模式，虽接近田野调查，却并不规范。这种模式，在 20 世纪 80 年代直至 90 年代初可见一斑。当时国家体委文史委员会开展了全国民族传统体育挖掘整理，各省、市、自治区都成立了体育文史办公室，自办刊物印刷材料，轰轰烈烈地开展了十余年工作，最终成果汇编了一本《中华民族传统体育志》。这本代表官方民族体育研究的最高成果，付出了千百人的数年辛勤劳动，是对全国民族民间传统体育活动的最全面的总结；但从学术价值的角度来看，它仅仅是一本对各种项目汇总花名册及简略描述的资料集，并没有多少“田野调查”的研究成分，更谈不上理论的生成，像是一部可以按图索骥的目录。

在这之后，许多单位和个人的民族体育研究成果，大都只停留在某些项目整理与活动描述的表层，与真正的民族志相距甚远；部分研究者仅从历史的角度或贴上文化的标签来解析民族体育活动，但悬浮于现实生活之上；仅有少数研究者注意到把民族体育研究与非物质文化遗产保护结合起来，开始注意到田野调查的重要。

实际上，每一项民族传统体育活动的“民族志”，就是一份详细的综合性调查报告。这是在搜集大量资料的基础上，经过分类整理，认真分析而形成的田野调查成果，应以叙述为主，文字要求朴实无华，内容准确无误。做好田野调查，在此基础上写好调查报告，是完成民族体育志的起点，也是体育人类学研究的起步。

对一项传统项目，如果忽略像民族志那样的详尽调查过程，盲目地进行加工改造，其灾难性的后果往往是难以逆转的。“当前，我国大部分民族传统体育项目都是从综合仪式系统中分解出来的独立个体，他们的发展路径是从综合走向分化，也就是说，这个自组织结构系统已经瓦解，价值标准当然也随之瓦解。我们不得不忧虑民族传统体育的未来发展，路在何方？……为什么从民间分离出来的项目在新鲜了两天之后，人们就觉得它不好玩了，没有意义了呢？调查结果显示，分化解析后的民族传统体育项目破坏了系统的目标达成、适应、相互整合和潜在维持的模式，更确切地说，就是分化解析后的民族传统体育变成了一个纯粹的身体活动或竞赛，不符合村民的审美习惯。”① 当然，研究成果不能止步于民族志，如果仅仅是资料堆积，或是对本土知识的过度解释，对所研究项目的未来发展并没有提供具体路径，这是虎头蛇尾的结果。这样的缺陷，需要在对特殊现象的系统观察与概括的基础上引出结论，并通过参与式发展的后续规划来弥补。

## 二、文化相对论——体育的文化比较与跨文化比较

“田野调查” 在体育研究中的主要目的并非仅仅是撰写民族志，而是验证假说形成理论并固化为知识。“严格地说起来，用比较法作推动一种知识前进的工具，虽是最有效用却是一件最吃力的事。从第一步说起，所用的材料必须要同样的可靠。”② 田野调查中的参与观察带来的主客位互换的 “他者” 研究视角，带来真实的第一手材料，而在反复的比较中，文化相对论的萌生是水到渠成之事。人类学家多年的田野工作成果积淀为大量可靠的调查资料，文化相对论使长期处于边缘的非主流文化五彩斑斓地呈现于我们的眼前，引导我们用客观的价值判断来验证假说，最终获得正确的认识。

### （一）文化相对论与体育文化研究

美国人类学家博厄斯反对用进化论单一进化模式解释世界文化的多样性，提出历史特殊论与文化相对论的观念，认为世界各地许多相似的文化现象实际上都有其各自发展的历史线索，各民族的文化价值是平等的，因为衡量文化没有绝对的评判标准，任何一种文化都有其存在的价值，人们不应该用自己的一套标准来衡量其他民族的文化。这种观点批判了将各族文化按某个进化序列排

① 郑国华，何元春. 我国民族传统体育沉浸的影响模型 [J]. 体育科学，2011，31（10）：46-57.

② 李济. 20 世纪中国人类学民族学研究方法与方法论 [J] 北京：民族出版社，2004：81.

队并侮辱嘲笑所谓不发达种族或民族的做法，有力反击了以欧洲为中心的种族主义，为倡导体育文化的多元化尤其是中华民族传统体育的研究和价值评估提供了方法论利器。文化相对论作为一种研究文化的态度，促使人类学形成了关注和同情边缘群体、立足本土文化的学科特色，成为整个人类学的学科理念。这在对待相对弱势的民族文化特别是民族传统体育活动时尤为重要。不同体育民族志的诞生，让我们不得不面对文化多样性的现实，接受文化相对论的合理解释。

文化相对论用平等的视野看待陌生文化，对于认识不同民族的身体运动有重要价值。例如，现代奥林匹克竞技项目几乎都是西方文化的结晶，如何挖掘东方特别是中国的民族传统体育的潜在价值，需要用同是人类文化组成部分的客观态度来评价东西方文化，这类研究需要文化比较的视野。

毋庸置疑，文化要素中最有活力的部分是精神文化，其中最重要的是被社会全体成员共同接受和遵循的核心价值观。人类身处这个核心价值观引领的文化环境之中，继承和积淀传统文化，体育事业的发展也依赖这样的积累和创新。人类历史上的各文明古国，只有中华文明作为文化主体保留至今，其核心价值观必然发挥着重要作用；中国体育人类学必须研究中华传统文化对中国体育的影响，必须以此精神文化的观念层面作为体育文化的基础和重点。

在体育人类学看来，体育文化的研究对象理应以民族身体文化为基础。文化是一种借助内聚力来维护社会、团体和个体身份的连续过程，包括传统的身体运动，其基础单位是民族。现代进化论者已经超越了达尔文把个体作为生物进化基本单位的观点，把群体作为进化的基本单位。因此，对文化的研究，主要是以民族为单位，即研究民族的文化，包括物质生活、社会生活、精神生活。按照北美的学术传统，狭义的文化人类学几乎等同于民族学。体育文化研究，主要应指向民族文化对体育运动的关系。文化相对论要求研究者客观看待被研究的对象，从被研究者的角度来看待被研究者的文化，这对于研究中华民族传统体育，具有相当积极的意义。

以往的体育文史研究，大多站在各自民族文化的立场，从整理历史文献资料的角度揭示文化差异；当体育史研究成熟到探索的触角几乎穷尽到所有角落时，从“文史”转移到“文化”，其注意力必然集中到国民性格对开展体育活动的影响上来。在社会主义初级阶段强调所谓中国特色的体育道路，这种“特色”，本质上应该是中华民族自身文化的特色。当代体育往往由西方文化强势主体的一元垄断，需要改善成一元为主的多元共存状态，以主流文化为平台对各种文化进行吸纳与整合。现实中，中华民族的身体文化在那屈辱的年代早已被西方体育文化碾轧得七零八落，体育文化研究者必须花很大的力气加以凝练重构，才能使其进入到中国体育的核心价值观层面，成为多元中的一元。①

在文化理论的演变中，普世性和相对性始终交织穿插。如果说文化相对论隐含的不足，主要在于忽视了历史进步的标准，认为诸文化在人类的历史进程中无前后之别，容易导致否定人类诸文化的统一性和发展的大趋势。不过，这在民族体育的基础研究中尚无明确表现。

**（二）体育的文化比较展示差异与多样性**

人类学源自“异文化”的研究，既是“透过了解别人来了解自己”，也是“离开自己以便更了解自己”。在西方体育文化传入中国一个多世纪后，中华民族自己的传统身体文化甚至对大多数国人而言也成了一种“异文化”。

按照人类学的观念，文化常常指一个民族的特定生活方式，它需要多样性，也应该多元。人类学往往带有丰富想象力的“他者的眼光”阐释历史、文化和社会，跳出了固有“科学知识”的束缚而提倡跨文化语境下的“地方性知识”。当今的文化人类学主张平等对待所谓“先进文明社会”与“落后原始部落”，视两者仅存在形态之别，非性质之别；努力了解个别社群的特殊性，但目的却是在于增进对人类普同性的掌握；即使以研究个别社群的共时性（synchronic）结构为主，也并不会忽略殖民化和全球化所引起的历时性（diachronic）变迁。这提示我们，人类的身体运动实际也在文化层面呈现多样性，对于自己不了解的身体文化，切不可简单否定。

文化比较的方法，需要通过不同文化的民族志资料的对比，进行交叉文化分析，来探讨人类行为模式的相似性和差异性。通过比较分析，建立并检验假说。这有些类似关系研究（relational research），即揭示两个或两个以上变量间的关系，往往需要采用统计学的技术，特点是获取素材后并不操控可变因素。

文化比较研究需要利用各种不同文化为样本，用真实资料做比较研究，以便验证对人类行为的假设；文化比较研究不但可以免去单一文化范围狭窄的局限，又可以使研究者发现更多的人类行为。譬如，在中国本土的体育研究中，人文学者尤其不能苟同体育文化的单一性和同质化，在接受奥林匹克文化普世价值的同时，不能只盯着奥运会而把整个国家的体育发展目标孤注一掷于“奥运争光”，更不能被那几块金牌束缚而放任青少年体质健康水平持续下滑，而应该以文化多元的目光维护体育在不同领域开展的多样性。体育文化比较需

---

① 胡小明. 胡说体育文化 [J]，体育学刊，2010，17（3）：1-6.

要努力了解不同的体育模式并加以对比，特别要珍视自己传统文化尚未发掘的普世价值，避免“灯下黑”，在厚重积淀的隐秘深处挖掘宝藏，作为素材在未来创造出更适应人类可持续发展的体育模式。

在众多民族志资料中，人类学家用背景构架进行解释，即在解释某一独特群体或社团的资料时，都把资料与更为广阔的背景联系起来，为文化比较奠定基础。如马林诺斯基在特罗布里恩德岛调查时，把该岛的生活和文化当作整体和相互联系的单位来考察。文化比较研究的基础来自于民族志调查的资料，通过背景分析对人类行为发生的深刻社会背景的分析，来理解和解释人类文化。

文化比较研究的形态有三种：第一种是不同案例的差异比较研究；第二种是针对同一个衍生现象的各种不同变异型态而进行的可控比较；第三种则是跨文化研究，即在一组案例之中，进行抽样比较。前两种方法常用且易理解，第三种方法在我国体育界屡屡提及却很少使用。

文化相对主义的局限性，需要通过跨文化比较加以评估，使其价值得以充分认识。跨文化研究并非一般的比较研究（comparative studies）中检视在某些社会中的相似特征，而是运用一组充足的样本，因此可以运用统计分析，针对需要探讨的问题，分析在几个特质之间究竟是具有关联性还是欠缺关联性。譬如，对几个农耕民族和草原民族传统身体游戏特点的比较。对身体运动在中华民族自源文字中产生作用的研究中，既需要对东巴文、沙巴文、巴蜀图语等图画象形文字进行比较，也需要对东巴文及其分支哥巴文、达巴文、玛丽马萨文及巫师的身体动作、生态背景进行田野调查：这几个地方都在西南川滇交界处。其目的是要建构和检验关于原生态身体动作和巫术对文字形成的假说的基础，可以第二种与第三种方法交替使用进行文化比较。

**（三）证明假说的跨文化比较**

体育人类学在提出假说、分析资料并建构体育文化理论时，涉及人类学研究的另一个传统和精髓——跨文化比较研究。跨文化研究是两个或更多社会间的比较，也称泛文化比较或全文化研究，是人类学及其姐妹学科（社会学、心理学、经济学、政治学）的一项专门方法。它主要运用来自许多社会的实地研究资料，检视关于人类行为及文化的假设。跨文化原来是通过比较世界各种不同文化样本来验证人类心理和行为特征的心理学研究方法。例如，以语言文字、风俗习惯、劳动方式等均不相同的民族为样本，搜集资料，进行文化间的比较，研究他们之间在心理和行为上的相同点和不同点。近年来，这种方法的主要进展是联合使用两种类型的统计分析方法：一种以文化特质为分析单位；另一种以社会或部落为分析单位。目前，跨文化比较法的局限性还没有明确可分析历时材料的统计方法，也就是说还无法将历史内容与统计模型结合起来。①

古希腊学者希罗多德可以说是最早的跨文化研究者，他在《历史》一书中比较和分析了古希腊的文化。英国人类学家泰勒于1889年发表的《制度发展的调查方法》则是先驱性的跨文化研究报告。后来，在摩尔根的著作《古代社会》里，跨文化比较被进化论用来排列社会阶段。但这样的比较是依据偶然的选择而非样本，结论不能在统计意义上被广泛验证。20世纪初，跨文化研究被研究文化的人类学家和心理学家所广泛采用。代表性的研究如英国心理学家W. H. R. 里弗斯对印度和南太平洋居民的感觉和知觉所做的定量分析，以及美国社会学家W. G. 萨姆纳对个人或团体满足需要的功能起源于风俗习惯的研究等。

跨文化的研究方法曾遇到一些波折。高尔顿曾对泰勒的跨文化比较产生质疑。高尔顿认为，广泛分布的跨文化样本单位之间的相关关系，可能反映功能关系，也可能是文化的传播和继承关系。共享历史的社会可能存在历史渊源关系，因而不能比较。这个争论后来成为著名的"高尔顿氏问题"，导致系统的跨文化比较研究停滞了大半个世纪，直至默多克恢复这项工作。②

当代的跨文化研究始于默多克，他在美国耶鲁大学人类关系研究所设立许多基本数据库，从事民族志资料的广泛搜集和分类，包括1949年建立的"人类关系区域档案"(*Human Relations Area Files*) 与《民族志地图》(*Ethnographic Atlas*)。他携手道格拉斯·怀特，发展了广为学界所用的《标准跨文化样本》(*Standard Cross-Cultural Sample*)。该书目前由开放获取的电子期刊《世界文化》(*World Cultures*) 负责维护。有限比较的优点是利用背景进行分析，但也存在着代表性的问题。这就导致了大规模的统计比较的建立。特别是"人类关系区域档案"建立后，系统的交叉文化分析更加普及。③ 当时从事文化与人格相关的跨文化研究的学者，还有B. 马林诺斯基、M. 米德、E. 夏皮尔、R. 林顿、C. 克拉克洪等。20世纪60—70年代，跨文化研究进一步发展，主要表现为两个方面：一是将电子计算机用于跨文化研究，因而能处理大量的数据

---

① 吴泽霖. 人类学词典 [M]. 上海：上海辞书出版社，1991：156.

② 金龙云，董小川. 西方文化史研究的视角与方法 [J]. 历史教学问题，2008 (1)：23-27.

③ Murdock George P, Douglas R. White. Standard Cross-Cultural Sample. Ethnology [J]. 1969, 8：329-369.

和复杂的统计分析，C. E. 奥斯古德等的《感情意义的跨文化普遍性》(1975) 一书就是一个代表；二是跨文化研究方法水平的提高，以 R. 布里斯林等的《跨文化研究方法》(1973) 为代表。70 年代以后，有不少文化分类研究，并根据这种划分进行跨文化研究，主要目的是对与文化相关联的心理和行为特征做假设检验，以揭示相互作用。此后，研究者更多地使用精密的统计方法，以控制“高尔顿氏问题”及宗教多样性和群体意义等问题的产生。

“人类关系区域档案”是非营利性的数据库，是对大约 350 个世界范围的人类社会的民族志记录的系统化收集。它根据默多克所编写的文化资料大纲规则编排，使得研究者能在 700 多个不同主题里迅速定位信息。这样，“人类关系区域档案”已经成为跨文化资料的便利来源。① 华南师范大学的体育学博士生已经使用这个数据库进行文献检索，以丰富自己的学位论文。

跨文化比较通常是在一个地区的几个群体之间的有限比较，比较对象具有以下特点：有许多文化和社会的共同特征、少量的差异、保持大量背景材料。

典型的跨文化比较案例是纳德尔对非洲巫术的研究。他在非洲社会中做了 4 次田野调查：两个在西非的尼日利亚；两个在东非的苏丹共和国。其目的是要建构和检验关于巫术意义的假说的基础。这一假说就是“失败—攻击”假说。②

对体育研究而言，选择的跨文化比较方法主要是为了证明某种身体运动文化演变的假说，材料多来自民族的习俗尤其是文化心理部分，自己亲身做田野调查的材料更加弥足珍贵。这里需要特别注意的问题是：跨文化比较的研究目的应该明确。换言之，事先需要设定一个有价值的假说，跨文化比较之后结果是检验这个假说的真伪。如黔东南独木龙舟与其他龙舟对待“龙”不同心态的跨文化比较结果，成为印证“竞技的起源早于体育”这一理论假设的实证过程的组成部分。

## 三、整体论的宏观视野——体育发展的路径选择

整体论又称全貌观，是指在尽可能宽广的背景中观察文化的各个部分，是人类学的基本原则。整体论的综合思维模式，把世界视为有机整体，鸟瞰社会

---

① 金龙云，董小川. 西方文化史研究的视角与方法 [J]. 历史教学问题，2008 (1): 23-27.

② J. D. Y. 皮尔. 历史 · 文化与比较法——西非之谜 [J]. 贵州民族研究，2001，21 (2): 162-178.

文化和人类行为的各个方面，全面理解其相互关系和相互依存性，把人类的身体运动融入其中，当作一个整体来研究，这也可以视为体育人类学必须借鉴的方法论。

整体论并非固定的理论框架模式，而是根据实践发展的新动向进行全面宏观的分析，在新问题中创造新知识。就某个论题构造一个理论框架，一般并不是新发现，也不是体育人类学倡导的方法论。这并不像研究生撰写学位论文，按已有的论题理论框架对该细分领域的知识进行全面梳理，综述一番各种主要理论和观点并加以评论。真正的研究工作的绩效，要看是否发现新知识，以及判断新知识的价值如何，在体育类应用领域主要看实践发展的整体效果。

人类学是致力于促进人类和谐生存的学科，其特点是通过个案以小见大，尤其需要触类旁通的宏观视野。体育人类学需要采用田野调查个案的方式，以某一身体运动文化现象为研究切入点，研究罕见和奇特的“小众文化”以获得翔实的调查资料，由点及面，探讨体育文化在人类文化制度中的功能及与其他要素之间的关系，在理论生成中十分需要人类学的文化整体观（the Holistic perspective of culture）。在全球经济文化交流日益频繁，所引起的碰撞和误解不断发生的今天，中国的体育发展需要人类学知识，探讨缘起动力、传承脉络、嬗变原因等最终指向体育的发展方向，这是宏观把握中国体育未来发展趋势的有效路径。

### （一）整体的功能及区位划分

整体观认为所有的实体都有一个超出其各部分总和的存在状态和价值。作为人类学的一个原理，整体观是指无论研究人类生活的哪一方面，都要着眼于与之相关联的人类生活的其他各个方面。对体育发展的启迪，简而言之就是在研究某一问题时，综合考虑内外各种因素的相互作用，用多种联系的综合作用来解释对象和行为，以宏观视野发挥各部分的整体功能。

通过运用整体观，人类学家就能综合把握零碎的研究对象，并打破一些条块封闭的学术禁区，如打破学科之间的鸿沟和禁区，鸟瞰全景，一副游戏用具、一颗石球或者是一个古竞技遗址，都要从人类文化总体上去解释。在体育人类学的研究中，尤其不能单纯依赖文化人类学的某一些阶段性理论和观点，忽视体质人类学长达几个世纪积累的知识财富。

在理论形成时，研究者可以利用整体论方法来检验该理论的适应性。整体文化研究，研究者要对所有已知文化的统计进行调查或者抽样，首先选择一种典型的文化样品，然后运用各种统计试验，来确定某种理论是否有许多实际事例为支撑。应用整体观点探讨体育现象时，应该探讨体育与其他社会文化要素之间的关系。例如，在计划经济条件下，我国体育的形式、内容、体制都具有当时的时代特征，但是，随着市场经济的出现，由于体育所在的社会文化环境发生了变化，构成这种社会文化环境的要素发生了变化，我国体育的形式、内容、体制必然会产生相应的整体变化，寄期望于某一局部改善往往收效甚微。[①]

尽管孔德和斯宾塞曾指出社会是一个有机的整体，但文化整体论的奠基者是法国学者涂尔干。他以生物学与人类学的类比来表达整体观，认为生命只能以整体的形式存在，而不是以部分的形式存在。同理，社会并不是许多个人相加的总和，而是个人经过组合而形成的体系，因此研究社会现象要从社会整体来考察。在社会整体观的基础上，涂尔干提出了解释社会事实的基本原则：寻找造成社会现象的原因及这种现象所执行的功能，必须从先于这些社会事实的存在中去寻找，在社会事实与某些社会结构的关系中去寻找功能。另一位学者莫斯继承了涂尔干的学术思想，进一步强调社会现象的整体性，认为没有一种社会现象不是社会整体的一个整合部分。[②] 在 20 世纪，法国与英国的人类学家都习惯将原始民族的文化研究称为社会研究，英国人把文化人类学称为社会人类学。由此看来，社会的整体观也是文化的整体观，成为一个社会文化的功能、结构的分析和象征的深度解释的基本前提。在 20 世纪文化人类学诸理论流派中，功能学派的影响最为持久，堪称文化研究的“常青藤”。其藤蔓早在 30 年代就延伸到了中国北方人类学界，并逐渐发展出社区功能研究与文化类型、区域类型和社会变迁研究相结合的本土特色。[③]

在功能学派的推动下，整体论强调共时性研究，反对臆测历史，因此在研究方法上开创了在一个地点进行长时间实地调查的模式。尽管体育人类学的田野调查已经由其专题性多学科介入的特点而大大压缩了实地调查的时间，但仍然牢牢把握了整体论的精髓。体育人类学目前的注意力大多集中于民族传统体育，主要原因是学科建设尚处于初级阶段，特别需要通过人类学的田野调查积累第一手民族体育志素材，抢救性记录反映体育运动不同阶段的“活化石”。体育人类学的研究可将亲自到原本生疏的研究区域称为“田野”，但大多数研究还是传统的经典“田野”即保留原生态身体运动文化的边远地区。当然，

---

① 胡小明. 体育人类学进展［J］. 北京体育大学学报，2004，27（3）：289-293.

② ［法］埃米尔·涂尔干. 社会分工论［M］. 渠东，译. 北京：生活·读书·新知三联书店，2009：42.

③ 郭志超. 20 世纪文化人类学理论的两大流向［J］. 厦门大学学报（哲学社会科学版），2000，（2）：5-12，143.

体育人类学不能仅仅把目光停留于描绘原始文化，也要考虑落后地区体育事业发展的现实问题。

在有限制的局部研究和抽象理论的整体研究之间，存在着某种从特殊到一般的渐进路线，对研究内容进行划分，采用圈层及区域理论，是研究中的常见步骤。博厄斯提出的文化区理论，即根据不同的文化特征划分历史区域，与德奥学派“文化圈”有相似之处但也不尽相同，“文化圈”强调有共同历史传统，而博厄斯的文化区强调各民族文化的多样性，不涉及传播的过程，提出文化中心区的概念。面对庞大的研究对象只能分而食之，了解枢纽和终端，进行庖丁解牛式的切割，才能使研究过程具有可操作性。这样的方法论给民族体育资源的开发带来深刻启迪，重视区域性身体活动原生态的保护和传承是开发和传播的基础。

美国社会学家帕克教授的来华，带来了芝加哥学派的人文区位学的思想，将空间概念与对人的研究联系起来。“社会学家研究现代都市，必须划定自然区域，犹如民族学家考察初民部落，必须划定文化区域。自然区域与文化区域名虽异而实同。是以研究文化不同的各种社会，如部落社会、乡村社会以及都市社会，都需要地理或区位的观点和方法（吴文藻，1934）。”① 整体论是一种宏观视野，而在体育领域的具体研究中，划定圈层、明确区位，是获得有价值成果的出发点。

**（二）整体各部分保持均衡和谐**

人类学家在研究中把整体观作为保持人类学研究的宽广视角，养成了在宏观的历史和文化范围内来观察事物的习惯。人类学的方法本身在众多人文社会学科中可互通共用，多种技术手段和学科视角达成文化整体观，其核心是整体各部分保持均衡和谐。在体育研究中，也应该用整体观来把握其均衡发展。

人类学的整体观探讨跨越时间与空间的所有人类，并研究人类的所有面向（演化、生物体质、社会政治、经济、文化、语言、心理等）。尽管体质人类学的理论与方法和文化人类学有差异，但由于其重心主要是研究对象的身心特点，因此必须进行综合运用。当然，体育人类学整合社会性的文化人类学和生物性的体质人类学，涉及社会科学与自然科学的跨学科综合，在实证论的过程中可能遇到许多问题，但运用整体论方法于体育人类学研究，以获取正确的认识仍然是必要的尝试。

针对身体运动与人类社会协调发展的诸方面研究，是体育人类学的主要研

① 吴文藻．论社会学中国化［M］．北京：商务印书馆，2010：198.

究内容；采用人类学文理融通的优势，在研究方法上倡导用整体论进行综合分析，客观验证某种理论或假设，强调人文价值取向，倡导参与式发展，为体育事业的进步选择更好路径。一门学科的价值和生命力，取决于它对人类生存与发展的贡献。依据特殊的传统文化和现实国情，对中国体育“后奥运时代”发展方式转变的问题，体育人类学通过整体论的视角提出了“分享运动”的观念，以推动基本公共体育服务均等化，期望对建立公共体育服务体系起到引导作用。这是历史与逻辑相统一的科学认识论的尝试。

过去的半个多世纪中，发展已经成为世界事务的主题。在发展体系中工作的人类学家从事应用研究和实际操作，他们在理论和实践两个方面平衡了经济学的单一视角和影响，对于形成新的发展伦理及如何确保发展的社会影响等都有着不可忽视的贡献。很多人类学家认为，人类学不能再继续忽视这个问题，在政治多极、文化多元的背景下对全球经济一体化产生质疑，因此一直致力于发展的人类学研究，这实际是在相对抽象的整体论上提出了更有利于操作的理论。中国体育的问题，很大程度表现为自上而下的单边行动模式导致发展的不均衡，在“攻其一点不及其余”的惯性发展中损及公共利益。发展理论的许多研究，对从单一的经济学视角演化成多元视角发挥了很大的作用，对体育的整体均衡发展也有指导意义。

### （三）整体参与式发展

整体参与式发展，主张把多方参与和互动式参与方法作为发展的基本要素，使本地相关人群积极参与到项目设计、构想和实施的整体程序中。

“发展的人类学”（anthropology of development），主要是指用人类学的理论、方法和视角观察和研究发展问题。这种研究，属于把发展作为主题的人类学研究。而“发展人类学”（development anthropology），指的是人类学的知识在发展中的直接应用，也就是应用人类学。发展人类学关注的领域主要是国际发展和发展干预，而且主要研究如何为发展服务。隆戈（Long N，1992）把前者的研究称为是“了解问题的知识”，后者为“用于行动的知识”，当然两者之间有时也很难区分。也有人认为，发展人类学是建立在传统理论上为发展机构内工作，以及为发展领域培养应用人才，而发展的人类学是20世纪80年代在后结构主义理论及方法影响下对发展和发展人类学的批评，但后来的人类学家提出了以全球视野的创造性方法在发展领域表达人类学的理论与实践。①

① ［美］阿图罗·埃斯科瓦尔．人类学与发展［C］//中国社会科学杂志社．人类学的趋势．北京：社会科学文献出版社，2000：74-75.

人类学之所以对发展进行研究，是由人类学自身独特的学科特点决定的。从某种意义上讲，发展是一个社会过程，而人类学的长处就是对社会过程的细节给予挖掘和说明。从人类学到发展研究之间存在着人类学的理论视角对发展的认识，从而得出概念和方法，最后是发展的运用这样一个不同的阶段。我们把它们区分为：人类学→发展的人类学→发展人类学。也就是说，从人类学的理论到人类学的发展理论再到这些理论在发展实践中的应用三个相互联系但又不同的学科体系。①

人类学家的知识可以帮助积极有效地进行发展规划和发展设计，从人类学的角度把发展看作外来的制度与所要改变的目标制度之间所产生的互动。科学家和科学知识有时忽略了地方性传统知识的作用，由于缺乏对当地情况的了解从而无法在改变落后地区的行动中发挥作用，所以应鼓励支持原住民参与研究工作。钱伯斯等尖锐地批判了外来发展人员和发展机构面对复杂的地方实际而呈现的无知与无能，提出了穷人参与的理论主张，由此引发了近 30 年来参与式发展思潮。钱伯斯及其同事的另一方面的贡献就是通过 PRA（参与式乡村评估法）来挖掘基层民众的能动性，鼓励基层民众参与决策和变革。PRA 的方法主要来源于人类学的参与式观察的传统。从方法论的角度看，钱伯斯及其同事的工作也呈现出了明显的“方法论民粹主义”的特点，他的方法受到了人类学的影响。互动主义思想接受的社会变迁的适应与发展对象的应对策略的观点，也为人类学家与其他学科的合作提供了理论路径。发展人类学家在面对发展的权利与被发展对象的变迁互动中，不仅仅作为发展的工具落实和修正发展的政策，更重要的是将人类学审视的发展的多元性、复杂性的观点带到发展机构中，从而对发展机构进行改造。这一点可以从世界银行、联合国分支机构和众多的双边发展组织的变化中清楚地反映出来。事实上，发展已不再是由发展组织控制的线性过程，而正在成为内生和外部干预相互影响的变迁过程。②

人类学的这种参与式发展的概念，对于探索民族传统体育活动的出路是一种福音。“民族传统体育活动”几乎都是农耕文明的产物，现代工业给农村带来的变化直接导致这些身体活动的衰落。大量农民集中在劳动密集产业中只能维持生存而无法积累资本。同时，其他部门资本和技术高度密集，从而形成二元经济结构（Geertz C，1963）。有些人类学家可能出于“学科自私”的考量，

---

① 刘晓茜，李小云．发展的人类学研究概述［J］．广西民族大学学报，2009，31（5）：38-47.

② 李小云．参与式发展概论［M］．北京：中国农业大学出版社，2001.

惧怕原生态社会和文化在被民族志学者研究之前就被社会的变化所破坏，因此对于社会变化十分排斥。这与一些民族体育的研究者在“土洋体育之争”中，执着于激烈排斥西方文化以保留传统文化的方式如出一辙。

当前，参与已成为一个具有良好效果和影响力的主张，能够在发展中通过促进参与提高发展的效率，更有利于使用有限资源，更好地促成发展援助和发展项目的实施。发展研究的精髓是描述、解释变化并使这种变化在当地人的积极参与下达到最佳优化状态。在民族体育、青少年体育、社区体育、体育产业等领域都可以研究微观发展问题，特别是应当鼓励当地群众参与决策，关注发展项目的规划、效果，以及如何改进项目的实施。今后，发展人类学的新成果，将越来越多应用到体育的发展路径研究中。

## 第三节　体育人类学基础方法论

体育人类学不是一种漂浮玄虚的元理论，也不是一种局限于狭隘变量分析的单纯技术工具。它集中融合了自然科学与社会学科、定性与定量研究并重的综合优势，强调在特定真实背景下了解各种身体运动文化现象，采用亲临实地收集第一手资料的研究范式，并预设假说进行严格的实证设计，按预定程序采集数据以验证研究结果，最终面向可以应用的实践领域。

体育人类学的研究针对具有重要价值的真实对象，认识客观事实，给我们提供实在、有用、准确的知识，揭示客观现象的内在构成因素及相互之间的普遍联系，所得出的结论具有客观性，并根据经验和事实进行检验，追寻具有科学分析过程的理论生成。

相对于其他研究体育的方法而言，体育人类学的基本方法主要有三方面的特点：

第一个方面是秉承人类学深入实地的田野调查传统，根据体育研究的需要认真采用参与观察与深度访谈的形式，因体质与文化相结合的多学科集中介入身体运动的专题调查而使周期大为缩短。

第二个方面是对身体运动效果及生态环境的测评，在文理融通的综合应用中选择符合体育研究特色的技术路线，进行具体方法的创新。譬如，根据原生态身体运动研究的实际需要，在人类学的语言结构理论启迪下，把原本是运动生物力学的动作分析法改造为身体动作文化符号分析法、拓展影视人类学的双机位身体动作拍摄技术等。

第三个方面是倡导在实证基础上构建民族体育志，通过文化比较与体育活动的参与式发展的结合，推动不同民族的体育事业更好发展。借鉴发展人类学的精髓，促进人类身体文化的多元和谐共生，构建分享运动的新型体育发展方式。

体育是一个抽象化的概念，用以表述根据人类需要针对身体所进行的培育过程；然而它又身处应用的世界，当然也包括其丰富多彩的方法和手段。从宏观的意义上认识体育目的（主体改造客体的对象性要求）、运动手段（主体作用于客体的中介）、健身效果（主体目的在客体对象中实现）这三个要素构成了体育的基本过程。以真实数据的记录分析作为判断其体育性质的出发点，是体育人类学作为一门学科存在的基础。因此，体育人类学不是照搬人类学的一般方法研究体育问题，而是需要采用其他应用人类学分支所无法替代的专业理论与方法进行研究。

## 一、参与观察与深度访谈相结合

科学研究首先需要从观察入手，观察结果经归纳得到假设，再证实其真伪。“科学方法的7个特征是：观察（经验主义）、目的性、系统性、可重复性、可交流性、自我修正（通过学科群）以及积累性……当个体作为一名科学家发挥其影响时，他需要利用科学的认识方法去鉴别正确性或真实性。在科学方法范围内，必须通过观察证明知识的正确性。在科学中，某个论断要想有用，就必须与一些能够证实，或证伪的经验陈述相关联。事实上，根据科学方法的认识论，如果不能通过观察来证实某个论断，那么这个论断在科学中就确实没有任何用处或价值。”① 体育理论特别是体育文化的研究，判断其有无价值的首要标准，也应是能否正确地观察与证实。

### （一）深入实地的参与观察

人类知识建立在仔细观察的基础上，不被表面联系的假象所迷惑，需要寻找足够的经验和事实证据使观察符合逻辑并系统化，这是一种跨学科、跨领域的规范。体育现象是动态变化的，人们身体活动行为的意义因时因地而不同，所以有必要采用人类学田野工作的特色路径——参与观察法。这种方法需要研究者几天、十几天甚至更长时间成为所研究背景的一部分，系统观察所见所闻，探索某种身体运动在特殊社会关系与环境中的本质。参与观察与旅游观光

① ［美］理查德·M. 勒纳. 人类发展的概念与理论（第3版）［M］. 张文新，译. 北京：北京大学出版社，2011.

有本质区别，体育人类学在此期间所做的深度访谈、动作分析、体质测量及其他环境数据收集等，都是参与观察的重要内容。

从 19 世纪末期到 20 世纪上半叶，受科学方法的影响，人类学家将研究场所搬到了人们生活的实地进行田野工作，开创出与研究对象同吃同住同劳动的参与观察（participant observation）和深度访谈（depth interview）的方法。通过这种方法积累了大量的资料，发展了不同时期的学派，形成了文化人类学的独特理论体系和方法论。

要想了解某种陌生的文化，接触新的观念和习俗，需了解当地人对世界的看法，以及他们的外在表现行为，最好的办法就是与他们密切相处。但是，人们对自己从事的活动的主观描述，往往不一定正确或不足以解释其行为。一个受访者在描述某个事件时，常常有意识或潜意识地加以筛选和曲解。所以，研究者应该尽可能地参与到受访者的正常生活状态中直接观察其行为。从研究体育活动的情况看，参与观察可分为“参与”和“观察”，前者是主动介入到活动之中并融入其中进行体验、学习以原住民的观点了解事物，在面对社会事实时如何创造自己和他者可能会感到困难；而后者相对是客观的、保持一定距离、不涉入的状态，这在记录素材时尤其重要。按自己的主观猜想乱发问卷，或是按想象视角摆拍照片，都是不可取的。

采用参与观察方式进行的研究，因为研究对象不会由于研究者的出现而改变其行为，可以对现象发生的过程获得真实场景，通过得到直接和详细的资料而达到深入理解的目的。参与观察的研究者不能把自己的看法和观点强加于研究对象，应把“先入为主”的心态消减到最低程度。在相当长的一段时间里，体育界在社会学的影响下出现以问卷为主甚至“问卷第一”的趋势，对直接观察相对忽视，以至于很难形成真正有价值的研究成果。这里需要强调：当一般的问卷无法反映真实情况时，尤其是当需要用行为的连续性来解释现象的意义时，除了采用参与观察法，几乎别无他法。

人类学靠田野调查形成学科特色，人类学界有影响的理论、有价值的著作，大都是对田野调查的概括、提炼和升华。由于马林诺斯基的杰出示范，参与观察法成为一种跨学科的研究方式，社会学、医学、教育学等研究领域的学者纷纷采用，但也出现了一些有争议的问题。参与观察法长期没有进入到体育研究之类的研究中，也可能与学者们看法不一致有关。譬如，对参与观察的理解：因为具有跨领域的研究特质，因此定义各有差异。巴比（E. Babbie，1989）认为，观察者对于所欲观察的事情并不应事事皆参与，因此应该以“实地研究”来取代。林德曼（Lindemann，1924）将观察者分为两种：一是客观的观察者（objective observer）；二是参与观察者（participant observer）。洛夫兰德（Lofland，1984）认为，参与观察是一种实地观察或是直接观察，研究者为了对一个团体有科学了解，而与该团体建立和维持多面向和长期性关系。R. 戈德（Raymond Gold，1969）则依照参与程度的不同将观察者分为4种观察角色：完全参与者、参与者、观察者、完全观察者。巴顿（Patton，1990）则认为参与观察是一种完全浸入（complete immersion）的研究情境，与研究者和研究情境之间完全脱离的一种延续状态。法国学者布厄迪提出，传统参与观察法最大的困境是：人如何能够既是行动者，又同时观察自己的行动？这些问题，对于本土化的体育研究的影响其实并不明显，多数情况下，原生态民族体育的田野调查往往是主客位融为一体的。人类学者向来以“他者”，即异己社会文化为研究对象，在观察异己社会文化时有意无意地与自己所处的社会文化相比较，这成为田野工作的一个重要研究角度。从某种意义说，人类学是一门通过“他者”的研究来达到跨文化理解和沟通目标的学问，它要求研究者深入异文化性质的“田野”中去做艰苦的调查，并利用所获资料和亲身经历来解说文化与人性①。体育人类学研究者面对很多陌生异己社会的身体文化，主要采用主客观统一的比较方法。

人类学的观察方法，一般有主位（emic）与客位（etic）的研究视角。主位研究是指研究者从当地人的视角去理解文化，要求研究者对研究对象有深入的了解，通过深入参与观察，听取原住民对事物的认识和观点，尽量像原住民那样去思考和行动，把他们的描述作为最终的判断进行整理和分析。客位研究是研究者以文化外来观察者的角度来理解文化，以公认的经典理论和方法对其行为的原因和结果进行解释，用比较的和历史的观点看待《民族志》提供的材料，要求研究者具有较为系统的知识，并能够联系研究对象实际材料进行应用②。主位研究是站在研究对象的角度，用研究对象自己的方式和观点描述和解释他们的文化；而客位研究是站在局外立场，用研究者所持的观点描述和解释所研究的文化。体育人类学的研究中，主位与客位研究一般并不相互排斥，而是保持互补与融通的“主客位统一”立场。

无论主位或客位，参与观察者都需要进入实地直接观察，从内部研究其文

---

① 社会学人类学新词典编写组. 社会学人类学新词典［M］. 长春：吉林人民出版社，2003.

② 滕星，巴战龙. 从书斋到田野——谈教育研究的人类学范式［J］. 西北师范大学学报（社会科学版），2005，42（1）：19-22.

化；由于参与观察特定方式的要求，参与观察者往往要经历一个“先融进去”“再跳出来”的过程，是研究者直接参与被研究者的生活及直接观察并搜集数据的方式。体育人类学的参与观察并非百科全书式的铺开，而是相对简单地针对某一项活动，其主要目的是从人类日常身体运动的事实中，发掘有利于体育发展的新理论。对体育现象而言，它是一种深度个案的独特研究方法，投入较大、成本较高，因此选择最有价值的典型对象非常重要。

参与观察并非走马观花，而是一种以深度直接观察进行搜集资料的个案研究方法。体育人类学研究者必须深入到研究对象的生活背景中，在实际参与研究对象日常社会生活的过程中，对身体活动进行专题性的观察。这种观察比通常的全面立体观察大为缩减，集中于与体育运动相关的对象。在撰写《民族体育志》前，需要通过直接参与人们的日常生活以了解其身体运动的文化行为和技术。以往缺乏翔实的民族体育志而使民族体育的研究工作如无根之木，与研究者没有采用规范的参与观察有关。

生活意义的多样性，要求人类学对仪式性身体活动做出历史与逻辑相统一的解释，参与式观察法在人类学调查中具有重要的地位，但并不一定在各种体育现象的研究中都具有普适性。如果研究者出现被当作外来陌生的入侵者，或参与观察遭遇到伦理困境（如黄赌毒等现象）时，研究场域的利益完全是秘密的（如假球黑哨、服用兴奋剂、不雅的身体活动等），研究对象的观点和研究者的观点严重冲突时，难以获得真实材料，因此并不适于应用参与观察法。

**（二）体育活动的深度访谈**

在体育界过去的“田野调查”中，不少人通常忘记了自己是参与观察者，仅仅找到所谓知情人进行匆忙的询问及发放问卷，蜻蜓点水、走马观花，到活动现场转一圈拍拍照就回家写论文。尽管短瞬间记录下来的信息也可以作为关于某一身体运动现象的第一手材料，但这种粗糙而单薄的自上而下的行政调研方式，并不能完整而深入地反映某种丰富多彩的身体文化现象，何况还会出现许多经过被访谈人过滤、加工后难以证实的误导信息。体育人类学的田野调查并非大样本的社会调查，也不是一定要把经过统计学处理的数据上交供领导参考。因此，不能让访谈超脱于观察之外，而是要利用深度访谈的内容充分佐证参与观察的结果，形成能经得起反复检验的材料，成为尊重科学实证的重要环节。

简单访谈如今已成为体育人文社会学常用的方法，不仅在研究生论文和各类课题里大量使用，甚至在一些民族体育“田野调查”里也变成了唯一的方法，这里的隐患很容易被忽略。中国考古人类学的开拓者李济曾提及，美国著名的人类学家克鲁伯曾调查加州一个只有 8 000 印第安人的博莫支系，在 75 个村落中选取了 16 个，各找出一两位老人来进行民俗访谈，对于被询问的同样 1 094 个问题，每人的答案只能有“是”与“非”；即便是已经精简到如此程度的两万多个答案，克鲁伯教授仍然因“这些人的知识、准确的习惯、合作的精神及受暗示程度各不一样”而质疑其可靠性。于是他进行了其他标准的测验，得到的结论是：有的老人只有说“是”的习惯，并不管事实的是与非；而有些老人则只习惯于说“不是”，一切皆被否定。李济感叹访谈结果有限的真实可靠性，并进行了重要的补充：“有一个限制是为当事人所感觉不到的。这个限制就是无论哪里研究的民族文化，低到什么程度，凡是不刺激那民族的意识与感情的一类材料，大约可靠性比较的高。反过来，凡是活材料，尤其是靠土人口上供给的，那可靠性就难讲了。”他甚至做出了较为极端的判断：“一个民族学家，研究另一个民族，就是学会了他的语言，能听、能讲也不见得就能搜集完全可靠的材料。”① 这样的教训，值得我们汲取。

所幸，体育研究需要抓住的专业特点就是身体和运动；缺乏身体运动的相关内容，很难被认为是体育研究；而身体运动看得见摸得着，是很实在的现实具象。一般情况下，越接近于较单纯的身体运动内容，涉及影响访谈结果可靠性的民族意识形态的障碍就越少。以身体运动为核心，一切相关信息都需要以事实的观察为印证。那么，站在学科已有知识体系角度的“主位”观察，可以进行公认的科学判断；但站在活动者传统文化习俗的承袭心态来进行“客位”的参与性体验，可以获得特殊行为模式“地方性知识”的合理解析。二者往往交织转换，在体育人类学的研究过程中和谐统一，在整体观的统摄下获得更全面认识。

由于参与观察的主要对象是身体运动，深度访谈的内容也应该以此为轴心。然而，许多体育界研究生撰写学位论文时需要进行社会调查，却习惯于闭门造车，在调查之前凭空设计调查问卷和表格，臆想问题和调查项目，然后下去找人问答，把填好的表格拿回来分析，才发现有许多遗憾——最大的遗憾就是与体育运动几乎没有关系。体育人类学的田野工作者的素质和能力对于工作的顺利开展起着至关重要的作用。仔细选择具有理论价值的研究主题，再把焦点集中于最能够对理论假说产生实证价值的地方。在决定研究领域后，先要踩点，亲自到准备调查的地方了解情况，做简单的预先准备，才能有效提高研究

① 李济. 20 世纪中国人类学民族学研究方法与方法论［M］北京：民族出版社，2004：75-80.

的科学性。

在取得同意进入研究场域之前，研究者需要为自己准备充足的理由，就自己为何而来，对有疑问的当地人如何进行某种方式的解释。与研究对象建立良好关系，一定要尊重对方，谨慎而不突出表现自己，尤其不能多管与外来者身份不符的家庭闲事，与当地人坦诚相待。对研究对象的表现不作预设，而是甘当一个反思的听众和忠实的记录者。

在田野调查中，访问与参与观察交融一体。深度访谈首先要取得受访者的同意，然后再根据资料的隐秘性决定有无匿名的需要。访谈一般有两种形式：结构式访谈和非结构式访谈。这两者是互补的，一般在调查之初宜多用非结构式访谈，而在与当地人民建立了一定的联系后可以使用结构式访谈。

无论是进行哪种访谈，都要注意：

第一，开始调查阶段，应集中访问一些不会引起误会的问题，最好集中在身体运动的内容，涉及传统文化时需注意禁忌习俗。

第二，体育人类学的专题调查因时间较短，需要事先制订相关表格。访问前要把调查提纲中的问题设计成表格，分解为一个个具体的问题，提问要简单明了。一次访问时间不宜过长，注意控制时间。身体运动方面的问题大多集中在几分钟至半小时以内完成。除非是农闲或晚饭后，一般不做长时间的开放式访谈。当受访者用自己的概念和术语来描述时，应充分进行记录。结合 PRA 填表，会节省时间。

第三，涉及价值判断的调查内容，原则上应当让受访者凭习惯做出判断，以受访者的直接反应为依据，尽量避免主观介入。在整个调查中，调查人必须随时注意避免用自己熟悉的价值观干扰受访者的思维，特别是不能用现代体育活动去规制或诱导。

最后，做好采用各种技术手段记录的准备，在工作的每一天都要记田野日志。

**（三）及时处理田野调查的材料**

体育人类学主张用客观的观察角度进行客位的科学理性调查，再加上主位的参与体验，是人类学带给体育研究的新视角。这种主客位的同一性往往贯穿整个参与观察的过程。但是，回到研究室，通常需要采用比较分析判断诸种多元文化，以得到新的判断印证自己的假说。这一切的基础，都在于是否获得了足够的真实材料。

参与观察与深度访谈时记录的田野笔记，其真实性是其具有价值的基础。对于体育活动而言，深度访谈其实也是一种重点观察，其目的是了解通过直接观察无法获得的材料：研究者的问题可以通过受访者的语言得到回应，透过较长时间对少数受访者的访谈，试图透过开放性的问题，引导受访者说出对特定事件或人物的观点。田野调查正式进行时所记录的笔记，是积累和整理真实数据的最重要的步骤。如果当时没有记录，要在尽可能短的时间里补充记录或整理录音。田野笔记是研究者在进行实地观察后，将所搜集到的数据整理成笔记。而深度访谈则是可以在访谈的时候做记录，但是由于时间紧迫往往只能以“摘要”的形式来做记录。因此配备一支录音笔很有必要。也可以利用手机进行录音。否则，应简要写下发生的事件，精简且通常包含关键词。准备好每天撰写田野日记及时间表，即使当天再累也不要放弃。

体育人类学由于需要研究身体运动的特点，往往借助必要的影像记录材料，如实况笔记（full field notes），进行分析，事先准备好摄录器材十分重要。对研究体育活动而言，通过实况录音和录像，然后根据需要誊写为编号式的笔录稿件，是采集数据的重要途径。

体育人类学利用深度访谈的优势，可以了解自己不能直接观察到的深层文化内涵。这个过程不能像通常问卷调查那样简单分发、填写和回收，更不能委托非专业人员完成，而是要亲自面谈，根据事先拟好的访问提纲逐一询问填写，一般需要录音，重要访谈还需摄像，要求当天完成访谈笔记，这样做的目的在于保存最原始的真实资料。①② 近年来，我国体育界已出现研究者利用多次深度访谈对少数民族竞技游戏个案进行精心分析的博士论文，得到了学界的广泛认可。③

为了缩短时间以提高效率，访谈必须事先准备提纲甚至表格，并留下姓名、民族名（本族的称呼）、年龄、性别、身份、所居住村寨、访谈时间、记录人等空格，完整保存真实的第一手资料，尽可能剔除一切与身体运动无关的内容。

撰写田野调查笔记，包括内容、形式与撰写时间是一个重要的过程。记录笔记就是一种数据搜集的过程。需要注意的是，有些受访者可能仅对相关内容

---

① 胡小明，杨世如，夏五四，等．黔东南独木龙舟的田野调查——体育人类学的实证研究（一）[J]．体育学刊，2009，16（12）：1-8.

② 胡小明，杨世如．独木龙舟的文化解析——体育人类学的实证研究（二）[J]．体育学刊，2010，17（1）：1-9.

③ 李志清．乡土中国的仪式性少数民族体育 [M]．北京：中国社会科学出版社，2011.

的某一方面有所了解，导致调查结果相对片面；如果当受访者无法回答提问或难以给出确定的答案时，则可以通过参照其他人的访谈记录加以对照。对任何可能的质疑均需注明。除了情境描述外，也可以留下研究者自己的心路历程与反思部分。

深度访谈的内容和田野笔记类型、形式和内容取决于个人的喜好和风格、研究的主题、观察现场与环境，以及所运用的技术。记录的内容并没严格规定，可以按类似新闻的若干个 W 的写法，即“谁”（who），“什么”（what），“何时”（when），“何地”（where），“为何”（why），以及“如何”（how）来勾绘出参与观察者每天的工作内容，但不用每一项都要记录。可以用不同的符号来记录对话内容。

田野笔记和深度访谈的记录原则是一样的，两者都不可以“凭记忆”撰写。当观察到事件发生，迅速记录是研究者需养成的好习惯。因为实地记录是现场发生的社会过程和脉络，涉及当时的情境，是研究者的关键数据，过分相信自己的记忆力往往导致难以弥补的损失，立刻记录是很重要的工作。在极端的情况下，使用功能强大的手机进行记录也是选择之一。

一份实地笔记或是深度访谈的数据是未来分析的数据来源。“详尽”与“准确”是基本原则：完成观察和访谈后立刻撰写，养成每天撰写的习惯；撰写完成前不和他人讨论以免影响观察结果；找不受干扰的安静地方撰写；安排充足的时间撰写；切忌一面撰写，一面编辑。

记录下来的材料要进行核实：用观察到的实际发生的行为对照访谈人所述的内容；或用具体的事实对照口头陈述的内容；对来源不同的材料相互核实，发现错误要立即予以纠正。调查材料的整理公布后，各种原始记录及实物标本，应按科学方法存档，以备自己或他人日后查考或研究。

## 二、针对身体运动的测量及生态环境现状记录

过去，在对民族体育的挖掘整理及研究中，由于体育界出现了对“科学”的误读，甚至将科学研究等同于“量化研究”，把应用研究中有无数字表述作为衡量其价值的标准，从而导致研究成果长期徘徊于描绘、统计式的低水平重复。民族传统体育活动大多是在有限地域中某一人群的原生态事件，缺乏参与观察和深度访谈的定性研究，资料收集的粗糙和简略，导致对地方性历史文化基本事实的遗漏，更容易滋生后期编造材料的假冒伪劣之风。因此，“定性”深度访谈十分必要，不定性就展开量化研究容易南辕北辙，而定量分析可作为辅助手段以证实定性的准确，这在原生态文化研究中往往成为重要的基础和

核心。

近年来，体育界又掀起一股宣扬“质性研究”的风潮，似乎是在倡导新的研究方法，其实不过是重视定性研究的呼声，并未解决实际问题。人类学队伍中出现把田野调查视为质性研究的观点，在体育界也得到呼应。然而，体育人类学不宜与所谓“质性研究”画上等号，准确的观察与客观描述，都需要尽可能使用量化工具对资料进行精确统计。体质测量对体育人类学研究具有特别重要的意义，在有条件进行田野调查工作中应尽量采用。其实，这也是早期人类学家的基本功，如费孝通在大瑶山调查时，从 1935 年 9 月 18 日到 10 月底的短短一个多月时间里，对各地原住民进行的人体测量多达 5 次。体育文化的载体是身体运动，如果研究内容最终与身体发展无关，则无疑是在搭建空中楼阁，辛苦完成的研究成果的价值将大打折扣。

体育人类学除了遵循一般的参与观察、深度访谈要求外，还特别需要对人们进行身体活动的生态环境做客观记录。因为体育人类学的田野调查工作大多针对某些萌生于特殊条件下的原生态身体活动，对其产生的周边环境需要认真采集客观数据，以便分析其成因及生存要素。要避免单纯地就活动本身讨论活动价值的“刻舟求剑”式的研究，以及对民族传统体育项目改造成现代运动竞赛过程中出现的“拔苗助长”的后果。譬如，在“抢花炮”成为全国少数民族传统体育运动会竞赛项目后，屡屡发生骨折伤害、打架斗殴甚至伤残致植物人的惨剧，这是没有充分进行体育人类学的科学研究就匆匆搬上现代竞技场的结果。

体育人类学田野调查的数据资料收集，一般分为体质测量、环境器物、历史文化三部分。从调查过程看，体质测量涉及测试对象配合等人际关系，需要事先协调。有一些仪器携带不便、指标换算、语言沟通等麻烦，没有经过体质人类学训练的一般文史工作者难以完成，但由体育专业的师生参与却显得相对简单；环境和器物的调查数据可通过网络、书籍、论文等资料检索在出发前获得粗略概况，田野归来后与实地采集的数据一并处理。调查人员在实地采集数据需要克服交通、气候等艰苦条件下工作的困难，工作量较大，需要有吃苦耐劳的心理准备；最难的是有关历史文化的参与观察和深度访谈，研究人员需具备深厚的文史哲基础，还要经过人类学田野工作方法的基本训练，否则在实地获取了宝贵的第一手材料后，难以进行理论生成，更难凝练为创新性观点。

文理融通，把人文社会学的研究与自然科学结合是人类身体运动文化的真实需求，这是因为体育研究整体属于应用性范畴，而且基本上处于终端，与哲学、理学等基础理论距离较远。体育人类学的研究主要集中于人们的身体活动，成熟的人体测量与评价技术可以在短时间内获得真实的客观数据，一目了然地判断某种身体活动对人体的影响，从而方便地评估其客观的体育效果。身体活动、身体运动、身体动作的测量与数据分析，是体育人类学特有的优势，可以解决与体育相关的具体问题。

体育人类学尊重生物学科成熟的科学方法，并乐于将其用于原生态文化事项的实证过程中。中国的体育人类学团队在研究滇西北“东巴跳”与“东巴文”的田野调查中，首次创造性地采用了“从身体动作到图画文字”，再“从图画文字到身体动作”的身体动作分析法“双向实证”的技术路线，为研究原生态的身体运动对古文字形成的作用开拓出科学的新路径。① 这是根据原生态身体运动研究的实际需要而进行的原创技术方法，受到美国人类学家博厄斯语言结构理论的启迪，把原本是运动生物力学的动作分析法改造为身体动作文化符号分析法。

2013 年，在对广西民族传统体育节庆的评估和跟踪中，体育人类学团队再次采用身体动作分析法，根据新的研究对象重新设计调查表格，把一些藏在深山人未识的巫术仪式表演（如“抬官人”）进行“巫术、舞蹈、武术”等不同性质的分类，再进行数理统计以寻求相互关系的确切证据，从一个全新的角度证实原始宗教对体育运动形式（如武术套路）及艺术表演形式的萌芽催生作用。

在上述两次田野调查中，体育人类学还尝试运用来自影视人类学全方位展示技术的启迪，试用类似 3D 打印的双机位动作拍摄法。不过，具体的操作规范尚在试验阶段。体育人类学的研究对象是有关身体运动的文化，需要创造满足自身研究独特需要的工具和技术。

在人类学的主要研究方法中，田野调查既是资料的搜集，也是一种典型的按照某种特定范式进行的理论生成活动。人类生存方式的多样性，对不同地方传统身体活动的田野工作也会呈现出不同的特点，这决定了人类学调查者应该采用不同的方法。尽管运动人体科学在运动医学和保健等领域积累了越来越多的可靠知识，但科学方法的使用在体育人文社会学、民族传统体育学甚至体育教育训练学领域却举步维艰，这是因为涉及以“人”为研究对象，其动机、态度、价值等因素往往受到深层的内外环境影响，个体与群体、民族与文化、传统与变迁，动机与原因千差万别，变量复杂而难以掌控，很难普遍化、形式

① 向有明，赵国炳，胡小明，等. 身体动作与文字形成的双向实证研究［J］. 体育科学，2013，33（8）：162-177.

化和精确化。对人类万分复杂的本性、思维、技巧、智能、交际等若干方面，缺少公认的精确测量工具，导致某一人群常用的体育行为模式难以简单复制与移植到另一群体。因此，对于动态演变的集体性传统体育活动态势，最好引入发展人类学的新理论。

## 三、具有“类”意识的身体运动参与式发展评估

康德认为，人类学如果仅仅包含广泛知识还不能真正称为实用的，“而只有当它包含作为世界公民的人的知识才能如此”①。面对体育文化研究，绝不仅是为了哲学思考本身，而是为了提高生活质量，是为了造福人类的应用。文化相对论有助于体育文化的比较评判，但最终要触及人的“类”意识。这是因为人类要做出行动上的共同选择，就得从文化目的出发，即考虑某种文化类型是否有利于人类的发展。尽管存在诸多差异，但人类毕竟是同一物种，有和谐相处的共同价值观，因此，在理论生成中，需要倡导尊重普世价值的“类”意识，把积极向善的人文精神融入理论构建。这样，才能弥补文化相对主义的欠缺。

### （一）理论生成——从结构、功能到深描、解释

田野调查的重要结果是理论生成。在初期的研究中，体育人类学受到功能学派的影响，大量田野调查结果表明许多原生态身体游乐活动并无体育意识与健身功能，将其视为“传统体育活动”系无依据的随意判定。中国研究者实证了“竞技早于体育”的假说；提出新世纪体育的社会功能“从生产到生活、从群体到个体、从工具到玩具”转变的观点；对“举国体制”的剖析，采用“结构—功能主义”的范式。大量“体育文化”研究，也多从器物、制度、观念的框架模式，从横向平面的结构层面来梳理相互之间的联系，这是很多体育人文社会学研究者熟悉的。功能学派领军人物马林诺斯基对中国的影响持续至今，体育界不乏推崇结构功能主义的研究者。

20 世纪 60 年代末，马林诺斯基的日记在其逝世后发表，给人类学界带来了一场地震。这位人类学家私下对当地土著民族的歧视性语言充满了愤懑与牢骚，与他生前发表的民族志中表达的田野工作中的愉快和对土著民族生活的赞扬形成鲜明对比。这就使人类学民族志的真实性和田野工作的可靠性受到了来自学界内外的质疑。人类学研究要往何处去？人类学究竟应该把自己定位为有一套明确评价标准的社会科学，还是因为达不到纯粹的客观性而变成一种观察

① ［德］康德．实用人类学［M］．邓晓芒，译．上海：上海人民出版社，2002．

和描写的艺术？方法的革命开始了，各种新的民族志写作方式如雨后春笋，人类学学者纷纷在其研究中探索新路。格尔茨的名篇《深描：迈向文化的阐释理论》就是在这样的背景下产生的。

格尔茨的论文是对人类学研究方法思考的新成果。他借用了赖尔用于心理学的“深描”一词，来表达对民族志的写作新要求。格尔茨尝试借助于自然科学模式建立一门人类学解释科学：“文化的分析不是一种探索规律的实验科学，而是一种探索意义的阐释性的民族学。对文化的真正解释工作，或者说民族志所要达到的目的，就是深描。”①

在当代人类学研究中，“深描”作为一种阐释人类学理论产生了广泛影响，使得被研究者的观念世界、研究者自身的观念世界、阅读者的观念世界在此间达成一种“视界融合”，生成一种“不同理解”，创造性地抵达被解释事物的本质深处。② 格尔茨建构了文化解释理论，他在明确文化概念的基础上，提出分析文化是对文化行为进行深描，最基本的特征就是解释，这种民族志有能力揭示具有普遍意义的问题。③ “深描”使文化研究方法获得创新，成为与跨文化研究一样与心理学有密切联系的视角与方法。

对地方性知识的阐释，是格尔茨对人类学创造性贡献的一大亮点。它使研究者可以把社会文化现象纳入地方性框架中解释；而法律就是地方性知识。格尔茨《地方性知识》一文，运用深描的经典方法，以事实与法律的关系为中心问题，对法律现象进行了一番考察，得出了与所谓的主流观点不一致或者说是大相径庭的结论。这对当代法律人类学发展具有里程碑式的重要启示意义。④

体育人类学可以学习和尝试采用这种理论，但也要注意到其缺陷和不足。“既然深描是一种对文化的解释，那么深描和浅描的分界点在哪里？何以评估一个民族志是深描还是不是？深描是否会变成作者的主观想象而与实际分离？对一个以解释为己任的科学，这些问题也许并不一定要回答，因为它们都是格尔茨所否定的实证科学模式下的问题，但是格尔茨认为解释人类学可以成为一

① 澜清. 深描与人类学田野调查［J］. 苏州大学学报（哲学社会科学版），2005（1）：46-49.

② Geertz Clifford. The Interpretation of Culture［M］. New York：Basic Books，1973.

③［美］克利福德·格尔茨. 文化的解释［M］. 韩莉，译. 南京：译林出版社，2008.

④［美］克利福德·格尔茨. 地方性知识——阐释人类学论文集［M］. 王海龙，张家瑄，译. 北京：中央编译出版社，2000.

个有标准、可检验的科学。遗憾的是，格尔茨在文中只是不断地否定各种可能的检验标准，并没有明确告诉我们他的检验标准具体是什么，换句话说，我们不知道一个具体的文本是否达到抑或超过了深描。”① 笔者根据在印尼巴厘岛的亲身体验，认为格尔茨描写的“巴厘岛斗鸡”并非体育活动，而是一种动物竞技的游戏，与当地男性在热带慵懒悠闲的自然环境与生活方式有关；没有发呆亭，可能也就没有斗鸡。在原生态体育活动的研究中，忽略其环境等基础物质条件而对其传统文化习俗心理的过度“深描”，可能难以获得准确的价值判断。

当前的体育人类学研究，大多属于基础层面的资料采集工作，更高阶段的研究尚未成熟和展开，大多只需要展现真实全貌，往往还涉及不到太深奥的理论，因而实证在现阶段尤为重要。对理论的借鉴，首先应以真实田野调查资料的实证分析为基础，尽量客观呈现研究对象的文化现象，然后才谈得上阐释。譬如，对体育运动形式的萌芽和凝聚，原始宗教尤其是巫术仪式如何起到了至关重要的作用，还没有多少达到真正民族志水准的现成资料，尚需大量的田野调查工作去实证；单靠在书斋里冥思苦想拼凑资料，难以得到令人信服的结果。笔者对黔东南独木龙舟的田野调查，通过苗族对“恶龙”态度的“地方性知识”进行“深描”，理解了这项活动独特的传统文化精髓，进而对“竞技早于体育”的理论生成提供了更为翔实的实证依据，也仅仅是尝试。

**（二）从古典进化论到发展人类学**

以往人类学的主流为进化论，体育界受“落后就要挨打”观念影响，对高水平竞技尤为倚重。达尔文的进化论在其诞生之初作为一种假说被提出，从19世纪以来，几乎变成一个公理，只能无条件接受。进化论的伟大在于：它揭示了地球上的生物是在适应生存环境变迁的过程中不断发生变异的；如果不能随着环境的变迁而发生相应的变化，则将遭到灭绝。尤其是生命进化的前期，“自然选择”“优胜劣汰”是客观存在的生命演化。不过，周而复始的生命演化具有诞生的始极与衰亡的终极，有起源和归宿的辩证过程，是进化与衰退对立与统一的自然过程，但达尔文的进化论强调生命进化的同时却忽视了演化中的衰退。况且，进化这种针对自然的说法，不宜照搬需要人文关怀的社会文化领域。

科学研究的新发现暴露了古典进化论自身的缺陷。在自然科学方面，现代

---

① 澜清．深描与人类学田野调查［J］．苏州大学学报（哲学社会科学版），2005（1）：46-49.

基因学和遗传学诞生后，对生物的基因及分子水平有了崭新的认识，简单观察同源器官的相同形态可能对应于完全不同的基因。进化论者回避了生命物质是如何产生的这个问题。古生物学凌乱的化石证据至今并未显示有物种间过渡类型的存在，按进化论组成的单线性谱系漏洞百出，得不到统一的结论。寒武纪生物大爆炸在短短的几万年内，几乎现在所有生物门类同时出现的现象是进化论不能解释的。在《物种起源》发表之际，达尔文自己也曾说："只有人类的进化，怎么都不可能用我的进化论来说明。"的确，从进化论的观点来看，人类的进化太快了，从 200 万年前的南方古猿到 5 000 年前的现代人类，人类脑容量迅速增加；而现代人类产生后，进化又仿佛突然消失了，人的脑容量几千年来基本未变。这个考古学的证据也动摇了进化论。

达尔文的进化论在生物学科领域发挥了重要作用，但斯宾塞提出了"社会达尔文主义"，把生物学中的遗传、变异、自然选择等概念引进社会学，进而把生存竞争作为社会发展的规律，混淆了人类社会与自然界的本质差异，直接干扰了人类对包括体育在内很多行为的人文判断。与斯宾塞同时代的赫胥黎，在其名著《天演论》中，提出"弱肉强食，物竞天择，适者生存"的观点，以此解释社会现象，被广泛推崇。社会达尔文主义以其共同由来、逐渐进化、自然选择、适者生存等基本原则和核心内容，在现代社会生活和社会科学范式理论中具有持久而强烈的影响力。社会达尔文主义是以上升时期的西方资本主义社会时代风潮作为支撑点的，随着西方资本主义的转型，人们对社会达尔文主义的虔诚信仰开始产生动摇与狐疑。① 社会达尔文主义将自然界的生存竞争规律搬到人类社会，公开主张国家之间、民族之间以及人与人之间的"弱肉强食，优胜劣汰"，这是一种恃强凌弱的"社会伦理"。

今天，可能很少有理论工作者自称为"社会达尔文主义者"，然而社会达尔文主义仍然在很多方面起作用。当今的国际关系中，强国极力争取霸权，弱国则以"落后就要挨打"这类口号激励国民奋进。人们经常简单地使用社会达尔文主义来反对任何形式的普世道德和利他主义，利用达尔文主义的自然淘汰说来反对救助弱者及反对联合与双赢和多赢的对策等。②

古典进化论遭到一些学者的批判，还有一个重要原因是，这种理论将世界

---

① 罗秋立. 历史唯物主义人类学社会达尔文主义社会批判理论［M］. 北京：人民出版社，2008.

② 武觐文. 批判社会达尔文主义是在颠覆进化自然观［EB/OL］.［2014-01-30］. http://blog.sina.com.cn/s/blog_4736ffea0100cbm1.html.

上各种文化按照某种等级进行高低贵贱的划分；而人类学的文化相对论则认为文化没有高低之分，各种文化都是平等的。问题是，文化固然不分高级与低级，但文化对不同地域、不同时期、不同人群的作用是有差异的。在体育竞技场上以运动技术水平的高低彰显意识形态优劣，以金牌多少暗示民族贵贱，这是古典进化论和社会达尔文主义给体育观念带来的负面影响。古典进化论只是片面强调演化，没有看到进化中存在着衰退；科技进步给人类带来巨大的便利，但其中也存在负面影响；人类在经济繁荣中忍受环境的恶化，在金牌争夺中忽略了大众的健康；人类社会各群体的交替发展，现实与达尔文学说的“优胜劣汰”的直线竞争发展相悖；当代具有“后发优势”的“金砖国家”各领风骚的现状颠覆了“优胜劣汰”的单线进化观。

今天，中国已把发展生态文明提升为国家目标，转变体育发展方式，应该进入生态文明的发展轨道。因此，展开对民族体育活动原生态环境的数据采集，对保护民族传统文化的意义重大。对中国体育文化的研究，应该立足于如何促进中华民族身心的全面可持续发展。更多地接受生态人类学理论来推行当代体育的生态化，就是利大于弊的途径。

近代中国比西方落后得太多，这是历史事实；但中国改革开放以来发展得比任何国家都快，这也举世皆知。中国人不会在西方的道路上亦步亦趋，在政治、经济、文化甚至体育上都可能有自己的发展道路。我们接受西方体育蕴涵的科学价值，是为了更好地走自己的路。对中国体育而言，发展也是硬道理。体育人类学从进化论中汲取了营养，把自己学科进展的视野转向发展人类学。

发展人类学是将国际发展与国际援助视为主要研究课题的应用人类学的一个主干分支。发展人类学家同样要以田野工作为主要考察手段，判断、确认和分析不同场景中的文化与发展的关联程度，并在此基础上获取地方性知识和经验，从而提供可资决策者参考和借鉴的依据、信息和建议。人类是大自然中的同一个物种，不同的国家需要互相帮助以求共同发展，体育人类学研究者更清楚这一点。体育人类学的研究主张认真分析人类的身体在自然界发生的不可逆转的变化，在“劳动”产生以前，两足直立行走的人体结构形态已经不同于任何动物，由此产生了任何动物都没有的体育萌芽。体育人类学从劳动方式的变化中分析经济发展与体育成熟的关系，得出“从生产到生活”的结论，也是纵向研究当代体育社会功能转变的结果。难怪发展人类学家纳什将田野工作重新定义为：“参与观察和广泛发动的结合。”① 无数个体联合成家庭、构成民

---

① Nash J. In the Eyes of the Ancestors［M］. New Haven：Yale University Press，1970.

族和社会；不同民族的社会发展趋势，最终将实现全球化整体的联合。而未来的体育方式，倡导生态化户外运动休闲的参与式发展，必然是全球性、整体性发展生态文明的有机组成部分。

**（三）借鉴发展人类学的 PRA 方法**

从整体看，体育学是一门应用学科，其理论生成的依据，必须是基本的事实。适用于所有人的体育规律解析，是最有普遍意义的体育理论。如何动手获得体育研究之后的新成果，是每一位研究人员面临的头等大事。

20 世纪 70 年代，人类学理论已经有相当的积淀，如结构主义主张任意的开放式采访；文化唯物主义的主客位研究法强调了研究对象和研究者两种视角的不同；解释人类学注重地方性知识与当地人意见；情感人类学强调了调查者与被调查者相互理解和相互交流的重要性等。面对世界各群体经济文化发展的不平衡问题日益严重，发展人类学家提出了“参与式发展”理论，人类学随之进入了促进人类共同进步的新时代。到 20 世纪 90 年代初期，随着一些主要的国际援助机构的援助重心和发展重点的转移，参与式发展方式在全世界范围内真正兴旺起来。国际组织在中国所资助的项目，也通过参与式发展取得了较好的成效，从而引发人类学研究方法从参与观察到参与发展的转变。

参与式乡村评估（PRA），作为针对某一特定区域的微观方法，强调共同参与、尊重当地人和互相分享知识的工作态度，增强了当地村民的自信心和参与意识，用当地多数人的标准来评判事物，增加了获得信息的可靠性，证明了获取信息不只是研究人员单方面的事情。PRA 方法弥补了传统的调查方法（如参与观察法、访谈法、问卷调查等）的不足，调查者在调查过程中不再使被调查者处于被动的地位，而是作为研究的合作者和实施者，这就激发了被调查者的积极性。PRA 方法为被调查者提供了在轻松气氛中进行交谈的途径，这一方法把谈话建立在当地人的思维方式、思想观念和认识水平之上。其目的并不仅限于探索问题，它可以使被调查者主动地参与到对自己已知问题的探讨和讲述过程中去，从而使他们感到自己并不是一无所知的、消极被动的被调查者，而是通晓事理、积极主动、有能力讲明并改变自己处境的主人翁。这些设定非常有助于建立调查双方的良好关系。①

作为一种快速收集农村信息资料的新方法，PRA 可促使当地人不断加强对自身和社区，以及环境条件的理解，与发展工作者共同参与提高他们生活状

---

① 周大鸣. 人类学田野调查实习（第四章）快速了解调查点概况——PRA. 中山大学电子教案.

况并一同制订计划的步骤和方法，在世界范围被广泛应用于农村发展项目当中。20世纪90年代，PRA方法被引入中国，主要应用在一些国际发展援助项目的规划、设计及实施中。实践证明，较之传统方法，PRA方法具有难以比拟的优势，因而逐渐被广泛认可。目前，我国几乎所有的国际发展项目，尤其是农村发展项目中，都要求应用PRA方法。体育人类学学习这种方法，可以使过去对研究对象“是什么”的简单外表描述，转向“怎么办”的发展方向性的应用路径设计；而且，在形式上的最大获益，可以快速完成调查以缩短周期。

大多数情况下，PRA方法的采用往往是由外来的工作人员发起。但运用得当时，能促使当地人自己担当起评价、分析、实施、监督和评估的工作。其最突出的特点是工作的全过程都强调当地人的参与，从而使结果更易于被接受并具可操作性。这一点，使体育人类学在研究民族传统体育的发展时得到重要启迪。PRA工作的核心，需要真诚和广泛地听取农民的意见；在工作中注意尊重社区成员，对社区成员的表现感兴趣；谦虚而热情地鼓励社区成员的表达，耐心听取意见，忌用自己的观点诱导或打断对方。①

PRA方法的基本原则是：建立伙伴关系；尊重乡土知识和群众的技术、技能；重视项目过程，而不仅仅是结果。从某种意义上来讲，PRA不仅是一种开展农村发展项目评估的工作方法，更是一种能够实现“从群众中来，到群众中去”的思想。这对于东方文明原生态身体活动的研究者，尤其是身体运动的非物质文化保护与传承尤为实用。

体育人类学学习PRA工作的基本流程：应该根据项目计划确定工作目标，然后组建包括项目相关各学科专家的工作团队，出发至目的地深入田野，与当地政府工作人员及原住民一起展开调查，了解原住民需求并根据这些需求确定项目计划，经原住民确认后加以修订，最终确定项目计划。实施项目，确保原住民继续参与并分享利益，一段时间后，再根据需要进行回访确认。

PRA方法在体育人类学中的应用，最大的好处是快速高效。它不仅有利于传统文化的保护，还能与原住民一起对民族身体文化的传承共谋发展，更有利于体现民族体育多样性的人文价值。不过，PRA方法主要用于基层的经济发展，而体育人类学面对的往往是原生态的文化传承，不能完全照搬，需要改良创新，才可以在实践中发挥最佳作用。

---

① 张实. 参与性农村评估在民族调查中的意义及运用 [J]. 思想战线, 2001 (3): 88-90, 100.

作为一门新兴学科，体育人类学的理论与方法尚处于探索阶段。在体育人类学大规模综合性研究中，有些案例已经开始把多种方法聚合在一起加以尝试。譬如，研究身体运动对原始文化形成的影响，选择最佳对象是居住在中国西南横断山脉“氐羌-藏彝走廊”上的各族人群，采用生态人类学的观点，以进化论的视角从体育与宗教的萌芽中纵向探讨身体运动在原始文化中的作用，通过巫师的“东巴跳”到东巴舞谱记录，再到对东巴文字构建将产生一系列研究结果①；按结构学派的技术路线，对邻近的类似图画象形文字，如达巴文、沙巴文、古彝文、巴蜀图语乃至甲骨文的比较，可以使用跨文化研究的方法；而创新的动作分析法对于其中典型身体动作进行文化符号的“深描”，有望揭示人类日常的身体运动在特殊的生态环境中对原始文化形成的作用。如果体育人类学的身体运动对原始文化形成的研究案例延续和扩展，其理论意义和学术价值难以估量，甚至可以延伸到世界范围的原始巫术形成、艺术萌芽、古文字起源等重大研究领域。这是体育研究对外辐射的创举，不仅超越了某一个群体的局限倡导“类”意识，并把理论构建的触角延伸到为人类探索共同文化财富的创新领域，其成果的学术价值可以升华到以往体育人文社会学研究无法企及的广阔空间。

---

① 向有明，赵国炳，胡小明，等. 身体动作与文字形成的双向实证研究 [J]. 体育科学，2013，33 (8)：162-177.

# 第四章　调查原生态体育活动的田野工作法

千百年来，我国众多世代流传的体育民俗活动并未与现代体育沾边，直至20世纪30年代，中国人类学家制定《全国风俗调查问题格》，仍然把“投壶、耍石锁、耍石盘、射箭、跑马、打武、高跷、竹马、龙船……”等归为“生活习惯”门类中的“游戏与娱乐”。① 20世纪50年代初期，武术等身体运动被称为“民族形式体育”；改革开放以后，以编写《中国大百科全书·体育卷》为标志，这一类传统文化长期浸润的身体运动被认可为“民族民间体育活动”；至21世纪，作为体育人类学的重要研究对象，仍然融混了祭祀、择偶、音乐舞蹈等原始文化因素，因此称原生态身体运动较恰当。

对这些产生于西方体育内容之外的身体运动，采用从一般到特殊的演绎推理方法似乎顺理成章，但传统文化参照的大前提很难选择，也鲜有新知识、新观点和新理论出现，其结果往往如隔靴搔痒，难以创新和应用。因此，通过对这些民族传统文化特殊现象的系统观察引出一般性结论，选择部分样本进行非完全归纳推理，获得新鲜有效的真实信息，可能是更好的办法。这样，我们的目光就要关注到人类学最富有特色的方法——田野工作法，即田野调查或实地调查的方法。采用这种方法进行研究，既是人类学家的专业标志，也是体育人类学研究方法的主干。在体育研究中应用田野工作法，可保留其与众不同的优点，并根据研究身体活动的特点而对其具体运用的环节加以改进。

体育人类学的田野调查属于实证研究法，因此也需要遵循实证的基本步骤，即：首先确定有价值的研究对象，选中的问题应该是通过收集田野资料能够解决的；分析特殊身体活动的构成因素、辐射关系及影响因素，并分类相关的事实资料；设定某一理论所使用的条件，剔除复杂因素里的非主要影响成分；然后提出理论假说，即对于现象进行经验性概括和总结得出未经证明的暂时性结

① 凌纯声，林耀华. 20世纪中国人类学民族学研究方法与方法论［M］. 北京：民族出版社，2004：75-80.

论；最后是用事实检验其正确与否。在这样的规范轨道中，体育人类学的田野调查才能够显示出自身的务实特色。

在认真汲取文化人类学和体质人类学精华的同时，体育人类学也在不断创新。当前，欧美的体育人类学并未取得重大进展，日本体育人类学的主要研究内容仍然运用文化人类学研究民族传统体育活动，但中国的体育人类学已拓展到验证体育基本理论并涉及文化研究领域，改良、发展和创新文理融通的身体动作分析法等实证方法。这种方法是连接自然科学和社会科学的桥梁，也是体育人文学科最具有客观科学价值的研究途径。

## 第一节　多学科集中介入的短周期专题性田野调查

田野工作的里程碑是英国学者哈顿于 1898—1899 年所领导的托列斯海峡探险；而真正具有理论生成意义的田野调查来自“美国人类学之父”博厄斯；20 世纪初英国功能主义学派的主要代表人物马林诺斯基和拉德克利夫-布朗则把田野调查提高到了一个规范化的高度。今天，这种经典的人类学研究方法大多成为文化人类学的必要方法，而结合体质人类学的综合研究却越来越少。体育人类学研究尤其是对原生态身体运动进行田野调查时，有意识地恢复人类学文理融通的传统，在发展的层面上积极运用生物学科以及研究人体运动的各种高新技术手段。

### 一、调查原生态体育活动需要多学科共同介入

田野调查是通过勘测、询问、交谈、观察等手段取得所需的研究资料的方法，人类学家在研究灵长类动物时也采用田野调查方法。尽管田野调查多用于文化人类学的研究，但并不排斥基本的体质人类学方法的介入。体育人类学的特点是以身体运动为基础的文化研究，在这类研究中，首先需要判断其体育属性，而人体形态、机能的变化是证实体育效果最基本的指标，然后才能分析其体育意识并对其后天习得过程进行文化研究。这不仅需要体质人类学和文化人类学的综合介入，还需要相关的多学科参与。中国的体育人类学田野工作在 20 世纪 90 年代就开始多学科专业人员共同参与①。

---

① 胡小明，邓廷良，刘建和. 关于藏族参与奥林匹克竞技的人类学研究 [J]. 成都体育学院学报，1994，20（3）：6-11.

田野调查虽然崇尚客观，但其基本内容是“参与观察”，其标准开展路径主要是透过参与观察了解当地人的观点。在参与观察的过程中，主、客观的角度很难把握，因此它是否是一种科学的研究方法也存在着争议。有批评者认为，参与观察方法作为一种研究方法，其程序并不明确，其观察是无系统的，得到的资料难以用数量表示且往往缺乏信度，它的研究结果也无法重复。直接观察无法保证绝对客观，因为人类学家本身也容易受到自我偏见的限制。这些不足，提醒体育人类学应该尽量利用体育研究长期深度依赖的庞大生物学科群的宝贵经验，倚重身体运动的客观数据材料来说明其真实变化情况，在体育人类学方法创新中尽可能用亲手测量的数据来弥补传统参与观察方法的不足，将对研究结果客观真实性的质疑削减到最低。

参与观察是否客观并符合科学性，与研究者是否接受过专业的训练有很大关系。我国的教育模式是学生在高中阶段就文理分开，受过高等教育之后的民族学、人类学工作者大多不具备有关人体生长发育的专业知识，很难涉猎体育人类学研究。我们都知道，具有理科知识结构的人转向文科研究相对容易——如早期人类学许多大师均是理科出身，而仅有文科基础再去研究理科就难度甚大。体育人类学的优势在于，体育专业的学生经过解剖学、生理学等生物学科的必修课程学习，对自己需要研究的人体及其动作的客观科学性十分清楚明晰，再增修一些文化人类学专业知识即可投入研究。体育人类学针对某一项原生态身体运动的田野调查，在开始进行研究时便很清楚自己的客观研究立场、所需人员的学科背景、联络访谈对象的人际脉络等。为使体育人类学的研究方法具有客观性并符合科学性，需要对身体运动的一切相关信息进行详细记录，描述田野工作中的一切事项。而且，在组建团队时就要考虑能够测试和评估体育效果的生物学科专家，研究历史文化的学者，了解民族、宗教和当地语言的特殊人才，形成多学科共同参与的考察队。

体育人类学的“参与”，就是调查者“亲自在场”直接面对调查对象，对需要研究的体育活动耳闻目睹，获取第一手资料。近年来，体育界出现了一种到实地走马观花逛一圈，几乎没有带回任何第一手材料就侈谈借用“田野调查”研究了“体育文化”的做法，这是对田野工作的曲解。研究者需要亲身前往某个社区，参与当地人的体育活动，把握当地年度周期中传统身体活动的基本过程，按科学程序采集数据，从而收集有价值的信息资料。这种资料，不是书本知识，而是自己根据观察，在实际经验的积累和提炼中了解的有关体育活动的真实情况记录。体育人类学增加了针对身体状况和活动环境条件方面的量化指标的测试和记录，可以重复检验其科学性，从而增加明确而系统的科学研究成果的可信度。

体育人类学不是旅游观光，到“田野”去是要“工作”的，必须动手进行调查。体育人类学特别注重研究人类的一些特殊身体活动，而这些身体活动往往仅存于偏远的少数民族聚居区，由于相对特殊的气候条件、地理环境和生存状态，导致了特殊的身体活动内容、表现形式和运动器械的不同。田野调查的要素是有准备、有过程、有亲手收集的素材。把文化和体质、质化方法和量化方法进行分野，根据不同传统体育活动的研究特点予以侧重。对某一项传统身体活动性游戏的调查，体育界如果仍然沿袭过去单纯描述活动本身的片面性直观调查方式，很可能会抹去这项活动原生态环境的初始数据，使后人无法再对其分析研究，变异后的活动将难以复原。因此，体育人类学的参与观察，提倡在最短时间尽快获得第一手材料，并与动作分析、体质评估、环境器物的测量和记录结合起来。①②

## 二、短周期获取真实素材压缩时间成本

奔赴实地参与观察的田野工作途径，是人类学最有特色的研究方法，也是收集第一手材料的最基本方式。对一项有价值的身体运动进行参与性研究十分必要，需要研究者持续主动地深入到一种文化的内部。“随着人类学研究的深入，超越百科全书式的田野调查方式就成为必然，需要在某一问题上有更细致的调查和更深入的理论讨论。于是，就出现了在当代人类学研究中应用更多的专题式调查的田野工作模式。”③ 由于体育人类学不同于一般人类学为了解某一陌生人群文化生活形态而对其必须进行百科全书式的整体调查，体育人类学主要是研究身体行为短期专题性事件，因此不需要以全年为一个周期与被调查人群居住在一起。即使面对复杂的文化现象，也要剔繁就简，围绕身体运动逐步展开。体育人类学的调查时间缩短，但需要集中测量、记录与身体活动处于同时段的环境器物，所以必须事先准备尽可能详细的提纲和表格，事先做好充足准备将使调查时间大为缩短。

---

① 胡小明，杨世如，夏五四，等. 黔东南独木龙舟的田野调查——体育人类学的实证研究（一）[J]. 体育学刊，2009，16（12）：1-8.

② 胡小明，杨世如. 独木龙舟的文化解析——体育人类学的实证研究（二）[J]. 体育学刊，2010，17（1）：1-9.

③ 凌纯声，林耀华. 20世纪中国人类学民族学研究方法与方法论 [M]. 北京：民族出版社，2004：75-80.

例如，英国人类学家马林诺斯基原本未准备一次做几年时间的调查，当他正打算尽快按文化项目列表搜集资料、展开短期田野调查时，恰遇第一次世界大战爆发，因而困在新几内亚长达数年之久。他利用这段时间从事比先前的人类学家更加密集而细致的田野工作，并于 1922 年出版了倡导长周期的田野工作研究取向的民族志经典《西太平洋的航海者》。他因偶然际遇而创建的研究规范，使后来的人类学家亲赴当地与土著生活，以长周期方式进行文化的研究与记录。

按田野调查的基本规则，首先是选择特定社区掌握当地语言，然后进行一年以上的现场调查，亲身参与体验，最终达成客观的认识。一个多世纪以来，来自欧美人类学家的宝贵经验成为人类学田野调查的经典，因为要全面了解某一群体一年四季生活状态，所需的周期很长，一般需要一年以上；过几年往往还需要复查，其耗费的时间、器材及各项经费开支，是体育研究者难以承担的。换言之，以一年以上时间为周期的人类学田野工作，在体育研究中几乎无法展开，如果按英国皇家人类学会《人类学的询问与记录》的相关章节中对田野作业的语言要求和一年调查周期的时间要求，体育界的研究者无法达标。

其实，发展人类学早就在压缩调查时间方面做了有效的尝试，所推行 PRA 方法，值得体育人类学借鉴。20 世纪 70 年代以后，参与观察法被应用人类学家改造为一种更为科学和精细的方法——参与式方法，它是指发展主体积极地、全面地介入发展进程或发展项目中有关决策、实施、管理和利益分享等过程的一系列方法。这些学者的重要贡献，是对人类学传统的长期田野调查方法加以改进，创造出了适应项目需要的快速田野调查——参与式乡村评估。PRA 方法的前身被称为快速农村评估法，最初只是泰国的一群学者放弃了传统调查所需的问卷、提纲和研究假设，通过向农民学习来了解当地农民不愿接受绿色革命的研究方法。PRA 方法的最大优势是快速，与传统的田野调查方法相比具有时间优势，可以迅速了解当地的情况及群体意见。

PRA 方法的长处在于调查速度快、调查范围广、信息量大等，这是传统的人类学田野调查方法所无法比拟的。缺点是调查者由于与对象所处的时间短，双方的信任感不如参与观察法强，从而会在信息获取上大打折扣。为了弥补这一缺陷，PRA 方法也采取了一些措施，如强调调查者与调查对象间伙伴关系的建立，创立轻松和谐的访谈气氛、做到“促膝谈心”等。从某种程度上来说，参与观察法等人类学传统的调查方法是 PRA 调查的基石。PRA 方法是一套综合的调查方法，各种工具互相支持，所得资料也可以互相印证，这种设定在相当程度上弥补了由于时间短而带来的不足。因而，在调查中应该尽量综合运用多种调查工具，并在分析阶段综合考虑所得资料。①

体育人类学的田野调查在压缩时间上充分汲取 PRA 方法的优势，根据身体运动的研究需要对其具体内容加以简化改造。就现实需要而言，体育人类学的田野调查，并不是为了撰写一部包罗万象的普通民族志，而是专题深度调查，大多是针对某一项局限在很短时间内进行的具体活动。调查目标不是为了了解某一人群的生活全景，而主要是为了了解某种身体运动的具体情形；不需要撰写一部面面俱到的大部头民族志，而多是以调查报告的简练形式完成一部运动项目志。这种活动大都集中于少数民族传统体育领域，其特点是活动周期短，一般只有一天到几天，加上准备阶段与收尾期间的调查，需要到实地考察的时间，至多十天半月，就可以得到全面而清晰的真实材料。这个特点，使体育人类学的田野调查在所需时间上大大缩短。

体育人类学的调查者除了因了解与身体运动有关的内容而进入当地人的家里，其余时间多在户外，一般不需要与当地人同居一室。其实，西方人类学家的田野调查，住在当地人家中也并不是必需的。譬如，马林诺斯基在调查新几内亚的特罗布里恩德群岛时，他在这个岛上的一个村子里单独搭了一个帐篷居住。1973 年，柏尔图夫妇在研究了 51 个人类学家的田野调查之后发现，他们在田野作业期间，大多是租住当地社区的房子或公寓。因此，体育人类学的“参与”，并不一定与当地人同吃、同住、同劳动，而主要是亲身参与到有关身体运动的现实场景中并进行观察、访谈、测量和记录。

事实上，在我国的本土化的田野调查工作中，因为语言、习俗、劳动方式等无须花费太多的学习时间，以及交通、通信条件的改善，人类学的前辈们已经把单次调查的时间大为缩短，如费孝通回国后为了与《江村调查》做比较而在云南禄村作调查，第一次调查时间从 1938 年 11 月 15 日到 12 月 23 日，第二次调查时间从 1939 年 8 月 3 日到 10 月 15 日，挨家入户调查，统计各种数据，最初油印，再出专刊，反复修改增删，最后出版了《禄村农田》一书。②

相比之下，体育人类学的田野调查对象和内容单纯得多，民族民间传统体育活动尤其是少数民族的竞技游戏，大多都是在固定的节日集会举行，调查人

① 周大鸣．人类学田野调查实习（第四章）快速了解调查点概况——PRA．中山大学电子教案．

② 费孝通．禄村农田［M］．上海：商务印书馆，1943．

员提前去了解准备情况并晚走几天搜集扫尾的材料，前后不过十天半月，属于时间很短的专题性研究。比起人类学百科全书式的以年为周期的传统田野工作，体育人类学在调查内容方面实际可以大为压缩，所花的时间与经费相应减少很多。当然，体育人类学的田野调查并非因为大大缩短时间、降低成本，就可以变得轻而易举；相反，在很短的时间内要获得足够的素材并进行体育理论观点的创新，必须集中多学科优势力量，在前期准备与后期分析的过程中花费更多的时间和精力，才能获得有价值的成果。

人类学家为了提高参与观察的准确性，往往通过重返田野的方式观察曾经的研究结果，把自己过去的观察结果加以检验，反省研究者和研究对象之间的关系，对形成的论点进行修正和补充。在体育人类学的田野调查中，应该倡导对已形成习俗而定期举办的传统体育活动，进行单次短期、多年积累的长期跟踪复查，以观察身体运动的变化情况；而且，还需要把首次测量到的数据加以复核，以观察其发展变化。这种多年短时间返回调查现场的做法，其实是历时态研究（主要是对单一区域或课题作纵向的研究）和共时态研究（主要是对不同区域或课题作横向的研究）的结合，使体育人类学的单次短周期调查方式仍然能获得足够的客观素材。

尽管体育人类学的田野调查在 PRA 方法的启迪下大大压缩了时间，但与人类学的参与观察步骤仍然保持基本一致。除了需要遵循人类学田野工作参与观察与深度访谈的常规方法，体育人类学强调结合体质人类学和文化人类学的综合考察，需要特别注重前期准备工作以便调查者尽快与当地人克服彼此之间的隔阂和疑虑，在短时间内把专门问题了解清楚，仔细倾听当地人的意见并尽快归纳整理，其余工作待后续再集中已有资料进行身体运动的跨文化比较，以综合新方法形成发展观点或规划意见。

## 三、根据专题制订实施方案

凡事预则立。得知一项民族传统体育活动时，研究者首先需要判断对其进行研究的意义、价值和可行性。确定它值得进行田野调查后，再对自己的时间、精力、经费情况加以判断；如果条件均已具备，则必须根据所选择的专题制订一个尽可能详尽的方案。

由于是短周期的集中调查，在选择田野点之前必须有清晰的专题。确定选题与自己的志趣和能力相适应，能够明确显示出研究结果的价值，再去选择与所选专题相关的、有可进入性的典型调查点。根据田野调查工作常规，进入田野前需要进行各种准备工作，包括：了解与调查点相关的地理、历史、现状和前人研究知识；考虑调查队伍的组成，组织与主题相关的专家参与，一般由熟悉全面情况的项目负责人担任组长；根据当地的气候情况、地理环境和调查时间的长短，准备测量仪器等调查设备、摄录器材、常用药品、打印好的表格和文卷、个人证件及生活用品。最后，在出发前要注意调查者的身体情况是否能够适应当地状况等。这些，都是根据专题制订实施方案的基础。

以下，是笔者通过多年的实践经验，总结归纳的体育人类学田野工作的准备事项：

**（一）相关资料的搜集准备工作**

了解调查专题具有代表性的区域，搜集相关的地理和历史资料，把握研究对象的文化背景，根据地图来选择范围、路线与日程。

一切科学研究都是在前人基础上进行的。任何研究几乎都需要查阅文献。了解前人的调查研究成果，检索国内外电子论文库，结合图书馆和阅览室的专业刊物，最好能写出文献综述，分析不足之处和切入点。调查者如果参考或利用了前人的调查研究成果，则必须在自己的调查报告中详加注明。文献检索对于研究生的学位论文选题有特别重要的意义。

到当地图书馆查阅地方史志，特别留意只有在当地才能见到的特有文献资料，包括博物馆档案、展示室收藏的展品、村寨祠堂及寺庙的碑刻、活动场所的环境、原住民生活中的其他图像符号及器物……在其中寻找传统身体游戏的内容及传统运动器械等。

**（二）制订调查方案及表格**

调查方案，就是把即将要进行研究的考虑和打算写下来。拟定一个好的调查方案非常必要，这既是为了申请经费，也是为了明确自己在今后调查工作中必须遵循的目的和计划。

调查方案要包括以下内容：调查地点及对象、调查日期和预计的时间长度，调查课题及其理论、现实意义，自己具备的条件及准备如何进行调查。既要包括必要性，也要包括可行性。前人拟定的调查提纲或问题表可供借鉴，在国内外学者介绍民族志工作方法的著作中亦常附有调查提纲或问题表。如马林诺斯基的《文化表格》（原文见费孝通译《文化论》附录，现又收入《吴文藻文集》），但要避免照搬，应该按照自己的专题修订使用。

田野工作的过程，是透过研究者的参与观察及对当地人的访谈，调查得出符合科学性的民族体育志。准备工作包括：打印身体和生态环境测量表格、访谈问卷，手机的地图导航、笔记本电脑或智能手机日志；选择食宿点、安排生活和调查步骤的日程安排，整理后打印分发；摄影录像器材装备、药品及生活物品的购置携带计划清单，并由专人负责。

**（三）集中研讨和人员培训**

完整调查队伍的组成，视活动规模和工作量的大小，一般需要身体运动测量与评价人员、深度访谈人员、影像摄录人员各一名及以上，加上熟悉当地情况和语言的向导和司机等，以 4~8 人为宜，一辆或两辆车；如小型活动且研究者可身兼数职，人员可尽量减少。

语言学习与准备，对于专业的人类学家很重要。但能够完全使用异民族的语言与调查对象交谈只是一种理想模式，体育界只有极少数人能做到这一点。在此情况下，可以通过翻译或是使用彼此相通的其他语言（如普通话），来完成调查的预期目的。目前，在国内的大部分少数民族地区，很容易找到懂普通话的中青年做向导，也可以在当地学校邀请有兴趣的教师，如能邀请到体育老师更好。

有关一项传统身体活动如何运行的体制机制的调查，往往由于缺乏直观现象而调查难度较大。出发前集中进行专业培训，统一规范测量标准和问卷记录要求，讲解计划安排和工作要点。最终的调查报告需要署名者是熟悉研究计划并参与全过程的人员，其余人员可在致谢词里提及。

## 第二节　作为文化符号的身体动作分析法

当我们看到一种身体活动，往往凭经验从外在形式上去判断它是否为一项体育活动。体育人类学提醒我们注意客观的事实，更要倚赖所下结论的依据。体育活动，是人类具有体育意识、通过经常性的身体练习，达到提高身体运动能力的具体目标的文化教育过程。体育人类学的田野调查，应该充分反映体育的学科特点，并建立在体育效果测量与评价的基础上。

不少研究者学习人类学与社会学的传统方法，只把重点放在访谈问卷上，至多再拍摄一点影像资料，结果收效甚微甚至对体育效果一无所知。体育人类学独创的身体动作分析法，可以获得其他学科难以企及的学术成果。

### 一、表达体育性质及学科特点的测量评价和动作分析

对身体健康状况尤其是对身体运动能力的测量与评价，是体质人类学方法在体育人类学中的具体运用，但在当代学科分类中，我们将其归于医学和理学的范畴，作为纯粹的自然科学来对待。其实，体育人类学的测量方法是根据体

育的特点而形成的，是为了在客观可重复检验的科学数据中证明人类对身体发育的文化创造力，蕴涵着人文关怀，具有不同于其他学科方法的独特价值。体质人类学方法是为了明确测量人体的某一部位，而体育人类学是为了证明经过体育活动前后的人体部位“发生了什么变化”。譬如，体质人类学注重人体的骨骼测量主要受先天遗传影响，而体育人类学注重身体的围度则是与身体运动对肌肉发达与否有最直接的关联，后天习得的文化影响甚大。影响身体健康的因素也不仅是自然环境，包括饮食、卫生、体育在内的生活方式等社会文化方面的影响往往更大。

面对一种身体运动，如何确定它是否为体育运动呢？除了参与观察和深度访谈时注意记录这种活动有无体育意识及日常锻炼外，最客观的办法是根据身体运动的效果评价其体育属性。因此，为了判断某种活动的体育属性，必须直接从参与活动人群的身体测量中获得数据，以检验其体育效果。

体质测量与评价，对体育专业师生而言，是一门很熟悉的课程。体育人类学的研究人员对人体形态和机能的了解，可能仅次于专业医务人员，这就比其他领域的研究者在判断研究对象体质状况方面更具有优势。以往针对身体的各种测试标准都有明显的非体育因素的影响，如“劳卫制”是从有利于劳动与国防的角度出发，青少年体质与健康标准、国民体质监测等许多指标变化与遗传、营养、医学的影响有关。体育人类学认为，身体形态（主要是围度）和机能（主要是心肺功能）能反映身体运动能力的改善；如果能结合所研究的身体运动进行测量，就可以显示体育活动最基本的效果。以此为基础，才能检验其体育属性，研究工作才能辐射到其他领域和层面。体育人类学从身体运动对人类发展的角度出发，淡化影响身体的其他非体育因素，通过科学的测量与客观评价，而较为纯粹地反映体育性质和体育效果。在交通不便的偏远地区进行体质调查，需要特别注意保证田野调查的量化指标科学规范性。当少数研究人员进入陌生地区，以小样本、低成本的快速测量获取实证性的关键数据，测试器材数量必须尽量精简。要事先考虑到调查对象的状况，消除其戒备心理，解决农忙与调查时间冲突的矛盾等。

体育人类学的田野工作主要针对在很小范围内某一项特殊身体活动遗存的调查，虽然不像传统人类学调查那样常年全面展开参与观察，但要求在活动周期内集中体质人类学和文化人类学的综合优势，浓缩完成大量获取第一手素材的工作，因此需要设计对身体运动能力测试简便统一的方法。其中，把运动生物力学的人体动作测量方法加以改造创新，将作为自然科学对象的人体动作置换为身体文化符号来分析其性质，成为体育人类学独特的核心基础方法，以此延展出各种技术路线。其中最重要的是，体育人类学需要借助生物学测试方法的科学性，把人类的身体运动分解为可转换为文化符号的具体动作。

2012 年 2 月，体育人类学团队在研究滇西北“东巴跳”与“东巴文”的田野调查中，首次采用了根据原生态身体运动研究的实际需要而设计的“双向实证”技术方法，为研究原生态的身体运动对古文字形成的作用开拓出科学的新路径。这种方法把原来应用于自然科学研究的实验性检测方法改造为身体动作文化符号分析法，对动作分析进行了创新性运用。即研究团队先拍摄纳西族数十位东巴的祭祀动作全过程，再选择 84 岁的东巴大师何知本逐一示范，请东巴本人对其典型动作筛选辨认，然后描画书写出标示其含义的东巴文字，与东巴经书（东巴舞谱）上的文字符号相对应；反之，从东巴经书上选择的标记身体动作的文字符号，请老东巴还原成一个个具体的动作。这样来回反复的双向实证过程的推演，为发生学意义上探讨文字起源开辟了崭新的路径。使用这种方法的目的是为了揭示身体运动与文字符号的联系，重点在确定不同动作与不同文字标示符号之间的联系，因此可称为“实证文化符号形成的动作分析法”。

2012 年农历三月初五东巴院“第 12 届东巴法会”宁蒗地区手持刀剑的东巴跳

2013 年春季，在对桂黔交界处侗族传统祭祀“抬官人”的田野调查中，体育人类学团队再次采用身体动作分析法，根据新的研究对象重新设计出身体动作形态表意分类调查表，先把原生态的巫术仪式表演进行典型动作截图，之后进行“巫术、舞蹈、武术”等不同性质的分类，然后再进行数理统计以寻求相互关系的确切证据，从一个全新的角度去证实原始宗教对体育运动形式（如武术套路）及艺术表演形式的萌芽催生作用。使用这种方法的目的是为了证明舞蹈和武术的萌芽都蕴涵在浑然一体的原生态巫术之中，重点在同一套路动作里辨析出不同性质的微小差异（萌芽），因而可以称为“跨文化比较的动作分析法”。

2013 年端午节柳州市三江县高岩村“抬官人”庆典

体育人类学的身体动作分析法，根据不同的对象和假设，可选择从具体性前提到普遍性结论的归纳推理方式、从具体性前提到具体性结论的类比推理方式或从普遍性前提到具体性结论的演绎逻辑推理方式，一定要注意时间、地点、场合、范围的适用性。它作为一种独具特色的研究身体文化的技术方法，今后还会针对不同的研究对象发展出一些分支性新方法，随着根据不同研究对象的具体运用，将在田野调查中显示其越来越重要的价值。

## 二、身体运动影像的完整记录及双机位拍摄

体育人类学的影像记录与分析是影像人类学与运动生物力学测试方法相结合的产物，在案例的客观形象中寻找体育价值，确保身体文化遗产的客观素材，在研究人类的身体运动方面具有举足轻重的独特作用。

影像记录可以借鉴图像信息科学直观分析的优势，客观准确地实证身体文化特征，用于阐释其深层意义，发挥影视人类学的功能。早期的人类学家都希望留下珍贵的图像资料，再现参与观察的细节，而摄影摄像工具的出现和发展，使如何使用影像工具甚至成为一种特殊的研究手段。

摄影、摄像从一开始就是体育人类学研究的重要帮手，这是由体育活动必然有形象展示的特点所决定的。换言之，体育运动就是一系列动作形象展示的过程。在许多传统体育活动的分析中，语言文字往往苍白无力，离开了图形资料的分析甚至影响研究成果的质量。然而，仅仅收集一堆影像资料是没有意义的，还需要利用体育人类学的动作分析法进行演绎、归纳和类比，才能达到理论生成的目标。

录音、照相、摄像是保留原始记录的重要手段。但是，影像资料是为今后的研究服务的，调查者不能为图省事而不做笔录。录音、照相、录像不能完全代替笔录。在有录音、录像的前提下，最重要的是“场景”：什么时间、什么地点、什么人参加（调查者）、多少人进行多长时间的活动、什么人讲述（调查对象）都要对具体细节询问清楚，刨根问底，务求准确问清。不要以为这些太简单，其实，最容易记不住或遗漏的就是这些“最简单的问题”。因为我们现在的头脑、电脑里充斥了各种信息，当时不留下记录，过后不久，就可能忘记或张冠李戴。

这两张羌族推杆的照片，都是中国的体育人类学研究者于 20 世纪 80 年代拍摄的。第一张是在四川省少数民族传统体育运动会上拍摄的。看到这张照片的人问：这项运动在什么时候、什么地方举行的？来源于何时何处？据拍照时上报的印刷资料表明，这是为了表彰抗击敌人的勇士而设立的游戏。但后来发现这是个调查遗漏。后来再次去汶川赤不苏进行田野调查时了解，才知道这是羌族的婚俗，“推杆”是由新娘的姐妹们来检验新郎象征性繁殖能力，因此补拍了第二张照片。

在田野调查中大量采用影像记录，记录身体动作的姿态与轨迹，这是由体育研究的学科特点所决定的。拍摄用于研究的图片资料需要回答：这项运动是如何进行、拍摄于何时何处？体育运动一般都是由一系列身体动作组成，捕捉身体运动形象，可以作为体育人类学研究的基本素材。仅仅在十余年前，收集影像资料成本还很高。那时的民族体育研究者出发到野外拍摄民间的传统体育活动，大多携带三部照相机：一部装黑白胶片、一部装彩色负片、一部装可以制作幻灯及为印刷物提供高质量图片的彩色反转片。加上备用胶卷和摄影包，整个装备很沉，所需费用很高。即便这样，还免不了时刻关注剩余胶卷的张数，在更换胶卷的间隙漏拍一些动作。更为关键的是，仅从一个角度拍摄的平面图像，常常会因视角的不同而无法准确辨识所拍摄的动作。更成问题的是，单一的平面形象并不能完整重现身体运动的实际情况，研究者可以去分析图片中的各种细节所表达的文化信息，却难以全面展现身体动作的姿态与轨迹。如今，数码摄录设备已经普及，大容量的硬盘成本越来越低，可以拍摄很多图像。即使没有专门的摄录器材，几乎人手一部的手机也能临时摄录影像。

以往的民族体育活动拍摄的图片，几乎无一例外都是单一角度的。也就是说，只能反映某一个侧面的形象，对正确的动作分析不利。这两张珞巴人射箭和独龙族射弩的照片，只能看到部分细节。

体育人类学的影像记录，既不是猎奇观光客的旅游留影，也不完全是影视人类学那种全景生活纪录片式的细节描绘，而是针对某种特殊的身体运动进行的专题式的相关影像记录，是动作分析法的主要手段。因此，对活动场景尤其是身体动作的记录，需要双机位——即在正面和侧面都同时架设照相机或摄像机，同步按下启动开关。这样，就能得到需要研究的同样动作的纵横两张图像，留下整体的全面信息。中国的体育人类学研究团队于 2012 年 2 月赴云南香格里拉三坝乡，采用双机位方法拍摄“东巴跳”，由于拍摄对象在一定范围活动时难以同步定位，因此没有获得理想效果。只有，当拍摄对象处于固定点位所做的大幅度动作时，双机位才能获得较好效果。

带有规律性的客观现象表明，具有显著体育效果的身体运动一般是大肌肉活动或称为骨骼肌运动，在视觉上能明显感受到身体形态的变化，以及在空间的位移。因此，用影像来记录，并把单个的动作固定作为研究的素材单元，就成为体育人类学田野调查的特殊方法。具体运用至少可以分为三类：一是可以用来进行定性研究，跨文化比较以区分体育动作和非体育动作；二是可以对体育动作进行分类，以分析其体育及蕴涵文化价值的分量；三是可以把身体动作转换为文化符号，展示由身体萌生文化的初始状态。

当然，带有自动连拍功能的专业照相机能拍出更高质量的影像。准确记录动作的基本规则，是使交叉的双机位同步（有条件的甚至可以进行水平交叉和垂直的三维拍摄）。也就是说，至少需要从正面和侧面摆放呈 90°位置两台照相机，交叉拍摄同一个动作，才能得到一个完整准确的画面。两台照相机最好在拍摄前用三脚架固定，用一根很长的快门线连接起来，由一人掌控以保证拍摄时同时打开快门；或事先预设同时开机，以及无线快门的使用等，尚待摸索。除普通数码照相机、摄像机外，必要时还可使用运动生物力学专业的运动轨迹记录仪。因此，在出发到田野工作地之前，需要经过认真学习摄录器材操作并多次尝试使用。可以说，这种受影视人类学的启迪而设计的双机位动作拍摄法，具体的规范操作方法尚在试验阶段。

无论采用何种拍摄方式，制订一张每日需用的影像记录表格，是一项必须要做的重要工作。尽管现代摄录器材能在影像资料上记录若干关于日期及拍摄参数等技术信息，但仍然应在每个工作日以后，按田野工作计划、日程及研究需要，及时对素材进行筛选整理分类。

随着影像资料在体育人类学的动作分析法中应用范围的展开，以及人类记录影像信息的技术手段日新月异，建立一个资料库性质的“人类传统身体文化关系图谱档案”，已成为体育人类学的远期理想。

## 三、检验体育效果的测试指标及相关设备

测试标准，可分为最能反映体育效果的身体形态指标和身体运动能力指标两部分，需要设计制作两张表格，使受试者分为静态和动态两个单元参与测试，耗时尽量缩短。以 2012 年“东巴跳”田野调查相关表格为例：

姓名： 性别： 年龄： 住址：

| 身高（厘米） | 体重（千克） | 胸围（厘米） | 腰围（厘米） | 臀围（厘米） | 安静脉搏（次/分钟） | 运动脉搏（次/分钟） | 收缩压（毫米汞柱） | 舒张压（毫米汞柱） |
|---|---|---|---|---|---|---|---|---|
| | | | | | | | | |
| 一分钟俯卧撑（次/分钟） | 闭眼单脚站立（秒） | 坐位体前屈（厘米） | 上臂围（厘米） | 小臂围（厘米） | 大腿围（厘米） | 小腿围（厘米） | 颈围（厘米） | 握力（千克） |
| | | | | | | | | |

检测时间：____________

负责测试教授签字：____________

体育人类学需要的体态体能测试标准，是为了科学分析和正确判断某种体育活动对人类身体的实际效果。参照在 1906 年、1912 年召开的第 13 届、第 14 届国际史前人类学与考古会议上通过的测量项目，结合中国国民体质测量标准，可以制订出体育人类学特有的测试标准。

尽管体育学科已有了各种各样的身体测量标准，但由于体育人类学的田野调查大多位于偏远的交通不便的地区，往往研究人员少、时间短、经费紧张、场地简陋、甚至可能没有电源。因此，携带必要的仪器设备，保证得到足以证明其体育效果的数据材料，是制订体育人类学反映身体运动效果的测试标准的最重要原则。

人体测量的目的，是通过对人类身体所进行的测量和观察，去探讨人体的特征和类型、变异和发展规律。人体测量学是体质人类学研究的经典技术之一，是体育人类学田野工作的重要组成部分。

人体测量一般分为骨骼的测量、观察和活体的测量、观察。前者多用于古人类学研究，而后者则多用于现代人类的研究，这也是体质人类学与体育人类学的明显区别。而且，活体测量可分为头面部的测量、观察及肢体部的测量、观察两大部分，体育人类学主要测量的是肢体部分，常常涉及诸如皮褶厚度测量、关节活动度测量、体力测定等。

与体育人类学关系比较密切的是活体观察和测量。体育人类学所进行的是活体测量，要按照所需测量项目准确地找到测点进行测量。德国体质人类学家马丁所编著的《人类学教科书》可作为标准人类学研究选择测点和测量项目的参考，即头面部有 37 个常用测点，可分为：① 长度测量，如头最大长；② 宽度测量，如头最大宽、面宽等；③ 高度测量，如全头高、形态面高等；④ 围度与弧度测量，如头水平围、头矢状围等。头型可分为 6 种类型，即特长头型、长头型、中头型、圆头型、特圆头型、超圆头型等。头面部的观察主要是观察肤色、眼色、发色以及头型和五官形态等。对体育人类学而言，头部的大小与形状与评分类项目审美意识及格斗类的运动能力关系较大，其余部分则没有体质人类学测量那样精细。

体质人类学对身体部位有 38 个常用测点，可分为：① 立姿体部高度测量，如身高、肩峰高、中指尖点高等；② 坐姿体部高度测量，如坐高、骨盆高等；③ 体部宽度和深度测量，如最大体宽、胸宽、骨盆宽等；④ 体部围度和弧度测量，如胸围、臀围、大腿最大围等；⑤ 上肢测量，如上肢长、前臂长等；⑥ 下肢测量，如下肢长、大腿长等。体部的测量值也可以组成不同的指数以表示体部的形态特征。有些指数，如体质指数（constitution index）、李氏体重指数（Livi's weight-height index）、罗氏指数（Rohrer's index）、艾里斯曼身高胸围指数（Erismann's index）、体型指数（habitus index）等，可以表示一个人的体型特征和体质状态。

体型的分类有多种不同方案。一般将体型分为瘦长型、中间型和肥胖型。近年来，在体质人类学和体育领域应用较多的是Heath-Carler体型分类法。这种分类方法借用胚胎学术语，按三胚层发育情况，将体型分为内胚层型、中胚层型和外胚层型。体部形态观察主要是观察颈部、臂部伸展类型，胸部、乳房类型，体姿类型、腿部类型等。另外，有时还要观察全身毛发的形状和多少。与体质人类学的测量关注遗传指标不同，体育人类学有自己的关注部分，主要是观察和测量身体的围度，以判断骨骼肌的发达程度。

为迅速获得某项体育活动对人体产生效果的真实数据，需要借助科学的仪器设备。常用的人体测量仪有20多种，如直脚规、弯脚规、人体测高仪、卷尺、量角器、坐高椅等。1954年，我国开始了人体测量仪器的研究和测试工作。经过几十年的努力，我国现已能生产一系列品种齐全的人体测量仪器，制造水平也已进入世界先进行列。根据体育人类学田野工作中经常需要前往交通不便、人烟稀少的边远地区调查的情况，一般只能选择几种便于携带的简单测量工具。建议携带有厘米标志的2米长皮尺数条，这是测量身体围度最重要的基础工具，有条件的还应带上微型体重器、握力器、心肺功能仪等。

## 第三节　生态环境记录与参与式评估发展模式

体育人类学的实证特色和应用性质，在具体方法和技术路线上得以充分显现。体育文化的保护与传承，必须依赖可靠的原生态素材；而构筑适应社会发展的新模式，也是体育人类学田野调查的主要目标。

### 一、抢救性采集身体文化遗产的客观素材

人类的体质发展，尤其是在人类起源和发展的早期阶段，明显受到自然环境选择压力的制约。因此，要想对人类不同群体的体质进化状况取得比较全面的认识，就必须了解他们当时的生存环境，各个不同时期的地质和地貌，世界各大洲的相对运动，世界上主要的气候带，雨量和温度的变化，以及河流、山脉、冰川、沙漠、草原、森林、湖泊、沼泽的变化和各种动、植物的变化等知识。一项体育活动的诞生，与环境的影响密切相关，需要在田野调查的第一时

间即时记录下来。

勘测，通常也是体育人类学田野工作的必要步骤。探测旷野、森林、水源、耕地、街道、道路，其目的是使研究者了解这项运动进行时的自然环境，对研究对象的身体活动与生存环境之间的关系有明确认识。在田野考察的最初阶段，当研究者解决了语言障碍可以进行广泛的访谈时，就可以对有关身体活动的工具、武器、家用器具、建筑、场地、运载工具等进行描述和制作目录。即使在都市，研究者也必须调查人们为了身体运动而从其所处环境中获取的各种资源。譬如，针对大型体育场馆设施的修建与环境的关系，不同材料接触身体后的利弊等，体育人类学家应该对这些方面进行生态学研究。有些研究产生了重要的新观点，指导近年的奥运会修建了一些可拆卸的建筑。体育人类学的崛起，从“自然、社会、人”渐进关系的宏观考虑，也将向发展生态文明的方向靠拢。

身体文化遗产作为传统文化的有机组成部分，与周围相关的生态环境有密切联系。把身体文化作为保护、传承、发展的对象，需要了解其原生态的各项指标。拍摄时应该考虑到表现这项活动时的周边环境及人际关系，记录有关数据，否则以后原生态状况发生变化，就无法进行参照对比。

这样，就需要一张专门的表格。表格的内容分为三个部分：

一是观察指标：这部分是可以查阅或观察到的，如参加活动的人数、年龄、性别、活动次数等，可作为基本指标的量化测评项目。此外，公平公正、规范守信的市场环境、健康向上的人文环境、安居乐业的生活环境、可持续发展的生态环境、扎实有效的组织活动等，可以作为定性指标，最后采用评分的方法量化处理。

二是测量指标：这部分需要研究者的实地测量，如温度、湿度、海拔高度、场地面积等。信息传递、能量流动和物质循环是生态系统的基本功能，但身体运动在生物的生存、繁衍、调节相互关系及生态平衡中有重要作用。有些测量指标是根据运动项目的特殊安排，如在2009年调查黔东南独木龙舟时，记录清水江流域每年只有几天的固定时间里龙舟下水的气温、水温和流速等测量指标。这些指标在若干年后，或多或少会发生变化。

以下是纳西族“东巴跳”生态环境观察表。

**（东巴跳）原生态环境调查表**

村寨名称：________________________；总人口________；总户数：________；气温：________；湿度：________；气压：________；海拔：________；GDP：________；人均年收入：________；被访者姓名：____________；出生年：19________年

一、村寨位置：村寨周边环境描述：

| 山势 | 路况 | 房屋结构 | 主要农作物 | 农田面积（亩）① | 植被 | 相邻村寨名称 | 相邻村寨方位（距离） |
|---|---|---|---|---|---|---|---|
| | | | | | | | |

① 1 亩 = 0.067 公顷

二、“东巴跳”场地周边环境描述：

| 高度（米） | 宽度（米） | 长度（米） | 修建时间 | 处村中位置 | 场地背景 | 可容纳人数 | 房屋或场地朝向 | 摆放器具情况 |
|---|---|---|---|---|---|---|---|---|
| 室外场 | | | | | | | | |
| 室内场 | | | | | | | | |

三、东巴服饰与器具描述：

| | | | | | | | | |
|---|---|---|---|---|---|---|---|---|
| 板铃 | 形状 | | 直径（厘米） | | 重量（千克） | | 材质 | |
| | 形状 | | 材质 | | 重量（千克） | | 尺寸 | |
| 服饰 | 形状 | | 材质 | | 颜色 | | 头饰配器 | |

记录人：

记录时间：

三是访谈指标：这部分需要在访谈中以问卷的形式记录。如这项活动的由来、变迁、组织制度、运作规则及本人学习过程等。尤其要列出需要了解的主要问题，同时进行录音及编号。

以下是“东巴跳”项目深度访谈表。

**“东巴跳”深度访谈表**

（被访问者现场配合录像或录音）

姓名：　　　　性别：　　　　年龄：　　　　身份：　　　　村寨：

访谈地点：　　　　　　　　访谈时间：　　　　　　　　记录人：

一、从事“东巴跳”的经历

1. 您什么时候开始接触“东巴跳”？

2. 您什么时候开始学习“东巴跳”？谁教会您的？

3. 您每年进行几次“东巴跳”？每次跳多长时间？

4. 您进行一次“东巴跳”运动量有多大？出汗吗？

二、从事“东巴跳”的感受

1. 您进行“东巴跳”前要做哪些准备？
2. 您进行“东巴跳”时，手中要持有什么？一定要吗？
3. 没有音乐伴奏可以进行“东巴跳”吗？
4. 您在进行“东巴跳”的过程中想些什么？
5. 跳完后最重要的感觉（收获）有哪些？

三、学习东巴文的过程及经历

1. 您对东巴文起源的了解？
2. 为什么参加“东巴跳”都是以男人为主？
3. 您认为东巴文与“东巴跳”有多大关系？
4. 东巴文字中与“东巴跳”动作最为接近的词有哪些？

## 二、原生态环境的保护性记录

任何一种生物，都是在某种特定的环境中生活的，人类也不例外。生态学研究生物与其所处环境之间的相互关系，生态人类学研究人类与生态环境的关系，体育人类学从根源上研究原生态体育活动时，必须考虑生态环境的测评，用以分析该项目的起因、效果及安全性等。个体与群体的生存状况，是某一族群的体育文化生态的构建基础。因此，分析身体运动与生产生活环境的关系，需要测评和记录相关数据。譬如，研究身体运动对图画文字的影响，在不同的地形、海拔、气温、植被、饮食、劳动方式及生活习俗的人群中，会导致一些形成路径和结果上的差异，其相关性需要测评和记录，获得真实的数据。人类活动干预最少的封闭或边远的原生态地区的状况，需要进行全面的抢救性资料搜集，同时还需要注意客观存在的各种文化行为对所处自然生态系统的影响。

有关自然环境的科学数据，最好采用规范测量的结果。应事先查阅当地的地理环境及气象资料，找出与身体运动相关的数据；一般由调查人带着简单的科学仪器亲自测量，在举办活动的地区现场获得科学测量数据进行参照对比。调查时，避免随时进行单位换算；应当等调查结束时，全面把握调查对象的计量制度，最后进行集中的一次性单位换算。

在体育人类学的田野工作中，当地与身体运动有关的每件事都应该有文字记录。撰写笔记（notes）、保存记录（records）和制作档案（files），是田野工作参与观察法的重要组成部分。由于体育人类学的田野调查多在传统活动时间内进行，一般只有几天时间，需采集的信息量大，研究人员应该避免将注意力全部集中在参与和观察上面，从而延误或忽略撰写笔记和保存记录。生长在都市的年轻人来到经济落后、物资匮乏的地区，容易滋生优越感，而怀有居高临下的心态并过分相信自己的记忆力。其实，即便是对于那些在本领域受过专业培训的人员来说，记忆也是有限的。研究者作记录的时间距离观察时间越远，可能丢失的东西就越多，甚至是永久的遗忘。所以，现场记录和每天坚持做笔记应形成一种必不可少的工作习惯，这在专题集中的短周期参与观察的体育研究中需要加以强调。

回到研究室，需要对采集到的数据进行处理。有了这些来自研究者亲临现场搜集的第一手材料，整理和归纳成果，印证假设，凝练理论观点，撰写学术论文，制订发展规划，就是顺理成章的事了。

## 三、参与式测评以共商发展规划

原生态身体运动主要残存于边远地区，与当地独特的原生态环境一样需要保护，同时还要顺应时代的发展使身处其间的当地人提高生存质量。因此，自上而下的政府管理和外来的援助之手都需要了解“地方性知识”的重要性，与当地基层社会组织密切配合，使参与发展成为更有效的节约型模式。

“参与”的概念在20世纪80年代末期被引入中国。20世纪90年代初，一些主要的援助机构（如世界银行等）开始将其援助重心和发展重点向促进参与发展方面实行全面转移，于是参与发展方式在全世界范围内蓬勃兴旺起来。有学者认为，世界银行、联合国开发计划署等组织在我国所资助的参与式发展项目的领域正逐步扩大，从农业、林业发展到农村能源、卫生保健、妇女、供水、教育等领域，从纯粹的自然保护拓展到生产和保护相结合，从单目标扩展到综合发展，从农村发展项目向小城镇发展项目扩展。①这些项目都在参与式理念和方法的指导下取得了比较好的成效。因此，作为一种新的发展理念，参与式发展是对传统发展的反思，带有某种多元化发展的积极取向。②

参与式发展强调“自下而上”的方式又是对传统的“自上而下”工作方式的挑战。作为参与式发展中最重要的工具——PRA方法更是诸多参与方法中最为普及、最受瞩目的一种，它被认为实现了传统学习者（农民）和教授者（外来专家）之间的权力倒置，赋权于农民让他们表达自己的声音，做出

---

① 周大鸣，秦红增．参与发展：当代人类学对“他者”的关怀［J］．民族研究，2003(5)：44-50.

② 李小云．参与式发展概论［M］．北京：中国农业大学出版社，2001：21.

自己未来的决策。PRA 方法的工具包主要由一系列可视化的图表、排序工具，以及开放式的座谈和访谈组成。[①] 这是一套非常灵活、农民容易接受的方法，其目的就是鼓励农民表达自己的需求和想法，尤其是弱势群体，从而快速了解社区所存在的发展问题。PRA 方法最大的优点就是快速，对参与观察是很好的辅助，因此受到专家和国际发展机构的青睐。

同样，“参与式发展”这样一个所谓“新鲜”的名字已经通过发展干预和实践，从专家学者的文本和话语中，传到偏远山区的不同社会行动者的口语中。根据人类学研究者的观察和近几年直接参与实施的许多发展项目的经验，在发展干预过程中国际组织所提倡的“参与”理念和方法往往并不能达到所谓的终极目标：给弱势群体赋权（empowerment）。因此，作为发展干预手段的“参与”是否存在问题？参与式发展真的是在按照线性的思维方式进行吗？参与式发展能真正改变传统社区的社会结构和权力关系吗？真的能使社区中的穷人摆脱贫困的困扰吗？这一系列的问题，给发展研究人员和发展实践者提出了很大的挑战。例如，在许多发展项目动员会上，来参与的人群中，妇女和老人以及儿童比较多，这样的参与在某种程度上就是一种形式，而且最后决策权还是掌握在乡村干部等权力精英手中。该事例生动说明了参与的“表象化”，参与并不一定能使当地人感觉到自己是项目的主人，在外来者和当地人之间似乎存在一个永远不能消释的界面和屏障。正如发展人类学的实践和理论探索从不同的角度表明，发展是一个整体性的问题。尽管人们对每个民族的发展问题会得出差异极大的看法，并采取大相径庭的操作手段，但最终都要涉及特定民族的文化整体性存在，都要进入一个整体互动的过程。缺乏整体性的观念，对研究者来说，无论他所强调的发展因素是什么，其理论结论都将是片面的；对实践操作者来说，欲谋求某种孤立的行动，其结果的有效性都是值得怀疑的。[②]

参与的概念还可以进一步定义为“大众参与”，即给予发展以新的活力，使“草根群体”再次焕发发展的空间。联合国社会发展研究所讨论稿将“大众参与”定义为 the organized efforts to increase control over resources and movements of those hitherto excluded from such control。大众参与发展的理论，强调允

① 杨小柳．西方参与发展的理念和实践［J］．广西民族学院学报（哲学社会科学版），2006，28（3）：70-76.

② 郭占锋．走出参与式发展的“表象”——发展人类学视角下的国际发展项目［J］．开发时代，2010（1）：130-139.

许多元化的存在。如果没有思想的变化就没有分享的过程。因为如果你不承认当地人有他的知识，就不会站在他的角度去思考问题。在体育人类学的田野调查中，倡导“分享运动”的观念，要结合社会组织理论，联络最基层的草根组织才有可能应用执行。

20 世纪 80 年代以来，人们在各种场合越来越多地提及非政府组织（NGO）与非营利性组织（NPO），把非政府组织与非营利性组织看作在公共管理领域日益重要的新兴组织形式。非营利性组织理论，是西方国家 20 世纪 70—80 年代出现，而由中国学者于 21 世纪初引进的一种公共管理理论。其主要内容包括：NGO 的生成背景必定缘于政府失灵和市场失灵；以 NGO 为主形成的第三部门（或私人空间）是与政府、市场三足鼎立的必不可少的社会组成部分。专家们习惯于拿中国现在的民间组织套西方 NGO 理论，而不是把 NGO 理论放到中国民间组织及其生成环境中去检验。结果发现，中国的绝大多数民间组织不具有西方 NGO 理论中的最主要特性：民间性、自主性，因而不是严格意义上的民间组织；在中国也不可能由这一些民间组织构成第三部门，所以多关注体制外的草根民间组织。目前，中国的非营利性组织统称为“社会组织”，包括“社会团体”“基金会”“民办非企业单位”三大类型，并不袭用西方的“非政府组织”“第三部门”等名称。民办、公助、党领导，这是中国社会主义初级阶段社团长期发展中形成的管理体制。①

自上而下的计划经济式发展方式，是数十年来我国推动民族体育开展的主要方式，其优势不言而喻。但是，拔苗助长也有弊端，譬如民运会竞赛项目“板鞋竞技”“高跷竞技”“抢花炮”等项目的器械改良中，由于缺乏科学研究及参与发展的观念，遭到原生地参赛者的强烈反对。参与发展秉承文化相对论，承认多样性和差异性的存在，鼓励人们坚持不同的观点，对自己的情况进行分析，从而调动当地社区的力量去实现他们自己设想的未来。体育类社会组织的建设，是全民健身和公共体育服务体系建设的关键环节。在政府转变职能简政放权的大背景下，基层体育活动的开展，主要应有大量自组织的体育社团操办；政府体育行政部门不仅不能亲自操办，甚至还要从“业务主管”的角色退居为社会组织的“业务指导”。

因此，在原生态身体运动的田野调查报告中，有必要提出社会组织介入非物质身体文化遗产保护的体制机制创新的建议。权力属于基层群体和组织，能

① 王恭. 中外 NGO 比较，基于中国科学社团史的回瞻[EB/OL].[2013-12-20]. http://opinion.huanqiu.com/roll/2012-02/2478893.html.

够保障他们正当的体育权益，使其能够在一种参与的系统中分享改革开放的成果。发展只有建立在大众参与的基础上才能发挥它的历史作用。让民族民间体育相关群体拥有完全的参与机会，参与到发展的全部活动中。在一些传统文化保持较好的少数民族地区，要特别注意发挥村寨长老、原始宗教祭司、基层学校等具有较强传统文化保护传承意识的部门负责人的积极作用。倡导自下而上的参与发展模式，既复杂也富有挑战性，是体育人类学为民族传统体育活动的未来正在探索的一条充满光明的路径。

体育人类学遵循人类学经典理论，形成针对体育研究的方法论，依据体育研究对象的特殊性，对传统人类学方法的具体操作加以调整改进，在实地调查中尽量利用自然科学手段采集客观数据，创新性采用双机位拍摄身体运动影像，以及把动作视为文化符号的技术动作分析法，在资料处理后的理论生成中借鉴发展人类学的最新成果而更具有人文价值，在实践中发展为适合于体育人类学研究的独特手段。

自田野调查方法被广泛采用以来，也遇到一些质疑的声音。它提供了实在的知识，但对人们的精神世界很难提供绝对精确的结论。体育人类学在开展田野工作时，应充分重视案头准备工作。预制表格时所列各项调查内容的次序，要按实际需要调查目标的先后次序排列，一般是先从弄清所调查的身体活动入手，最后以评估这些身体活动为结束，往往还需要针对需要保护和传承的项目设计出顺应其发展趋势的导向性规划。

由于各个研究课题的具体目标有区别，需要根据不同课题的内容进行取舍。在田野工作中需要注意人体测量与运动拍摄、环境及器物观测记录、深度访谈及问卷统计之间的相互关联，使各项内容、指标、数据能够充分发挥相互印证的作用，从而增强所获取资料的可信度。在多人参与的调查活动中，可以先按调查内容进行分工，最后指定专人集中整理。

问题往往是老的，而研究方法常新。体育人类学遵循主流人类学的理论与方法，根据自身研究需要，对田野工作的单次时间大大压缩，增加了来自生物学科的身体动作分析及体育效果的测量手段，并采集原生态活动的环境指标，积极推动尊重原住民意见的参与发展框架的构建，是一种倡导跨学科的短期专项综合研究方法。最值得一提的是，体育人类学创造性设计出“身体动作的文化符号分析法”，在多次田野调查实践中取得重要收获。这种方法改变了体育人类学建立之初主要借鉴文化人类学方法而导致的研究结果与身体运动效果脱离的不足，避免了过去一些研究者赴“田野调查点”走马观花导致仅能简单描述，或脱离身体运动实体、无视体育效果，仅凭蜻蜓点水式臆想侈谈

"文化"，最终不知所云的弊端。依据客观真实的第一手素材，体育人类学从详细记录、客观陈述转向深描解释，最终接近正确判断和评估，使参与者都能加入到共同发展的潮流。

持之有据，才能言之成理。体育人类学在体质人类学和文化人类学之间架设了一座和谐的桥梁，并且在发展人类学中为认识和推动体育事业进步寻找到参与共同发展的具体路径。对于研究方法的探讨，是为了体育研究中的理论创新。"各个领域带头的科学家们现在正清楚地认识到，没有指导科学家研究方向的基本世界观，就没有理论。没有假说，就无从做实验。同时，没有对研究课题的性质先有某种预期，也就不会产生科学。"① 高层次的研究往往超越所探究的特定事件而以建构理论为最高目的，使新鲜的知识营养成为体育学科中的重要组成部分，在实践中推动体育在不断变化的人类生存环境中得到可持续协调发展。上述以调查原生态身体活动为主的田野工作方法，只是一种应用性探索的初步尝试，尚有若干不足之处，将在今后的实践中，通过理论框架的完善、核心理念对研究目标与价值选择的评估，得到进一步的补充和完善。

① [美] E. 拉兹洛. 用系统论的观点看世界 [M]. 闵家胤，译. 北京：中国社会科学出版社，1985.

# 第五章　阐释体育元问题的创新理论

英国文化人类学家泰勒（1823—1917）提出了文化“残存”理论，直接影响到体育人类学的初期研究，促进了人们对原始身体文化的认识。许多学者都在这一理论下研究过原生态游戏及竞技活动，但并没有人把自己的研究成果与体育联系起来。体育的基本理论问题，还要靠体育界自己来解决。

体育人类学的研究成果，涉及体育来龙去脉的重要理论问题，其中最具有学理性的内容，是关于体育发生本源和发展主线的“元问题”，这些元问题的解释和说明，将产生的新鲜知识加入到体育的“元理论”中，是构建学科框架的脊梁。这些创新理论以“通过身体的教育”作为识别框架，在各向度上的充分展开，成为体育学科生长的核心和立足点。

## 第一节　直立行走是体育萌芽的生物学根源

作为研究人类的综合性学科，人类学研究范围相当广泛，涉及人类的起源和发展（包括与现存灵长类的比较）、人种差异、人体发育与遗传变异等。从人类学的角度认识体育，需要探索体育的起源和早期演进的前体育时期，必然应从更长的纵向时间段考查人类的体质变化，有超越现有一切体育学科的连续性和宽广度。最初遇到的基本问题，就是要从自然发生的角度回答：人类为何需要体育？

尽管目前在学术界关于人类起源的直接原因和具体形式问题仍存在着许多争论，但至少在直立行走起到关键作用的观点上基本一致。人类在由猿转变成人的过程中，深刻的变化是直立行走，这成为划分人与动物身体形式的分界线。直立行走后，人体的一系列形态结构的变化，为体育诞生提供了生物学的基础，为全面把握体育的发生和演进的脉络提供了原理性的科学支撑。

搁置直立行走产生原因的争议，仅就已有的人类学翔实材料，通过比较与其他动物不同的身体形态机能异同，体育人类学得出的结论是：体育并非起源于开始使用原始工具时的劳动，而“直立行走是体育萌芽的生物性根源”。

## 一、直立行走带来的身体改变

人科的直立行走，导致使用工具与增大脑容量，对人类身体结构的彻底改变起到了决定作用，也带来攻击性竞技能力制度化、身体运动形式成为文化符号。人类祖先在数百万年前开始的直立行走，导致我们的身体结构在自然界各物种中与众不同，使现代人的运动特征形成。对体育行为的发生学的意义而言，最重要的基础性影响是直立行走。人类区别于其他动物的最重要的解剖学特征，就在于使他能够直立行走的身体构造特点，这也使自身器官发生重大改变，如腹腔中内脏的位置发生变化。某些改变带来困难和不便，也容易导致人类患上一些特有的疾病。面对自然选择过程中留下的遗憾，人类有意识地创造出包括体育在内的许多手段来对付它。换言之，直立行走导致人类身体结构和运动形式产生根本改变，即伴随着文明程度提高而必须面对的身体日渐细弱和疾病隐患，人类注定要以非凡的智慧创造出体育文化来弥补。直立行走是人类最重要的特征，也是一个复杂的运动过程，它不同于任何非人灵长类动物。没有直立行走，就不会创造和发展出丰富多彩的人体运动方式，体育的萌芽就像无源之水。①

### （一）下肢的变化

直立行走后，人体的下肢逐步演化成为主要器官来支撑身体活动。下肢长度逐渐增加，几近身长的一半，为保持身体直立状态下的稳定性，大腿重量增加使重心下移。人类在行走时下肢的两足交替性地接触地面，而下肢以上部分的身躯则保持直立和充分伸展的姿态。在行走的整个过程中，无论从哪一个平面上观察，人体的重心变化都比较小，这就意味着将运动能量的消耗控制在最低标准上；而相比之下，当猿两足行走时，其身体的重心则随着跨步动作而忽左忽右、忽上忽下地移动，消耗能量较大。人类在站立和行走时的体态是两膝彼此靠拢，而猿类则是两腿向外侧分开。

直立行走使人类的小腿骨变得粗壮，脚踵内旋，有利于两腿维持身体的平衡；人类的腿肚肌肉变化，可使膝盖弯曲或伸直，便于快速奔跑和跳跃。脚是站立、行走、奔跑的支持器官，与直立的体态关系密切。在直立行走时，人体的重力最终主要传递到大拇指，与其他各趾相比，显得特别粗大。脚的大拇指

---

① 耿业进，胡小明. 体育的生物学本源［J］. 体育与科学，2001，22（5）：5-6.

长于其他各趾，可以与四趾靠拢，功能上失去对握能力，是曾经树栖生活的一种退化。人类的脚有很高的足弓，不同于猿类的平足。足弓高，犹如一副弹簧，能够有效地缓冲在运动中来自体重的压力，以便使足底部的血管和神经不至于因长时间站立而受到压迫有弹性，适于长途行走和弹跳。

**（二）上肢的变化**

由于直立行走，人类的手指发生改变。当拇指的运动轴与其他各指的运动轴方向不一致时，对握才有可能发生。这是灵长类动物在树栖的三维空间中活动的适应结果，使灵长类的四肢都拥有抓握功能。与之相比，灵长类动物四肢均可抓握，而人类只能上肢抓握。由于大拇指变长，人的手长同上臂长之比明显大于猿。

直立行走后，人体上肢的解放，可以更好地携带东西，为身体活动的多样性提供了必要的前提。上肢摆动的辅助动作更有利奔跑行走，使行动方式能效更高。人类手臂虽然变细，但上肢的旋肌变得发达，更善于做前旋和后旋的动作，手臂的灵活性得到提高，手的抓握动作变得灵巧，为人类能够利用器械和工具提供了保证。上肢不再用于支撑和行走，而主要成为抓握的器官，便于利用器械或球体等工具，为体育活动形式更加丰富多彩提供了生物性的支持。

直立行走使上肢解放，是人类进化过程中决定性的事件，使人类对自己独有的生存方式完成了重大适应。由于过分大的手会增加上肢的重量而有碍于运动，所以人手与其臂长的比例远比猿猴小。另一个具有重要意义的改变，是人手的拇指很长，拇指掌指关节呈明显的鞍形，以保证它能够做多种方式的运动。此外，人类的拇指对掌肌发育得特别强大，拇指可以自由、灵活地与其余4指的指尖相接触，具有腕部和前臂的灵活性及肩部的大幅度环转运动能力等一系列特征，形成完善的抓握功能，为后来人类制造和利用工具来从事劳动奠定了必需的解剖学和生理学上的基础，对创造和使用各种各样的运动器械冲击身体运动的极限具有决定性的意义。①

**（三）躯干的变化**

人类的躯干因骨骼而与其他动物形成很大差异。灵长类动物对树栖环境的适应，使其躯干部位经常处于某种垂直的体态，长期爬树、蹲坐、悬挂，身体必然会发生一系列与躯干直立有关的形态变化。灵长类动物躯干较短以使身体的重心上移，有利于长臂抓握树枝运行，缩短了的躯干可增强双腿控制身体摆动的能力。与之相比，人类躯干的腰椎骨数目普遍较多，以便使腰部的活动度

---

① 耿业进，胡小明．体育的生物学本源［J］．体育与科学，2001，22（5）：5-6.

变大，更有利于直立行走。直立行走使人类的身体躯干弯曲：颈曲和腰曲朝向前方，胸曲和骶曲朝向后方，使脊柱成独特的弹簧状，在跑跳时减少震动，保护大脑免受伤害；强壮的脊柱支撑着头部，颈椎向下逐渐变粗，到腰椎最粗，可以较好地支撑躯干的重量。

最重要的区别是，大部分脊椎动物的后背就像水平的拱桥，用来悬挂内脏。而人类直立行走相当于把一座桥竖了起来，并让脊柱受到体重的压迫变成S形，使原本适合于四足动物的椎间盘原片变得脆弱而易患各种骨科疾病。

围绕人的直立行走，躯干及其他器官也都做出了生理上的适应：人类的胸廓宽阔，重心后移利于保持平衡；骨盆宽低，稳定性增大。人类的锁骨特别发达，把上肢支撑到躯干两边侧面，肩关节灵活旋转使上肢可以大范围的运动。上肢重量减轻而灵活性提高。这些结构变化，为各种形式的身体活动做好了充足的生物学形态结构上的准备。

直立行走为人类的发展奠定了空前坚实的基础，但真实的状况因历史过于久远而留下许多谜团，这或许是体育人类学具有足够的能力之后才能涉足的一个有趣领域。

## 二、直立人的文化特征

直立行走为人类的生存状态带来了一系列文化进步的特征。这些特征又与体育萌芽具有一定的联系。

### （一）制造石器

人类直立行走最初阶段的时间长达上百万年，在考古学上被称为石器时代。由于直立行走解放了双手，人类掌握了石器制造技术，能够打制出各种形态的石器，而且还能显现出不同的区域性特色。显然，是身体姿态和运动形态的巨大改变直接带来人类的飞速进化。

亚洲的旧石器时代早期文化遗址中出土石器标本最为丰富的首推北京猿人遗址。在历年的发掘中共获得近10万件石制品，这在世界范围内也是绝无仅有的。除周口店之外，在中国的其他地区，如山西的西侯度、合河、陕西的蓝田，贵州的观音洞等遗址也都发现了许多石制品。欧洲旧石器时代早期的文化也可分为两大系统：一个是以阿布维利文化（Abbevillian）和阿舍利文化（Acheulian）为代表的手斧文化系统；另一个是以克拉克当文化（Clactonian）为代表的石片石器文化系统。而最早的是非洲的旧石器时代，早期的奥杜韦文化被认为是“能人”的文化，典型工具是粗糙的砍砸器。略晚出现的是阿舍利文化，与欧洲的同类文化在面貌上具有较大的共性，被认为是由直立人创造的。需要注意的是，即使是最早的石器，也是人类直立行走数百万年后的产物。

### （二）采集和渔猎经济

植物是直立人食物的主要来源，因此采集经济是直立人谋生的重要手段。在北京猿人化石地点的堆积中，有大量烧过的朴树籽及胡桃、榛、松、榆和蔷薇等植物的孢粉，这些植物的果实或种子很可能都是北京猿人采集到的食物。

除采集植物类食物作为主要食物来源外，直立人还通过渔猎活动获取动物性食物，这可以从各地区直立人遗址中出土的大量动物骨骼化石及贝壳化石得到证明。由于肉食可以比素食提供更多的能量和蛋白质，所以渔猎活动的发展对人类的进化来说至关重要，以群体协作的方式进行的活动扩大了个体之间的交往，语言的出现势在必行，这有利于人类体质的改善和更为复杂的社会关系的建立。

### （三）用火技术

在直立人阶段，人类已经掌握了用火的技能。用火、控制火和保存火种技术的出现，极大地提高了直立人在自然界的生存能力。由于有了火，人们可以得到更容易消化的熟食，有力地促进了人类体质的改善；由于有了火，当寒冷的冬季降临时，人们可以用其御寒，同时也扩大了人类在地球表面活动的空间；由于有了火，在居住的洞穴中燃起篝火可用以照明，使人们的生产和生活更为方便；由于有了火，在洞口点上火还可以防御野兽在夜间的侵袭。所以，我们可以这样说：用火技术的出现有力地促进了直立人的体质进化和文化进化。

很显然，直立行走带来的文化特征与体育萌芽并没有直接联系，很难发现它对产生体育运动形式有直接的影响。换一个角度看，人类在漫长的天然经济时代，身体缓慢适应着大自然的变化，并没有太多的理由有意识、有组织地创造出一整套培育身体的教育训导体系。这一过程贯穿了人类整个自然经济时代。

## 三、隐藏的体育需求

为了适应直立行走的功能需要，人体的许多器官都发生了明显的改变。这些解剖学结构的改变在人类进化中的意义无疑是十分重大的，但同时也给人类带来了不少困难和麻烦。

首先，内脏位置改变，使人类缺乏有效的先天自我保护。非直立行走的动物，呈水平位置的内脏在体内有肋骨的维护，无肋骨维护的方向朝向地面，受到了较好保护，可以减少物理损伤的概率；而人类的站立姿势使内脏在人体内呈垂直悬挂的状态，肌肉在人直立静止的状态下仍然要维持一定的紧张性以保持平衡，肋骨的保护强度较非直立行走的动物弱。所以，人类必须通过身体的练习加强肌肉的强度与韧性，使内脏免受伤害。

其次，心脏供血系统的方式，成为人类心血管疾病的生理学根源。人类心脏的调节功能是决定人的运动能力的关键因素，但由于直立状态，心脏要克服地心引力将血液向上泵送，加上血管硬化产生的阻力，容易引起高血压等心血管疾病。由于长期的坐立使下部静脉血液回流困难，人类也容易产生特有的痔疮等疾病。①

人类在直立行走后这些形态结构的变化，隐藏着某些生理疾病的潜在危险，进入工业社会后，机械而单调的高强度劳动，使隐患得以爆发。

人类还有因直立而导致的某些固有的生理缺陷，如骨盆的变化。人类的直立体态状态下，全身的重量完全由两腿承担，而不是像其他动物那样由四条腿分担。因此，人类骨盆的负重能力成倍地增加，骨盆也必须承受全身的重量而发生变化。人类骨盆的髂骨翼向两侧扩展，脊柱腰段出现明显的前凸性弯曲，致使骶骨岬显著突出，同时使骨盆上口作了大约 90 度的扭转。这种变形有效维持了身体的平衡，在骨盆的某些部位加强了若干韧带装置。但这种变化丧失了必要的灵活性，仍然具有力学上的不合理性，带来女性分娩的极大困难。还有负载过重时引起疝气、平足等。

在人类进化过程中，由于骨盆形态学上的变化而带来的上述不利的影响，主要降临在女性身上。因而有人指出，该因素可能是人类社会形成的早期阶段中便发生了自然的两性劳动分工的原因之一。这是带来男女运动员运动能力差异的生物学基础，也是人类发展适合不同性别运动项目的科学依据。

人类在直立行走后，为人的生理活动隐埋下疾患的种子。人类进化以头脑增长和肌肉消退为特征的过程，埋下了体育需求的种子。事实上，人类身体的非健康隐患，早在直立行走的史前时代就已经开始萌芽，而并非许多人一向认为的是现代文明的产物。只不过，近现代工业加速了这种与动物身体相比的弱化，而我们也强烈意识到要用体育来满足自身增强物种质量的需求。②

人类在长达几百万年进化中身体与自然协调发展，而进入短短几百年的工业社会以后，生活变化明显加快，社会分工带来的单调体力活动及身体局部发

---

① 耿业进. 从人类劳动方式演进审视体育的发展 [D]. 广州：华南师范大学博士论文，2003.

② 胡小明. 体育人类学进展 [J]. 北京体育大学学报，2004，27 (3)：289-293.

展的不平衡，身体的生物不适应性开始凸显。直立行走是人类进化的重大进步和生理上的一次飞跃，但也带来某些人类特有的生理疾病隐患，这是人类进化的代价。然而，在高度分工的工业文明时代，人类注意到身体发展的负面影响而形成体育意识，成为近代体育主观上需求的本质依据。

人类社会进化的发展过程中，要不断克服自身的自然属性与社会发展的不协调，这种不协调在工业革命之后变成影响全社会的尖锐矛盾。对自己的身体，人类再也难以听其自然和顺应自然，于是人类在特定社会条件下认识到要开展主动的锻炼身体活动，大众接受体育意识并网罗一切适用的身体运动形式作为手段，认真爱护身心的健康。顺着这样的思路，从人类直立行走后形态结构的改变为某些生理疾病种下的隐患，在人体漫长的进化改变过程中认识体育的价值，会更加深刻全面地把握它发展的脉络。

## 第二节　竞技的产生远早于体育

体育与竞技的异同，在中国体育界一直是个纠缠不清的问题，以至于许多学者投身于分析体育概念的长篇累牍中，把从概念到概念的解释当成一门学问来做，终其一生而令人不知所云。这种在其他学科很少出现的状况，是因为对舶来的体育尤其是“竞技”缺乏实证研究，需要体育人类学的帮助。

人类的竞技活动早于体育，是许多体育研究者的一种朦胧感觉。中国体育人类学研究者通过黔东南独木龙舟田野调查的典型案例，提供了原生态竞技活动远远早于体育意识产生的鲜活实证案例。

### 一、案例：原生态竞技活动非体育属性的实证

在中国贵州省黔东南苗族侗族自治州的崇山峻岭中，蜿蜒流淌着一条美丽的清水江。独木龙舟竞渡，就是这条江上的古老竞技活动。这种活动类似现代体育运动竞技形式，长期以来被人们视为民族体育。然而，它是否具有体育的目的和功效？属于什么性质的身体活动？这样的活动在人类发展的历程中具有怎样的地位和作用？在前期已有数年观察经历的基础上，华南师范大学体育科学学院和贵州民族学院体育与健康学院组成联合调查队，于 2009 年 6 月 12—22 日进行了体育人类学的田野调查。

独木龙舟原始古朴，有许多非同一般之处。首先是龙舟的制造外形特殊。苗族独木龙舟只用 3 根巨大杉木抠槽掏空制成，更为原始的制作方法应该是用

3根独木捆绑而成。中间的一根称为母舟，长达20余米，两边的两根叫子舟，长度在15米左右，平时分开搁置，竞渡前众人抬下水后，用麻绳或竹篾将两只子舟捆绑在母舟两旁。龙头用柳树精心雕琢而成，五彩斑斓，一对弯弯的大水牛角是典型的稻耕文化的产物，左右角上分别写有“国泰民安”和“风调雨顺”等祝词。独木龙舟的奇特还在于，它只有漂亮的龙头，但没有龙尾。

独木龙舟的舟身最宽处不足1.5米，长度15米左右，能承载40余人。划龙舟的姿势，也相当特殊——参赛者站立着俯身划。每年农历五月二十三日至二十七日，清水江边的苗族群众穿戴鲜艳亮丽的民族服装站在两边的子舟上划，并敲锣、打鼓、鸣炮，以壮声威。在参赛途中，过激流险滩时需要用铁皮包头的长桡片戳底前行，像用蒿撑船般奋进。最终，以各村寨宗族相聚“吃龙肉”而告结束。

关于独木龙舟竞渡起源的传说也与众不同。中国大部分汉族地区的龙舟竞渡是为了纪念伟大的爱国诗人屈原；也有说是纪念越王勾践操练水师或纪念伍子胥与曹娥；福建有些地方的龙舟竞渡是纪念当地的英雄；云南的傣族、白族划龙舟是为了纪念本族的古代英雄。而苗族的独木龙舟赛，却来源于一段远古的惊悚神话，相传清水江有个老渔夫的独生子被恶龙咬死，老渔夫杀死了恶龙，各村寨的苗民割开龙肉吃得津津有味。随后天地昏暗，恶龙向苗民报梦，要求村民以划龙舟的方式祭祀它，这个故事一直流传至今。这显示出苗族百姓不畏强暴、不惧鬼神、与自然顽强抗争的民族精神。

独木龙舟保存了相当浓郁而完整的传统巫术仪式。从制作龙舟，到龙舟下水、出发比赛前及赛后“吃龙肉”，都有一系列的祭祀活动；村边停放龙舟的龙舟棚旁边，常见筑有小土地庙；还有划着龙舟到各村寨通知亲戚们送来鸭、鹅、猪、牛等禽畜的颇为独特的“接龙”仪式：比赛前一艘艘的龙舟在鞭炮声中划到沿途码头，接受本艘龙舟所代表姓氏或村寨联姻的亲家的礼物和敬酒。此时，参赛者往往会表演“花式划船”，并对岸上围观的群众向上撩拨水花，霎时珠帘翻卷，炫技娱乐的味道十足。

针对像独木龙舟活动范围极其有限的珍稀民俗游戏，田野调查前，广泛参考已有的人类学、民族学资料，把体育人类学的田野调查重点集中到围绕这项活动的体质状况测量、环境器物记录、历史文化的深度访谈三部分，充分涵盖与体育运动有关的所有宝贵信息，力求最大收获。①

---

① 胡小明，杨世如，夏五四，等. 黔东南独木龙舟的田野调查——体育人类学的实证研究（一）[J]. 体育学刊，2009，16（12）：1-8.

**（一）体质状况测量**

研究人类的身体状况，是文化进步的需要；体育研究关注人类的身体形态和机能，最终是为了促进人类文明的可持续发展。换言之，体质测量是为了说明人类文化的生物性载体。同样，环境、器物的调查也是为了把握这些文化的物质基础。

清水江边数十公里的苗寨成年男子几乎都可以划龙舟，通过对这很小一部分人的体质调查，可以科学直观地反映出独木龙舟活动对他们身体的影响。本次针对独木龙舟参赛者所选择的测量指标，主要目的是为了最简便地评估该项活动的体育效果，因此在国民体质监测指标的基础上加以精简而确定，包括身高、体重、胸围、腰围、臀围、皮褶厚度（上臂部、肩胛部、腹部）、安静脉搏、收缩压和舒张压、安静肺活量、右手握力等。

田野调查队前往贵州省台江县连接清水江上下游的重要渡口和驿站，住在古镇施洞并开始工作。共测试苗族男性竞赛选手 227 人，约为 2009 年参加龙舟竞赛选手总人数的 2/3，收集样本有效数据 1 600 余个。结果表明：通过连续两年采集的苗族独木龙舟选手体质数据并加以比较，各体质指标没有显著性差异；而且，与周边不划龙舟的苗族人相比，以及与周边其他民族相比，一年一次的划船活动并未显示出对独木龙舟文化圈的人群产生明显的体育效果。①

**（二）参与观察与环境器物记录**

借鉴文化人类学传播学派的圈层理论，首先通过实地勘查确定独木龙舟竞渡活动的范围，即“独木龙舟文化圈”，在此范围内全面测量和记录有关地理地貌、植被和农作物、龙舟棚及与江边的距离、龙舟及附属器械的详尽尺寸数据等。对于气温、水温及江水流速等指标，必须在龙舟下水的竞渡活动期间测量。调查队抵达“独木龙舟文化圈”后，不仅测量了沿江所有的独木龙舟及龙舟棚，并全程观察了龙舟下水组装过程，还通过村长请到了主持独木龙舟祭祀仪式的巫师进行专题调查，重点观察独木龙舟下水请龙神祭祀及开划的巫术仪式。调查队乘船至清水江“十里龙潭”实地考察传说中的恶龙所居之地，顺水路观察并测量陆路交通不便的各村寨环境、器物数据。

1. 环境器物记录

黔东南耕地面积较小，苗族人均耕地低于全国平均水平，但土层肥厚，保水条件好，山地宜于树木生长，有“杉乡”“林海”之称，是全国重点林区之

① 杨世如，胡小明. 苗族独木龙舟竞渡的体质人类学分析［J］. 体育科学，2009，29（7）：78-83.

一。清乾隆十四年（1749 年）的《黔南识略》记载："郡内自清江以下至茅平二百里，两岸翼云承日，无隙土，无漏荫，栋梁木角之材，靡不具备。"自古以来，苗族造独木龙舟至少要用 3 根粗大的杉木，先选定某座山上某一棵树作为造龙舟的主料，砍树、运输、制作的过程中有许多复杂的原始宗教仪式。

独特的地理环境及出产巨大树木的自然条件是独木龙舟活动的形成的基础。现今，在周边大树砍伐殆尽的情况下，这种活动还能持续多久，如何发展变化，值得进一步研究。

经测定，独木龙舟竞渡范围，仅限于清水江中下游从平寨到六合小寨 31.88 公里的河段，以及巴拉河长滩至巴拉河 13.35 千米的河段。处于独木龙舟文化圈中心的施洞镇，位于贵州台江县北部，地势起伏，海拔在 480～710 米，隔江与施秉县马号乡相望。与各村寨紧邻的龙舟棚，大多建在海拔 570～610 米邻近村寨之处，距江边直线距离 15～50 米，与水面的高差 8～20 米。清水江宽 130～160 米、水深 3～5 米，流速为 3.18 米/秒，江中有不少激流险滩和深潭。经调查组 2009 年 6 月 13—22 日独木龙舟竞渡期间的实地测试，平均气温为 30 ℃，白天的最高气温接近 36 ℃；白天的水温平均为 23 ℃，很适宜进行户外水上运动。据调查队观察，清水河畔划龙舟的苗族村寨中，一般较小的村寨仅有一只龙舟，两百户以上的较大村寨有 2～3 只。经统计，2009 年黔东南地区清水江及其支流巴拉河流域的 38 个苗族"下游苗"支系村寨，共有独木龙舟 41 条。放龙舟的房子形似长廊，称为"龙舟棚"，旁边一般建有土地庙。

2. 感知苗乡龙舟节的体育意识

调查队全程观察了 2009 年独木龙舟节的盛况，体验到传统的"接龙"仪式。这是节日的重要内容：龙舟划行的沿途，站在龙舟颈上的撑篙人显然在附近有较高知名度，很容易让沿岸寨子识别这条龙舟是哪一寨的，附近村寨的村民携妻带子或老幼相伴，穿戴节日盛装参与一年一度的龙舟节。如有亲戚朋友要赠送礼物，就鸣放鞭炮示意龙舟靠岸。龙舟鸣放土炮后，到河边等候已久的亲属抬着鹅、鸭、偶有猪牛等礼品，燃放鞭炮以示祝贺，然后逐踩水沿船边逐一敬酒。亲朋好友所赠礼物挂在龙颈上，挂得礼物越多越热闹，且更能表现亲戚的富足。

正式比赛的河道长约 200 米，一般每次有 2 艘独木龙舟竞渡，比赛规则是谁先到终点谁赢。只听一声令下，众健儿奋力前划，动作协调一致整齐划一并发出雄壮的呐喊，炮手火铳鸣放，鼓手擂鼓以激励士气，男扮女装的少年敲锣配合。庆典活动除了岸边河滩上踩鼓舞的表演，还有斗鸟、斗鸡、吹芦笙、对歌等民间娱乐活动，同时还增加了村际篮球比赛这类现代体育项目。

龙船节结束时，各村寨都大摆酒席把欢乐推向高潮，展现族人温馨相聚“吃龙肉”的奇特习俗。调查队一行人进入赛场守候很久，但并没有看到运动竞技性质的正式比赛，多是龙舟两两自发捉对竞渡、自娱自乐，两岸观众似乎也并不关心谁输谁赢。据当地人介绍，2008 年当地龙舟协会经请外来的体育教师按现代体育竞赛方法制定苗族独木龙舟比赛规则，不料引起负面结果；2009 年恢复为世代相传的传统方式，又寻回了皆大欢喜的和谐气氛。

尽管当地不时传出有独木龙舟到贵州其他地区甚至到外省进行表演的新闻，甚至有些地方官员谈论如何使苗族独木龙舟比赛的常态化，试图以此开发旅游项目以造福一方，但这并不能代表大众的意愿。值得注意的倒是经济诱惑：有的村寨开始以龙舟下水为筹码，向可以接触到的相关方面（包括调查队）索要钱财；村民在提及本村寨的独木龙舟出外地比赛表演时一脸的骄傲，甚至有村民托调查队找相应的关系，以寻求到外地进行比赛表演的机会，渴求得到高额物质回报。村民们向往获利，而不是正式的运动竞赛，而且也与公平、公正、公开的规则无关。整个独木龙舟节，调查队并未感受到多少现代体育意识，倒是在休息娱乐的氛围中体验到不少原始竞技游戏的独特魅力。①②

**（三）深度访谈**

人类学田野工作的周期长，人类学家需要学习当地的语言，是其中的重要原因之一。而在体育人类学的本土专题式研究中，即使面对最为原生态的活动，也可以找到用普通话交流的中青年，还可以找乡村干部或学校老师帮忙。在涉及的访谈人群中，当地苗族中青年大都能说略欠标准的普通话；针对苗族巫师念咒时必然要使用的苗语，调查组特意聘请了土生土长的苗族教授参与翻译，基本消除了语言交流障碍，为缩短时间提供了条件。

本次田野调查的部分成员驻扎农家，针对各种对象进行深度访谈，收集到深度访谈表及现场影音材料多份。访谈内容主要是体质测量和直接观测记录之外的历史文化内容，分为起源传说、仪式和禁忌、活动组织管理三部分。

1. 独木龙舟的起源传说

关于清水江苗族独木龙舟的起源，民间有各种传说。经出发前的文献资料

---

① 胡小明，杨世如，夏五四，等. 黔东南独木龙舟的田野调查——体育人类学的实证研究（一）[J]. 体育学刊，2009，16（12）：1-8.

② 胡小明，杨世如. 独木龙舟的文化解析——体育人类学的实证研究（二）[J]. 体育学刊，2010，17（1）：1-9.

收集，归纳整理后到实地访谈印证。这些传说共同特点在于，它们都体现了“杀恶龙、食其肉”的习俗和与恶龙顽强抗争的民族精神。实际活动中，根据各村寨拣得龙肉部位的颜色与吃龙肉的部位，打造成不同颜色的龙舟，并按照时间顺序决定划船日程安排和先后次序。

2. 巫师与巫术仪式

独木龙舟文化中，很重要的部分是巫术仪式和禁忌。整个制作龙舟的过程，请龙仪式和下水开划仪式，乃至划龙舟时各个细致的环节，都有严格的原始宗教禁忌。独木龙舟竞渡是苗族男人的节日，妇女不能触摸龙舟、家里有产妇坐月子者不能划龙舟等禁忌，显然也和原始宗教观念有联系。苗族巫师是这诸多的龙舟仪式和禁忌中的重点和核心人物。调查队数次在不同村寨观察了龙舟下水时的“起龙”仪式，搜集了宝贵的录音和影像资料。

3. 传统组织的现代管理

独木龙舟活动的组织管理，体现了苗族特殊的传统社会结构。苗族认为木鼓为祖先亡灵所居，鼓社是以木鼓为核心的祭祀组织，是血缘家族的纽带与象征。主持每条龙舟的人，俗称“鼓头”，全船都要听从鼓头指挥，按鼓声的节奏挥桨划船。划龙舟之前，要从寨中大姓的头面人物中产生鼓头，鼓头在竞渡活动中地位最高、禁忌最多、开支最大，既被选中，就不能推辞。然后，由鼓头物色掌艄、撑篙和炮手、锣手及众多划手。每年划独木龙舟结束，鼓头要杀猪请寨上的人吃酒，请大家共商推荐来年的鼓头。

调查队经参与观察和多次访谈确认，江边苗寨几乎每一位成年男性都可以划龙舟，每年一度参与独木龙舟赛事的村民，没有进行过任何有组织的训练。一群村民每年只有几天时间参与一项竞技游戏，没有身体练习，没有训练，也没有体育效果，缺乏现代体育活动的各种必要环节，能称其为“民族体育”吗？倒不如视为一项原生态祭祀竞技活动。

考察中得知，苗族独木龙舟节庆典已渗入商业化的价值观，比赛及表演往往受金钱奖赏及报酬等因素所干扰。例如，当地基层政府在体育工作者的建议下设立奖金制度，可相关制度只是实行了两年，村民就已经开始出现“向钱看”的心态。参赛者因逐渐增多的奖金而争执或投诉，尝试推翻最终形成的比赛结果；妇女们为了一点表演酬劳而四处奔波，参与踩鼓舞表演而失去发自内心的欢笑。改回原有的自组织方式，才逐渐恢复原貌。对原生态竞技活动的保育、承传、延续及发展中，如果盲目地引入金钱刺激、科技改造及异文化影响，很容易侵害民族传统的淳朴习俗及民族特色。如何善用现代文明的影响，重视生态环境的和谐，为传统竞技游戏的发展带来有益的新方向及视野，是很值得研究的课题。①

## 二、独木龙舟的文化解析

对黔东南独木龙舟的田野调查，不仅展示体育人类学的实证研究范例，显现研究各原始运动形态获取第一手真实资料的有效途径，还要运用文化人类学进行具体深入的解释和分析，通过理论建设为保护文化遗产和倡导体育生态化提供更完善的思路。如何对第一手材料进行解释和分析，是理论生成的重要步骤。研究结果证明，黔东南独木龙舟至今仍不具有体育性质，应视为一种体现独有民族性格的巫术礼仪性的游戏竞技遗存，应作为竞技到体育的萌芽进程中的活化石加以传承。

### （一）独木龙舟的非体育性质

2008 年，本调查队的部分成员首次对参加竞赛的选手进行了体质形态的调查测试，对比苗族独木龙舟竞赛选手的体质形态与贵州世居各民族，以及国民体质监测数据的平均值，结合体育人类学的理论与方法对其基本特征进行分析，为揭示原生态身体游戏的性质提供了科学依据。

苗族体质形态较为矮小和瘦弱，青少年身体形态的发育明显晚于全国城乡平均水平，身体形态的最大值和平均值指数明显低于当地世居的土家族、布依和侗族。一年一度的龙舟竞赛历来并无日常训练的传统，仅仅几天时间参与划龙舟的剧烈身体运动，对参与者的体质状况不能产生显著持续影响。独木龙舟竞赛的桡手年龄结构很宽泛（15~74 岁），几乎所有的成年男子均可参与，与非龙舟竞技选手相比，身体条件并无显著优势。不过，独木龙舟选手身体形态指标高于世居附近（如台江、王卡等地）的苗族，说明独木龙舟选手是在有限范围筛选的体格相对健壮的选手。通过与国际小独木龙舟选手相比，独木龙舟选手的选拔并不符合竞技运动的体质特征要求。这说明它注重的是竞赛人员的广泛参与性，而非现代体育的竞速比赛。②

2009 年，调查队通过对独木龙舟选手体质的追踪复测再次说明：黔东南独木龙舟竞渡并无体育效果，表明这是无体育意识、无体育过程，不能完成体育目的和任务的身体活动，它只是一项貌似体育比赛的民俗竞技游戏。

---

① 胡小明，杨世如，夏五四，等. 黔东南独木龙舟的田野调查——体育人类学的实证研究（一）[J]. 体育学刊，2009，16（12）：1-8.

② 杨世如，胡小明. 苗族独木龙舟竞渡的体质人类学分析 [J]，体育科学，2009，29（7）：78-83.

这项民俗竞技游戏用浓郁的巫术礼仪维系着一个聚居群体的文化认同和精神交往，也是这一群体和睦相处的娱乐休闲载体和民族整体性格的延续。独木龙舟文化圈各村有村规民约，不管平时外出多远，划龙舟的节日期间都要回家与父母团聚，并积极参加村里的各种集体活动。有些村还规定，如若外地打工者在划龙舟时不回来参与须罚款数百元至数千元不等。故平日村寨里少见的年轻人，一到龙舟节便成群结队归来。有不少苗族少男少女借此机会相识相知，恋爱成婚。这与史籍《贵州图经新志·镇远府·风俗》的记载一致："苗人于五月二十五日亦作龙舟戏……是日极其粉饰。女人富者盛装锦衣、项圈、大耳环，与男子好看者答话，唱歌酬和。已而同语，语到深处，即由订婚，甚至有当时背去者。"① 龙舟竞渡作为"水边苗"性选择的传统平台，尽管习俗随时代变迁，但是这部分"残存"得以延续。苗族的独木龙舟节维系着原始的生殖崇拜和性选择功能，显示的是男人的力量。过去这项活动是男人的节日，女人不能坐龙舟，连摸一下龙舟都不行，甚至家里有怀孕或"坐月子"女人的男子也不能参加，但这几年仪式禁忌逐渐淡化。鉴于独木龙舟竞渡中"接龙""吃龙肉"等精神层面内容的价值，2008 年，这项活动已成为国家非物质文化遗产，以避免其盲目进入现代体育高水平竞赛或推广到学校体育教学层面，这是一个明智的选择。

体育人类学认为判断人类行为和活动是否具有体育性质，最重要的标准是对参与活动人群身体的影响和效果检验。此外，还应考察这项活动是否具有体育意识及身体练习过程。研究人类身体形态和机能变化是人类体育文明可持续发展的需要，为了分析身体文化的物质载体就必须要进行体质测量。体育人类学解析独木龙舟这类活动的非体育性质，并不是要将它排出民族体育的范畴，而是一次触类旁通的体育人类学田野工作示范：用测量身体运动能力的科学数据，来说明其他年度性节日习俗中的大量身体竞技游戏，同样也不以强身健体的价值为重。民族传统体育的价值，主要是作为体育的萌芽至成形中的"活化石"，维系体育文化生态发展的多样性。

### （二）远古竞技与近代体育

体育人类学认为，竞技的出现远远早于体育，可以上溯至远古时期，但竞技性身体活动一旦被附加上体育意识，就融入体育框架内成为其方法和手段，再也不能分开。体育作为正式的词语是几百年前才抽象出的概念，是人类成熟意识外化的理性需求，是工业革命以后维护自身发展的产物，是人类抵御现代

① 黄保勤，黄贵武. 镇远通史［M］. 北京：方志出版社，2006：90.

文明给身体带来负面影响的积极方式。因此，在工业社会才真正成熟的体育，几乎把所有的竞技运动作为它的内容和手段，如果拿掉丰富多彩的竞技运动，体育就将成为一个概念的空壳；体育与竞技分家，在实践中并不具有可行性。即便是原生态竞技，无论是身体游戏还是体育萌芽，都是伴随着人类成长的“玩具”，是具有“活化石”性质的非物质文化遗产，今天已成熟的现代体育，完全没有必要毁弃自己的童年玩具，更不应破坏这些“文物”。

龙舟竞渡是中华民族最具代表性的一项古老传统，其起源可追溯到西周。据《诗经》记载，每年春季天子到泾河对面的岐山郊祭，过河所乘之船叫龙舟。不少学者认同闻一多在《端午考》和《端午的历史教育》中列举的百余条古籍记载及考古实证，龙舟竞渡距屈子投江千余年前兴起，通过祭祀龙图腾以祈求避免常见的水旱之灾。在水域中竞划刻着龙饰的舟船是“龙祭”的重要内容，祭祀之日是端午。①

不过，清水江历史悠久的独木龙舟却与众不同。苗族是中国的古老民族，五千多年前居住在黄河中下游，后与黄帝部落发生战争，失败后退入长江中下游，形成尧舜时期的“三苗”部落，后继续迁入西南山区，唐宋以降，贵州逐步成为全国苗族分布的中心。那时黔东南已是龙舟竞渡盛行之地，如宋代朱辅《溪蛮丛笑》记载：“蛮乡最重重午，不论生熟（苗）界，出观竞渡，三日而归，既望复出，谓之大十五。”② 清光绪徐家干的《苗疆闻见录》记载：“苗人好斗龙舟，岁以五月二十日为端节，竞渡于清水江宽深之处，其舟以大整木刳成，长五六丈，前安龙头，后置凤尾，中能容二三十人。短桡激水，行走如飞。”③ 清乾隆《镇远府志》记载：“重安江由胜秉入清水江。苗人于五月二十五日，亦作龙舟戏。形制诡异，以大树挖槽为舟，两树合并而成。舟极长，约四五丈，可载三四十人。皆站立划桨，险极。”④ 民国时期的《施秉县志》也记载：“划龙船，县城及胜秉分县城，以五月五日。平寨、铜鼓唐各苗寨，以五月二十四、五、六等日。船用长木刳成，首尾具备，施以彩色，荡漾波心，蜿蜒有势，颇足观赏。”⑤ 以上史籍所述，不同程度地描绘了古代清水江苗族划龙舟的盛况。

---

① 闻一多. 神话与诗［M］. 上海：上海人民出版社，2006：180-185.

② 符太浩. 溪蛮丛笑研究［M］. 贵阳：贵州民族出版社，2003：322.

③ 徐家干. 苗疆闻见录［M］. 贵阳：贵州人民出版社，1997.

④ 高勇. 贵州世居少数民族［M］. 贵阳：贵州人民出版社，2014：104.

⑤ 施秉县志［M］. 北京：方志出版社，1997.

改革开放以来，许多地方举办龙舟文化研讨会，专家学者对龙舟的各个层面进行了广泛探讨。不过，由于对人类学理论和方法的生疏，一些人把独木龙舟与其他龙舟混为一谈，甚至按图腾祭祀纪念名人，改造为现代竞技比赛的思路对待独木龙舟；还有发表于体育学术期刊的一些论文，认为苗族独木龙舟竞渡受汉族龙文化影响的观点，也因缺乏田野调查依据而欠准确。通过田野工作的实证检验，可以纠正这些认识误差，黔东南苗族独木龙舟以其原生态固守自己的精神家园，尽管距离清水江仅数十公里远的镇远、施秉数次举办国际龙舟赛，但它仍然具有顽强的生命力，必然有其深刻的文化缘由。①②

**（三）独木龙舟显现的民族性格**

本实证研究以"吃龙肉"的习俗作为切入点揭示其蕴含的象征意义，折射出苗族遗俗闪耀的民族性格。

龙，自古以来就与占统治地位的皇族联系在一起，人间的最高行政统治者神人合一就是龙的化身。据中国神话权威袁珂的研究，舜为避开一场谋杀曾穿龙纹服装变成一条游龙从井里逃出；大禹从父亲鲧的尸身跳出之时变为一条头上长着尖角的虬龙；宫中有女子化为龙、天降雌雄二龙于宫中大殿交尾等异事频发，象征夏王朝气数已尽……龙的出现对华夏民族的形成起到了举足轻重的作用。③ 世界华人文化圈里占绝对多数的"炎黄子孙"把自己称为"龙的传人"，以龙为图腾，实际蕴含着农耕民族浓郁的中原文化意识。

苗族也有对龙的普遍崇拜，如黔东南的"招龙"、湘西的"接龙"、云南屏边的"祭龙"、广西融水的"安龙"等。黔东南台江的苗族人，如有不吉利预兆，全村人会集资购买祭品共同商定吉日，请鬼师来主持"招龙"仪式。然而，独木龙舟竞渡的活动中，为什么会沿袭"吃龙肉"这样对龙神并不恭敬的习俗呢？

苗族自己没有文字，但从不认为自己是"炎黄子孙"，也不会把龙作为本族的"图腾"顶礼膜拜。这使我们不由想起《山海经·大荒北经》的著名记载，即远古苗民跟随其首领，"蚩尤作兵伐黄帝，黄帝乃令应龙攻之冀州之野。应龙蓄水，蚩尤请风伯雨师，从大风雨。黄帝乃下天女曰魃，雨止，遂杀

① 胡小明，杨世如，夏五四，等. 黔东南独木龙舟的田野调查——体育人类学的实证研究（一）[J]. 体育学刊，2009，16（12）：1-8.

② 胡小明，杨世如. 独木龙舟的文化解析——体育人类学的实证研究（二）[J]. 体育学刊，2010，17（1）：1-9.

③ 袁珂. 中国古代神话 [M]. 北京：华夏出版社，2006：194，256，391.

蚩尤。”《史记·五帝本纪》说黄帝部族“逐禽杀蚩尤”。杜佑的《通典》提及黄帝令吹号角“作龙吟”以抵御蚩尤的进攻；《山海经·大荒北经》说黄帝遣一条龙才打了胜仗：“应龙已杀蚩尤，又杀夸父。”然后，这“龙有翼者”作战后并未返回天上。“应龙杀蚩尤与夸父，不得复上，故下数旱，旱而为应龙之状，乃得大雨”；黄帝之女魃也不得回到天上而被置于赤水之北，但因身体充满炎热而带来干旱称为“旱魃”，所以人们请龙出来呼风唤雨。“应龙乃去南方处之，故南方多雨。”那么，苗族对神龙呼风唤雨、消灾解难的功能是认同的，但却不会忘却它曾加害于己。面对这条杀掉本族先人的神龙视为宿敌，怎么会奉为“图腾”并认同自己是其“传人”呢？

中华民族对龙崇拜的区别，各有源自本族历史起源的特殊人文社会因素影响。与西方文化视龙为邪恶之物，有着完全不同的社会历史缘由。其实，自先秦时期西南少数民族地区就流行战恶龙的习俗。如四川汉羌交界处的都江堰，至今流传着李冰锁龙、寒潭伏龙、二郎斗龙、赵昱斩蛟、金鸡芙蓉斗黑龙、王婆擒龙等故事。在苗族先民的远古记忆里，龙是受皇帝驾驭的工具，曾经是自己最凶恶的敌人，龙与皇权很难分离。苗族作为被中央朝廷长期镇压的少数民族，当然不会像中原汉民族那样对龙俯首帖耳，而是保持敬而远之的心态。苗族独木龙舟竞技之后“吃龙肉”的习俗，联系到台江地区在每年元宵节舞火龙后也要“吃龙肉”的现象看，均表现了对外来压力的“人若犯我，我必犯人”的公平对等心理，体现了勇于抗争不畏强暴的民族性格。

苗族历史上起义抗争之多，为其他民族所罕见，奋勇反抗构成其悲壮的社会历史。苗人有据险制敌的传统，据《后汉书·南蛮西南夷列传》记载，光武帝“遣武威将军刘尚发南郡、长沙、武陵兵万余人，乘船溯沅水入武溪击之。尚轻敌入险，山深水疾，舟船不得上。”刘尚弃船待援最终被一举消灭。苗族古歌《战争与迁徙》道：“……举族窜往箐林里。砍下大树来造船，造船要渡过河去。树干做成船体，树枝做成船桨。三天三夜渡过黄水河，三夜三天渡过浑水河。”① 清水江在古代为御敌之天堑，历代军事活动对每年划独木龙舟有何种影响尚待研究。

独木龙舟竞渡时，每条龙舟上都有一位穿着礼服系银饰腰带的中老年男性鼓头，有的还佩戴精美而硕大的颈挂银饰。一个男扮女装的少年锣手，身着挂满了苗族银饰的女性服饰，应着鼓点节奏打锣。一老者是负责掌舵的艄公，艄公以长桡片为舵控制船向，并发出号令指挥桡手划桨节律。艄公和锣手一老一

① 夏扬. 苗族古歌［M］. 德宏傣族景颇族自治州：德宏民族出版社，1986.

少，似乎象征古代被恶龙拖下河咬死和潜水烧死恶龙的英雄父子。据调查队现场询问，各龙舟上的锣手年龄在 8~14 岁不等。列维布留尔认为：“具有自己制度和风俗的一定类型的社会，也必然具有自己的思维方式”“集体表象”“前逻辑”和“互渗律”相互联系和影响。① 对黔东南独木龙舟带来的难解之谜，也可试用格尔茨倡导的阐释人类学针对其“地方性”进行“深度描写”，② 对具体细微处的求异研究，更能强调民族体育的文化多元价值。譬如，对于少年锣手的男扮女装，可以用“原始思维”阐释为：化妆成女性可以防止再被恶龙认出并加害于身。推及整个独木龙舟上人员穿着节日漂亮服装的盛装打扮，正是为了向神龙示好的姿态。对于独木龙舟没有尾巴的现象，可以阐释为祭龙仪式中在龙舟尾部扔茅草代表恶龙失掉龙尾无法游水复活而再食人的象征意义；对于选择比端午节晚 10 余天作为竞渡时间，可以阐释为等待烧死恶龙后遮天黑雾散去，以便与汉族龙舟相区别……遵循原始思维的路线去寻觅，体育人类学可以改善自己的理论和方法加以更合理的阐释和印证。③

在调查黔东南苗族独木龙舟时发现，苗族富于斗争精神的民族性格，也贯穿于其他身体竞技游戏。苗族及其相邻的侗族都喜爱的斗牛比赛，也来源于战争传说：古时苗族在战争中把尖刀绑在牛角上驱赶灌了米酒的壮牛击溃官兵后，首领为了论功行赏，便叫大家牵牛来再打斗，胜者受奖，从此，斗牛成了习俗。④ 这难免使人联想到蚩尤逐鹿中原时兴起的“角抵戏”。任昉的《述异记》所载：“今冀州有乐名‘蚩尤戏’，其民两两三三，头戴牛角而相牴，汉造角牴戏，盖其遗制也。”但这些都是典型的原始竞技，具有浓郁的休闲娱乐意味，而并无体育意识。

### 三、重构身体运动价值观

体育人类学的实证研究，是深入到具有鲜明身体运动文化特征的“田野”。它不仅明确具体研究对象里面的内容，纠正凭空臆想的偏差，更重要的是印证创新观点和假说，实现理论生成。

---

① 列维布留尔. 原始思维 [M]. 丁由，译. 北京：商务印书馆，1981：20.

② [美] 克利福德·格尔茨. 地方性知识：阐释人类学论文集 [M]. 王海龙，张家瑄，译. 北京：中央编译出版社，2004.

③ 胡小明，杨世如. 独木龙舟的文化解析——体育人类学的实证研究（二）[J]. 体育学刊，2010，17（1）：1-9.

④ 黔东南州文学艺术研究室编. 苗族民间故事集（第 2 集）[G]. 黔东南州文学艺术研究室，1959.

### （一）确认传统身体活动的性质

根据体育人类学的特点，田野调查采用体质人类学和文化人类学相结合的方法，并加以改进，针对具体实证研究对象制订体质测量、环境器物、历史文化三种类型的表格和提纲。例如，对黔东南苗族独木龙舟活动的地理环境和气候条件、龙舟及龙舟棚、参与人群及身体状况、礼仪和习俗、传说与历史沿革、组织管理及行政区划范围等相关设施的数量和规格等进行的全面实地调查，不仅借鉴了参与观察和深度访谈的方法，还尝试运用整体观和相对论进行跨文化比较。

黔东南苗族独木龙舟与相当一部分节庆类身体运动娱乐活动一样，既无体育目的、又无持续身体练习和训练过程，也无健身效果，不能说是真正意义上的体育活动；这些旨在提高民族凝聚力和延续力的传统习俗，虽有竞技形式却并无体育意识和健身动机，视为体育萌芽较为恰当，并不适宜套用现代体育科研方法的一般标准来衡量。对黔东南苗族独木龙舟这样世界级的文化遗产，不宜简单视为现代体育，更不能照搬当代竞技运动项目的规则来对其妄加改造。对于丰富多彩的中华民族传统体育活动，应该整体纳入人类学田野工作的框架，采用体育人类学的实证研究，重新分类梳理。通过认真细致的全面实地调查，才能对其发展提供科学依据。①

用体育人类学来探讨民族体育的继承与发展，黔东南苗族独木龙舟的田野调查是一个举一反三的范例。调查证实，它和相当一部分“少数民族传统体育”一样，主要价值并非强身健体而是显现文化多样性，很难从一个受限于地域和民族特征的“小众文化”推广普及为“大众文化”，不宜发展为高水平竞技项目，也不能进入学校体育教学，在全民健身方面的体育效果亦极其有限。譬如，即使可以把少量独木龙舟及划船者甚至巫师请到外地表演，但大量的非物质文化成分如“接龙”“吃龙肉”等习俗是很难移植或复制的，否则将导致其自身的变异或消失。因此，黔东南苗族独木龙舟只适合在清水江苗族极为有限的范围内生存，应该正确地视其为一项珍稀的文化遗产，提高到重点文物保护的高度来认识，切勿按现代体育运动项目的技术规范妄加改变。

独木龙舟这类民族传统体育活动，并不能按字面意义理解为单纯的“非物质文化遗产”，而必须依赖一定物质条件的承载。体育人类学对其生存的自然环境和使用的运动器物的调查，可以对这样的活动得到更加全面清晰的认识和更为准确的把握。文化多样性与其特殊的生存状态有着内在的联系。由于特

① 胡小明，杨世如．独木龙舟的文化解析——体育人类学的实证研究（二）［J］．体育学刊，2010，17（1）：1-9．

殊的气候、地理等自然环境，产生了人群的特殊生活习俗，使黔东南苗族独木龙舟成为中华各民族龙舟活动最为原始的形态之一，可以冠之以体育萌芽“活化石”的美誉。原生态的少数民族竞技游戏有很高的研究价值，应尽量避免改变其原生态风貌。随着城市化、工业化趋势的日益扩展，旅游业迅速发展，人口与经济活动增长压力与环境污染，原生态文化遗产受到破坏和威胁越来越严重。对独木龙舟这类身体文化遗产的保护，需要倡导清水江原生态文化与自然环境综合保护，把永续利用的理念作为可持续发展的基本动力，使其成为世界级的文化遗产。

用体育人类学研究“民族传统体育”这类珍稀文化遗产，在自然环境和文化生态方面，都还有继续研究的拓展空间。譬如，对黔东南苗族独木龙舟的大规模田野调查之后，仍然留下了若干有趣的谜团，但对缺乏文献资料记载的独木龙舟历史文化部分的挖掘，对其工艺、服饰、表演方式等深入探讨，尤其是对“吃龙肉”等表现多元文化的巫术礼仪的创新性解读，充分说明了体育人类学的价值。①

**（二）竞技是疏导攻击性的载体**

人们为什么要竞技？什么动力促使它发展至今？在过去的研究中，我们习惯于把竞技置于人类的社会生活中加以考察，而对于人类产生竞技的初始动力，则较为忽略。

人类学将竞技置于人类进化的漫长过程中开展研究，在更为广阔的背景中加深认识。达尔文的进化论作为长期支撑着人类学的主导理论，认为物竞天择，各物种的生死存亡取决于竞争能力的强弱。人是万物之灵，人类正是由于在一切物种中具有最强竞争能力，才超越万物主宰世界。这种观点也深深影响到其他人文社会科学领域。

然而，借助于不断发现的考古材料和日益更新的科技手段，人类学的最新研究表明，人对其他物种的竞争优势并不是先天和主动的，可能是自然界诸多因素的撞击后改变了一部分猿人的生存环境，经过几百万年生活条件的逼迫，强制性固化了包括直立行走在内的活动方式，后来使用了工具，改善食物结构而促使脑容量增加，最终超越于其他物种之上。

人类依赖于自然而存在，自然制约着人类。人类是自然界的一部分，人在改造自然的过程中当然也塑造着人本身。人具有社会性，但他首先具有生物本

---

① 胡小明，杨世如. 独木龙舟的文化解析——体育人类学的实证研究（二）[J]. 体育学刊，2010，17（1）：1-9.

性。精神分析学家弗洛伊德对人的本能具有独到的解释，他认为人既有爱和建设的本能，又有恨和破坏的本能。破坏性是人的天性，是由于创造力受到阻碍，是因为生活不合理想的后果。这种潜能外向地爆发，将给社会带来危害。①

人的本性中这种东西到底应称为竞争力还是破坏欲？我们早已看到人的本能中具有竞争性和攻击性。竞争性和攻击性在人类漫长的进化过程中一直存在，是为保存生命繁衍后代的要素，但在社会生活中也要用文化规制其作用，以避免这种原始的本能的滥用。

人类来自动物界，其攻击的本能源于自然属性。但是人类既然从动物界中分化出来，就超越一切动物，由被动变主动并创造出灿烂的历史文化。人类原始的攻击性一旦赋予了文化的色彩，便使攻击转化为竞技，给人的生物本能提供了一种独特的宣泄形式。文化将危险的本能变为和平的运动竞赛，给狂热的冲动加上了安全阀，使竞技活动具有了人类的行为特征，成为一种新文化诞生。

人的身体竞技行为源于自然，但与一般生物的活动迥异。本能的身体运动一旦创造为文化，便超越任何生物的活动。人从自然界中走出，同时又在一定程度上改造自然，创造“人工自然”或“第二自然”，运动竞技即如此。人类为了防止攻击造成灾难性的后果，利用一些仪式化的活动来引导攻击行为，竞技是最有效无害的方式之一。奥地利诺贝尔医学奖获得者康罗·洛伦兹是现代行为学的创始人，他发现动物的攻击行为对其生存有利，与人类行为对比，可以揭示人类好战行为的先天性基础。“人类的运动并不能直接和高等脊椎动物的争斗游戏做比较。后者绝不带任何竞争性，而且在本质上它是没有目的的。两只不同大小与强弱的狗要能快乐地嬉戏，只有在严格地除一切竞争因素后才可能。运动就不同了。甚至那些纯粹为了自己的喜好而作的娱乐活动，如溜冰、滑雪等，我们总有一种做好它的骄傲感。而且，没有一种运动是不具竞争性的。由此观之，人类的运动比动物的嬉戏更具争斗性。而且，不容置疑的，运动具有攻击动机。实验证明，大多数的动物嬉戏却缺乏这种攻击动机。”

“竞技运动的最大功能是替代那些最不可或缺但又最危险的攻击类型，加上一个健康而安全的活门。所有国际竞赛里的团队精神促进了许多有价值的社会行为，而这些社会行为主要是由攻击性鼓舞的，而且很可能是在自然淘汰的压力下进化来的……愈艰难且愈危险的运动方式，特别是需要大批人团结合作

① [奥] 弗洛伊德. 释梦 [M]. 北京：商务印书馆，2009.

的竞赛，诸如登山、潜水，近海和远洋的航行，南北极的探险，甚至太空探险等都给予战斗热情许多发挥的机会，使得种族与种族之间彼此在困苦与危险的竞赛中争斗着，却不带来种族或政治上的仇恨。国际的运动竞赛之所以有利，不仅是因为它替种族的战斗热情找到发泄的途径，而且因为它们还有对立于战争的危险性的两项效果：第一，它们促进不同种族或团体间人与人的认识。第二，它们促使人们为共同的利益奋斗或结合。事实上，除开这些竞赛活动，种族间就没有什么相同的。”①

人类对动物的攻击性已经很了解，譬如，争夺个体与群体所需的生存空间、争夺配偶以繁衍后代、训练和发展固有的战斗力，这实际是遗传本能对习得的侵犯性的控制。但文明程度的增加反而发展为人造武器代替天然武器，致使杀人行为与个体的恐惧相分离。人类的杀戮能力由文化而不由本能控制，这是要承担巨大风险的。在步入现代社会前的很长一段时期里，人们习惯于通过决斗的方式来解决最高争端，杀死对方被认为在这场争执中代表着正义。后来发展为数千年各种规模的战争，人类漫长的历史随处可见自己同类的斑斑血迹。人类的智慧，在战争中得到充分利用；人的攻击性之猛烈，使任何动物都难以望其项背。进入 21 世纪，人类有巨大杀伤力的核武器，过分拥挤的空间，会增加攻击行为的频率，人类随时要防范自己给自己带来的毁灭性灾难。竞技场借助文化适应的仪式得以升华，使发泄原始形式的攻击性有各种形式的替代物。用运动竞技来疏导人的攻击性，从理论上看来有助于减少战争和暴力行为。

“竞技运动代表着人类无敌视的特殊形态，它被一些文化发展出来的规则严格限制……运动的价值远胜于一些直截了当的攻击发泄，例如怒吼或连击沙包。它教导人们有意识且带责任地控制自己打斗的行为。如不自我控制就像在拳击赛中任意发脾气那样立刻且严重地遭受惩罚。更重要的是限制的教育价值，此限制乃出于公平和骑士精神需要，即使面对着最强烈的引发刺激时，也必须公平和有骑士精神。”②

竞技体育比赛靠严格的规则来确定强与弱、高与低、多与少、快与慢、长与短、大与小、重与轻等差别，然后决定胜与负、名次的先与后、利益的大与小、荣誉的多与少等。在竞技过程中，使个体团结起来与另一集体抗衡，这在体育性质的运动竞技中发挥着最佳效益。比赛时常常有触犯对手的挑衅行为，

---

① ［奥］洛伦兹. 攻击与人性［M］. 王守珍，吴雪娇，译. 北京：作家出版社，1987.

② 同①。

意在激怒对方使其失去正常的竞技水平，但被旁观者视为不道德。竞技要求所有参与者严格遵守社会规范，不合礼仪的犯规动作会受到规制。人类的竞技行为依赖文化适应的仪式扩散，使团体分子产生互相谅解的效果；而故意违反礼节规范的态度，就等于公开的对社会挑战。竞赛的过程是直接的对抗，立竿见影。国际竞赛一结束，马上就可排名次、奏国歌、升国旗。因此，竞技体育比赛常常激起强烈的社会反响，许多国家和民族都希望在运动场上扬眉吐气。①

虽然每场比赛只有很少人出场，但却可以使亿万观众如痴如醉、激动万分。运动场上隆重的礼仪，参赛选手高超的技艺，惊险激烈的竞争场面，无不扣人心弦，使人们原始的攻击本能移情于竞技场而不至给社会造成危害。竞争而守道，是竞技实现文化适应的社会效益，这充分体现了维护世界和平与进步的重要价值。

体育竞赛显示了人类的文化适应方式，把残酷的竞争与和平、友爱巧妙地融合到竞技中，维护社会生活的安定团结。人类希望，在未来战争将越来越少。但是，人的攻击本能不会消失，体育的竞争将代替战争，成为体现人文关怀的合理争斗。因此，不同种族和国家，大都不会甘愿放弃运动场上的竞争。体育竞赛仍然风靡全球。1998 年，联合国大会庄严呼吁，奥运会期间在全世界停止一切敌对行动。“奥林匹克神圣休战”的古为今用，体现了人类对和平、善良及化干戈为玉帛的渴望。②

当然，攻击理论也只是社会生物学的一种假说，尽管有许多学者极力倡导，但也有不少对其科学性的质疑乃至反对之声。“关于人类进化的‘假设故事’（Gould，1980）是用表面的描述代替了深层的解释（Piaget，1979）；却没有当前适应的其他途径进行科学的思考和分析。……这些问题的严重性表明社会生物学的观点对于理解人类的行为与发展基本上没有什么借鉴意义，尤其是对于理解个体差异和群体差异。”③ 看来，即使是流行了很久甚至轰动一时的人类攻击理论观点，即使被写入体育人类学诞生时的专著中，仍然有待更为精确的科学实证对其加以修订完善。

### （三）有体育意识之前存在真正的体育吗

J. G. 弗雷泽（1854—1941），英国古典社会人类学创始人之一，认为

---

① 晓鸣. 运动竞赛的社会效益 [J]. 体育与科学，1989，10（1）：21-23，13.

② 胡小明. 运动竞赛的发生和发展 [J]. 体育文史，1989（4）：66-70.

③ [美] 理查德 · M. 勒纳. 人类发展的概念与理论（第 3 版）[M]. 张文新，译. 北京：北京大学出版社，2011：378-393.

“巫术先于宗教”的第一人。他所著的《金枝》是现代人类学的奠基之作，也是人类文化史上最伟大的著作之一。时至今日，这仍然是一部阐释巫术和宗教起源的权威之作。“金枝”一词是弗雷泽从古罗马作家所叙述的神话传说中转引而来，它记载了一个神秘的古老习俗：有一座神庙在罗马附近的丛林中，这座狄安娜神庙的祭祀，按照习俗由一名不再被追究的逃奴来担任，他被称为“森林之王”。他要担负起保护和守卫一棵圣树的责任，不分昼夜手持利刃保持警觉，因为如果被人折取这棵树上的一节树枝，就有资格与他竞技决斗，如能杀死他即可取而代之，进入下一个循环。① 很显然，如果这种格斗习俗流传到今天，一定会有人把这种极端残忍的竞技活动形式视为“民族传统体育活动”。可惜它不是，过去不是，现在也不能说是。

在西方，古希腊竞技的规模是空前的。公元前两千年的克里特岛上，就出现了供宗教庆典时举行斗牛、拳击活动的竞技场。几百年后的荷马时期，军事首领们常举行投掷标枪、驾驭战车、摔跤、拳击、赛跑等竞技。在《荷马史诗》中，有许多关于惊心动魄的竞技活动的描写，但这只是战争的一部分，也只是原始宗教仪式的一部分，其中难以发现真正的体育意识。到公元前776年，原始的祭礼竞技中出现了古奥运会等大型赛事，成了全希腊人的竞技盛会。竞技项目由开始的赛跑逐步增多，出现了各种赛跑、摔跤、拳击、五项竞技、赛车和赛马等，还有观赏性很强的火炬赛跑、传令比赛、吹笛赛、艺术比赛等。除奥林匹克竞技外，皮施因竞技、伊斯玛斯竞技、尼米亚竞技、赫拉竞技等大型运动会，也很引人注目，但它们实际上都是宗教仪式的衍生物。至于古罗马的竞技活动，展现了人类血腥暴力的杀戮竞技和骄奢淫逸的变态观赏。从形式上看，古罗马有许多大型竞技场，最大的可容纳数万观众之多，规模丝毫不比现代体育场逊色。然而市民们并不亲身参加激烈的竞技，而是乐于在看台上观看奴隶和职业选手的各种流血竞技。为了观赏充满血腥气的竞技，还开办角力学校训练大批角斗士，以至爆发了著名的斯巴达克斯起义。圆形阶梯看台下，审美和道德意识惨遭践踏，拳击、角力、斗兽，直至成百上千角斗士参加的野蛮残杀的混战，竞技之美在这里饱受了血腥的污染，它当然不能被誉为“体育”。

古代东方的竞技乏善可陈，大多是礼仪化的武艺较量，不以炫耀身体健美为目的。例如，“项庄舞剑，意在沛公”的典故，出自《史记》记载的“鸿门

---

① ［英］J.G. 弗雷泽. 金枝——巫术与宗教之研究［M］. 徐育新，张泽石，汪培基，译. 北京：新世界出版社，2006.

宴”。在项羽宴请刘邦的席间，“项庄入为寿，谓军中无以乐，请以剑舞”。项庄在宴会上舞剑暗藏杀机，带有娱乐表演性质，在“军中无以乐”的情况下，为客人舞剑助兴，纯属竞技表演。继之还有项庄与项伯的双人剑舞，以及樊哙持盾与项庄对击的表演。想要舞弄得好看而又不伤害对方，没有精湛的技巧是不行的。但这也只是竞技，并非体育。

体育人类学的田野工作，以卓有成效的技术路线揭示了体育运动形式演变的萌生过程。譬如，黔东南苗族独木龙舟的实证研究结果表明，原始竞技的出现远远早于人类的体育意识，原生态竞技形式流传至今仍然是一种祭祀性的民间游戏，注重显示家族的强盛、收受礼品的多寡、动作的整齐甚至服装的美丽，其目的并非只是为了较量体力的强弱和获取好名次。工业革命带来人类的体育意识，在“更快、更高、更强”的呐喊中把现代竞技定型为一种具有规则性、竞争性、娱乐性、挑战性及具有成熟规则的身体活动，去挑战人体运动极限记录。后工业社会休闲时代的来临，并不需要我们把所有残存的原生态竞技游戏全部同质化为当代体育活动，而是需要像文物那样保护保存，为人类未来的运动休闲提供更加广阔的多样性选择。

由此，体育人类学的假说得以印证：原始竞技活动与体育运动形式的萌芽有关，它在人类具有了成熟的体育意识后，大部分成为现代体育的方法和手段。不过，即使在当代全球化的浪潮中，仍然有极少数来源于巫术礼仪的程式化竞技游戏，并没被现代体育标准进行规范化改造，仍然可以保持其原生态形式，在有限地域延续。巫术作为竞技游戏程式化中举足轻重的催生剂，对体育运动形式萌生所产生的作用不能抹杀。

## 第三节　近代劳动方式的演变铸成体育形态和功能

“体育起源于劳动”是写进体育教科书而令人坚信不疑的事。其实，这种缺乏依据的带有社会达尔文主义色彩的观点，是古典进化论被体育理论教科书编写者书斋式臆想的结果。劳动是什么？动物的跑跳投运动是劳动或体育吗？换言之，可以找到任何实证材料支持“劳动起源论”吗？

摩尔根的古代社会理论，在20世纪受到苏联及中国民族学界的热情追捧，体育界不会去思考他的理论和框架存在着需要修正的历史局限性。摩尔根的理论之所以被奉为经典，是因为存在一种误解，即认为其学说是马克思主义社会发展理论的具体化和支撑材料，对其学说的任何怀疑就是对马克思主义理论的怀疑。劳动在人类的起源和进化以及人类社会的产生和发展过程中，确实起着十分重要的作用。但事实上，恩格斯强调的是劳动在从猿到人转变过程中所起到的关键作用，从而提出“劳动创造了人本身”这个论点。体育人类学的研究表明，劳动对体育的重要作用并不发生在体育运动形式的萌芽时期，而是出现在很晚的工业革命之后；这种重要作用并非主要导致身体游戏和运动竞技雏形的创造，而是表现在近现代劳动方式演变与体育意识增强的矛盾与冲突之中。

## 一、体育在自然经济中萌芽但发展缓慢

研究体育的历史，应该从体育形态自身的发生和发展变化来寻求其轨迹，而不能照搬一般史学的模式。必须看到，劳动方式的演变制约人们对体育的不同需求。因此，应该在与人类身体活动关系最为密切的劳动方式的改变中考察其对体育需求的影响。

“人自身作为一种自然力与自然物质相对立。为了在对自身生活有用的形式上占有自然物质，人就使他身上的自然力——臂和腿、头和手运动起来。当他通过这种运动作用于他身外的自然界并改变自然时，也就同时改变他自身的自然。”① 这种“改变自身自然”的行为是顺应环境而在无意识中被动产生的，是对自然界的生物性适应，与其他动物觅食行为几乎没有什么两样，并非真正的“体育”。只有当人类的劳动方式使这种“改变自身自然”的行为过分异化而危及人体健康时，人类才产生体育意识，另外创造出一整套有益于身心的体育制度来对抗扭曲和异化，使身体回归自然的生物本能必需。从这个意义讲，甚至可以说体育和劳动是对立的。

那时的跑、跳、投、格斗、攀登、游水等身体训练虽然是原始教育的主要部分，其运动形式也类似于今天的体育运动，但其目的并非为增强体质和增进健康，而是为掌握赖以谋生的生产技能，是简单劳动的必备环节。即便对年幼一代进行的奔跑、跳跃、投掷等身体基本运动能力的训练，也主要是为了传授生存技能，就像老鹰把雏鹰叼到空中扔下来练习飞行、老猫教小猫抓老鼠、狮子教幼崽捕食一样。这些动物训练下一代的谋生机能也有增强体质的效果，但实质上是学习谋生手段，是成长准备过程中的必要环节，这些为满足生存需要而进行的身体活动带有强烈的功利性，充其量算是生存技术教育，而不是以提高健康水平为主要目的的体育活动。“人们因为从幼年时期就习惯于气候的不

---

① ［德］马克思，恩格斯．马克思恩格斯选集（第二卷）［M］．北京：人民出版社，1995：177.

正常，以及季节的酷暑和严寒，因为在日常生活的锻炼中获得了耐劳的习惯，同时为了保卫自己的生命和猎获，又不得不裸体地、赤手空拳地去对抗其他猛兽，或者为了躲避猛兽而不得不迅速逃跑，所以，人便养成了一种强壮的、几乎不会变坏的体质。儿童一出世就承继了父母的优良体质，并且用养成这种体质同样的锻炼来加强自己的体质，这样就获得了人类可能获得的全部精力……野蛮人的身体，是他自己所认识的唯一工具，他把身体用于各种不同的用途，我们由于缺乏锻炼，已不能像他那样使用自己的身体了。因为我们有技巧，所以我们已经没有野蛮人因实际需要而养成的那种体力和敏捷。假如已经有了斧头，他还能用手腕去折断那么粗大的树枝吗？假如已经有了投石器，他还能那么有力地用手投掷石头吗？假如已经有了梯子，他还能那么轻捷地攀缘树木吗？假如已经有了马，他还能跑得那么快吗？”① 日益先进的劳动方式带来进步和便利的同时，人类身体的生物性本能和自然运动能力也日益退化。

体育人类学的创新性观点认为：直立行走——人类身体形态结构的改变是近代体育形成的生物学本源。那么，在天然经济条件下，这种身体结构缓慢适应着大自然的变化，使各种运动形式作为体育萌芽而难以聚合为成熟的形态。

靠渔猎采集的天然经济和农耕畜牧的自然经济时期，人类对体育没有真正的需求。体育人类学针对原始竞技游戏与体育萌芽的关系，经过类似黔东南苗族独木龙舟的田野调查，已经为其发展脉络提供了新鲜佐证。在“体育”（physical education）这个词汇出现以前，人类并没有形成完整、清晰、独立的体育观念。朦胧的体育萌芽于一些身体活动中，只是作为手段为军事、生产、娱乐、繁衍后代的目的服务。古希腊竞技的耀眼光芒并不能掩盖它是宗教活动的事实，而且它只反映人类早期竞技活动中极其罕见和孤立的特例，这个在极小范围内出现的杰出样式，并不能表明其余地区人类原始竞技的普遍真实状况。人类体育意识的成熟和飞跃的标志，是体育术语和概念的出现，使一些身体活动的目的发生质变，变成满足体育需要的手段。远古的竞技游戏，可以说是源于战争游戏，也可以用来阐释宗教功能，它作为人类身体文化的特殊方式独自存在了漫长的时期，顽强地表现人类最原始的本质力量与价值。②

---

① ［法］卢梭．论人类不平等的起源和基础［M］．李常山，译．北京：商务印书馆，1962：75-76．

② 胡小明．新时期体育社会功能的转变——三论体育文化属性的皈依［J］．体育文化导刊，2003（3）：3-5．

在农耕文明的时代，各种趋向于体育性质的身体游戏活动有时会触犯社会伦理或宗教教义中的某些禁忌，如古代中国的伦理尤其是儒家学说就不利于身体运动的开展，农民的休闲活动根据不同的气候和季节自行安排；在欧洲，人们必须在宗教倡导的礼拜日休息，苏格兰议会曾经在 1457 年和 1491 年禁止过各种游戏竞技。后来，作为资本主义精神支柱的新教伦理鼓励人们勤劳工作，只在规定的时间休息即可。都市化和工业化对人们的生活环境产生负面影响，地方政府开始通过立法建设城市公园，使市民享有可以自主健身锻炼的公共空间、引导人们合理分配社会闲暇时间、推动社区体育活动的开展、提供必要的体育锻炼基础硬件设备等，越来越多来自社会底层的市民参与足球、板球、赛马、拳击等运动。到了 19 世纪 50 年代，周六下午基本上都用来进行各种身体娱乐活动，但这仍然算是体育的非成熟形态。

农耕文明时期的体育萌芽，主要是一些身体娱乐竞技游戏，虽然随着社会经济、文化的发展，古老的竞技活动仍然作为文化遗存在民间顽强流传，除了贵族的玩乐，普通农民也可以在农闲时以节日集会的形式展现休闲娱乐的身体游戏，但都没有强烈体育意识，亦不看重健身效果。

进入封建社会后，农民较奴隶有更多自由，但劳动方式仍然主要依靠人体的肌肉活动所提供的动力。“由于劳动要求实际动手和自由活动，就像农业中那样，这个过程同时就是身体锻炼。”① 在自然经济社会，形式多样的体力劳动，对人的身体客观上具有与体育类似的功效。人类的身体活动方式相对自由，尚未出现工业社会分工带来的身心异化时，并不需要发展体育事业。

到了工业社会，人类的体育意识把大量竞技活动整合成全社会的教育手段。如 1863 年，世界上第一个足球协会——英格兰足球协会成立；1872 年，英格兰足球协会举行了世界上第一次足球比赛；1880 年，职业化足球组织成立；1895 年，部分橄榄球组织也实现了职业化。政府规范了滋生骚乱的街头足球和其他粗野的竞技游戏，着手建设更多专门的户外运动场所。

2012 年，伦敦举办的第 30 届奥运会的开幕式，从首章“田园牧歌”向第二章“喧嚣时代”的场景转换，形象展现了体育的真正诞生过程：圈地运动使人类在乡村的悠闲生活突然变化，牛羊成群的山坡上冒出象征工业革命的一座座巨大的烟囱，消失的庄稼地里走出一群群产业工人，他们重复着机械动作在钢花飞溅中用铁锤不停敲打钢铁铸造的奥运五环冉冉升起……这是一段向改变人类生存状态的重大历史进程的祭祀。

---

① ［德］马克思．政治经济学批判［M］．北京：人民出版社，1980：225-226.

## 二、成熟的体育是工业革命的产物

进化论模型是历史模型中的一种，这种模型认为，现在的事物要参照过去的事物做出解释。科学的解释是一个将导致特定社会或文化事件的历史要素进行分离的过程。在体育竞技研究中，这意味着特定或与体育有关的事件可以用阐明其在进化过程中位置的方法进行解释。譬如，历史学家阿伦·格特曼在其著作《从仪式到纪录：现代体育的本质》中认为，导致现代体育出现的决定因素是传统宗教系统的崩溃和大众世俗生活的出现。体育竞技的出现经历了几个阶段，即从原始体育竞技，到古希腊和古罗马文明的体育竞技，再到中世纪的体育竞技，最后到现代体育竞技。①

进化论模型对于理解体育发展的过程和历史最为重要。它使得研究者可以从进化发展的角度对体育文化进行解释，根据历史事实做出预言，在检验假说时使用历史资料。例如，美国体育人类学家布兰查德认为，通过详细分析早期欧洲农民的竞技行为，可以对美国现代团体竞技项目有更好的理解。他首先提出了关于现代体育的基本特征是在中世纪的农民竞技和竞赛的基础上发展起来的理论，然后，用历史学和人类学资料去检验一系列的假说。②

虽然许多人类学家对进化论模型的简单线性进程持不同意见，但其跨文化的研究角度和从特定经济发展阶段对体育行为进行宏观分析的方面，特别是经过改良的新进化论，对体育人类学研究有很大的帮助。抽象地整体审视体育的沿革，采用进化论的理论模型至今仍然是主要选择。西方体育人类学的理论与方法中，在宏观研究体育发展进程这一点上值得充分肯定。

从体育发展的历史演变过程可以看出，工业化、现代化、城市化，才能使体育活动社会化。伦敦奥运会开幕式把“钢铁时代”创造体育的形象过程表现得淋漓尽致。这一过程说明，在农业社会里，自然经济的劳动方式使身体活动处于被动自发的状态，体力是生活的重要组成部分，谈不上有真正的体育。在工业革命的浪潮中，体育参与者逐渐增多，随着社会管理变为由政府介入，至 19 世纪末，城市化飞速发展使社区体育活动纳入公共服务领域，体育活动以惊人的速度向全球传播。

在人类经历的漫长的渔猎采集和农耕时代，自然经济与人类的身体适应能

---

① ［美］阿伦·古特曼．从仪式到纪录：现代体育的本质［M］．花勇民，等译．北京：北京体育大学出版社，2012.

② 胡小明，陈华．体育人类学［M］．北京：高等教育出版社，2005.

力协调发展，身体活动并没有显现出明显的体育人文价值。工业社会机器大生产，迅速影响到人们的身体状况，特别是工人们的身体健康直接遭受摧残。在19世纪上半叶，工人们在农耕时代养成的生活习惯已被彻底打破，现实生活条件非常糟糕。“他们没有机会锻炼身体，发展肌肉的力量，增进肌肉纤维的弹性和强度，而且从小就被剥夺了在新鲜空气里活动的机会。”① “就机器使肌肉力成为多余的东西来说，机器成了一种使用没有肌肉力或身体发育不成熟而四肢比较灵活的工人的手段……不仅夺去了儿童游戏的时间，而且夺去了家庭本身通常需要的、在家庭范围内从事的自由劳动的时间。”② 工业革命带来的劳动方式转变使人们身体运动能力日渐衰退，身体无美可言。因此，需要“从法律上限制工作日，这是使工人阶级增强智力和体力并且获得最后解放的第一步”。③ 劳动方式给人类带来的负面效应，需要借助体育去弥补。

长期在农村劳动的人们来到拥挤的工厂里，投身于整天面对机器的工作方式，使得人们的工作方式与传统的手工劳动完全不同。新教伦理与资本主义精神也以勤恳劳动为理念，支持资本家的剥削行为。恩格斯早已尖锐指出：社会“分工使一切受它影响的人变成残废，使一部分肌肉发达而其他部分萎缩，而且在每一个劳动部门中这种情况都有不同的表现，每一种劳动都按照自己的方式使人变成残废。”④ 劳动使人变成残废，而体育努力使人回复正常，这是工业社会初期的状况。劳动者维护自己身心健康的需求日益强烈，因此爆发了许多以争取休闲娱乐权利为目的的抗争运动。从这个意义上说，人类创造体育，是为了救赎工业革命的原罪，是自然界最富有智慧的物种对自身受到身体异化的一种理性抗拒。

工业社会使体育有了一整套方针政策和知识体系，成为人类一项重要的文化事业。如英国教育家阿诺德主张，没有身体教育的教育不称其为教育。他在拉格比学校进行改革，把田径等运动项目引进学校课程；19世纪70年代，阿诺德的体育方法走出学校，影响了欧洲的体育运动俱乐部，并传播到世界各地。工业社会创造了庞大的用先进的科学技术武装起来的生产力，使人类的身

---

① [德] 恩格斯. 马克思恩格斯全集（第二卷）[M]. 北京：人民出版社，1971：442.

② [德] 马克思. 资本论 [M]. 北京：人民出版社，2004.

③ [德] 马克思，恩格斯. 马克思恩格斯全集（第21卷）[M]. 北京：人民出版社，2003：589.

④ [德] 马克思，恩格斯. 马克思恩格斯全集（第22卷）[M]. 北京：人民出版社，1971：446.

体活动产生了质的飞跃，聚合成型，自成体系。教育走上科学的轨道，借助于当时生物科学的发展和启蒙时期的教育思想而创立了健身理论。组织机构的建立、方针政策的制定、法令条规的颁布、场地设施的大力修建，作为体育手段的身体运动由简单到复杂、由单调到多样、由分散到集中、由实用强身到娱乐健身，有一个从量变到质变的过程。至此，科学的、完整的、独立的、系统的体育便形成了。①

工业革命带来的大规模城市化，是近代体育社会化的标志性基础条件。工业化的管理方法，被应用于城市的公共体育管理系统。经历了资本的原始积累期，以发电机及改良后的内燃机为标志的工业革命，使工作效率有了更大的提高，普通平民的收入大幅度提高，人们有了自由支配的资金。劳动者休闲的时间也越来越广阔，随着物质条件的极大改善，运动休闲的空间也越来越广阔。推广现代体育运动方式，成为中产阶级规范和引导社会底层“理性休闲”的重要方式。都市化使体育运动成为公共管理的对象，身体运动不再是一种不受限制的个体行为。工业社会带来近代科学技术的飞速发展，使身体运动不但有受其理论指导的分科研究，而且还有相对独立的理论系统，规则明确，以及各竞技项目分类归纳，正式成为体育的手段。

工业化过程中讲究标准和规范，影响众多体育活动趋向标准化、规范化。以英国为例：1871 年颁布的《假日法令》使社区体育的发展有了基本保障，1894 年的《地方规划》和 1906 年的《户外规划》则要求提供室内、户外的运动设备、设施。政府在社区体育发展方面起到积极的政策导向作用，一方面为城镇居民提供生活质量的保障（此时还仅限于身体健康、卫生方面）；另一方面号召人们强身健体保家卫国。第一次世界大战的爆发，使社区体育的发展由运动休闲娱乐转向以青少年身体锻炼为主。随着科技的发展，各种与体育活动有关的器材和场地材质得到改良且成本降低，为体育运动的普及奠定了物质基础。根据 1911 年的英国人口统计显示，英国有 80%人口已经生活在城镇，为满足社区居民的运动休闲需求，中央政府要求地方政府提供开放性地域，包括公园、游泳池（露天）等场所。1870 年至 1900 年间，新增游泳池的数量超过 200 个，到 1914 年总数已超过 500 个。而在 1914 年前建成的游泳池中有 201 个使用至 1977 年，甚至有些使用至今。20 世纪初，体力劳动者每周一般工作 52~54 小时，一战后为 48 小时，二战后为 44 小时，80 年代后产业工人标准周工作时间为 40 小时，非体力劳动者为 37 小时。休闲时间的大量增加，使人

---

① 胡小明. 体育的唯物史观 [J]. 四川体育科学学报，1985 (1)：1-5.

们只能在向非体力劳动的工作方式转变的过程中，在日常生活里安排更多体育锻炼时间。由于率先展开工业革命的英国对现代体育发展的贡献，国际奥委会主席罗格在伦敦奥运会开幕式的致辞中说：“某种意义上，奥林匹克运动会即将回家。这个伟大的、热爱体育的国家被公认为现代运动的发祥地。就是在这里，体育精神和公平竞争的概念被首次编撰为明确的规则和规章。就是在这里，运动被列为学校课程的教育手段。”① 纵览伦敦奥运会的 26 个大项，至少有 9 项起源于英国，包括足球、羽毛球、乒乓球、射箭、水球、赛艇等项目。这里所说的起源，包括器材与规则的确定完善，运动团体和比赛的组织推广等。② 可以说，现代体育的诞生，是以英国工业革命为标志的。工业革命不仅带来生产关系和生产方式的巨变，还带来信息传播和交通运输的巨大技术变革，使英国发源的众多现代体育运动项目，随着世界性殖民扩张的步伐，普及到全球各个角落。

工业社会后期，劳动成果带来的舒适便利降低了人类在生存发展中的生物适应性，而体育却试图保持人类的物种活力；到了后工业化社会，劳动方式在整体上与体力脱落，人类在谋生的时间段失去了生物适应选择，只能在休闲生活中通过体育进行弥补。劳动的目的是为了更好地休闲；而休闲生活方式需要体育。这是对人类自身的终极关怀，展现了体育的人文美。人是一个极其复杂的统一有机体，健康的身体是人的全面发展的最基本的物质基础，影响人整体完善发展的许多方面，都涉及身体发展的缺陷。对人的身体发育具有完美体魄的概念，毛泽东曾给体育下了这样的定义：“体育者，人类自养其生之道，使身体平均发达，而有规则次序之可言者也。”③ “使身体平均发达”和“有规则次序可言”，反映出人类对自身的共同审美要求。马克思用唯物史观来看待人的全面发展，比历来的思想家所设想的“理想的人”“自由的人”“个性和谐发展的人”更加深刻和丰富。关于人的全面发展的学说认为，体育的发展，同人和社会的发展同步，为我们建立越来越庞大的体育事业提供了科学的理论基础。越来越多的人认识到，体育运动的普及，是休闲社会化的主要方式。

## 三、当代体育功能从生产到生活的转变

旧体育理论历来认为，体育最重要的社会功能是促进生产的发展。在体力

---

① 罗格. 国际奥组委主席罗格伦敦奥运会开幕式发言.

② 王志威. 英国社区体育发展研究 [J]. 北京体育大学学报，2012，35 (1)：16-21.

③ 毛泽东. 体育之研究 [M]. 北京：人民体育出版社，1979.

作为生产力重要组成部分的年代，体育提高生产者的体力，增强体质就是增强劳动力，当时的劳动方式使体力强健几乎可以直接导致产量的增加，所以这样的理论在当时成立。

在自然经济时代，人类并没有真正面向全社会的体育事业。当劳动和体育的功效基本一致时，社会不需要体育，只有一些有闲阶层的身体娱乐游戏。当劳动对人体的作用和体育相反时，工业经济催生体育成形，社会才需要体育。

马克思早就说过，与劳动时间相对的自由时间，即可以支配的时间，就是财富本身：一部分用于消费产品，一部分用于自由活动，“这种自由活动不像劳动那样是在必须实现的外在目的的压力下决定的”①。缩短工作时间，追求人在“自由时间”里通过增强智力和体力而得到全面发展，是马克思等先哲梦寐以求的理想状态，也是体育活动开展的基础条件，使传统体育方式演变为运动休闲。

伴随人类发展的过程不难发现，人类的生物适应性，其实就是在很短的工业革命之后才突然跟不上社会文明发展的：人类运用体力渔猎采集的自然生存状态在时间上以百万年计，以全身性体力劳动为特征的农业经济的时间以万年计，以部分身体单调活动为特征的工业经济以百年计，而迈向以脑力劳动为特征的知识经济时代，或许只能以十数年计。可以说，从依赖体力的自然经济到大量消耗资源的工业经济，人类的健康出现问题，身体的适应能力被抛离了自己可以掌控的轨道，需要体育的迅速发展来加以弥补；而到依赖知识经济的时代，人类的健康将出现更大的问题，需要调整生活方式的结构才有望解决。带来这个问题的主要原因，是人类身体运动方式在整体上突然脱离了生产劳动领域。

生产方式的转变，给人类带来的是体力劳动强度的迅速降低、生物适应性也迅速降低；休闲时间突然增加、对精神产品的需求也随之突然增加。“我们都熟悉用进废退的道理，经常使用可使有关部分的肌肉加强力量，而停止使用，则和损坏有关神经的作用相同，使这些肌肉趋于衰弱。”② 一旦生产活动中脑力已跃居主导地位，体力的作用飞速下降，不能再担当重要的生产力要素，体育的运行轨迹必然会受社会调控。随着时代的发展，体育的社会功能就

---

① ［德］马克思，恩格斯. 马克思恩格斯全集（第 26 卷）［M］. 北京：人民出版社，1974：282.

② ［英］达尔文. 人类的由来［M］. 潘光旦，胡寿文，译. 北京：商务印书馆，1983：45.

从促进生产劳动转变为提高生活质量，从物质生产需要“强身健体”转化为人们对健康生活的追求。体育活动从此融入以休闲为特征的时代，嵌入人类的生活当中。

劳动方式的升级和改变，难以满足健康肌体的自然需要，使人类失去了生物适应的自然选择，不由自主地成为“人工自然”的附庸，人类的身体运动被彻底异化。这种异化对人的身心产生极大弱化和丑化影响。积极参加体育活动，就成为挣脱这种异化桎梏的最佳方式。从某种意义上说，从生产到生活，体育具有了更重要的人文价值。

当利用肌肉产生的效能直接进行物质生产的方式已变得十分落后的时候，信息革命和知识经济将人类的体力劳动降至最低强度和范围，分散性的社会组织和多元化的生活方式，使强制性为生产服务的体育功能萎缩，体育从面向生产到面向生活。体育对劳动的重要性下降，而在个体健康幸福生活中的地位迅速提升，为提高人类生活质量服务的人文价值大大增加。到了劳动方式已经达到人类盼望的理想地步，到了劳动力的消耗已经节约到极限，教育为幸福生活做好准备，休闲时代个人自由支配的时间还会大量增加。①

劳动方式的改变决定了体育形态和功能的改变，工业革命前少数人的身体游戏，只能视为体育和休闲的萌芽；当代以运动休闲为主要方式的体育活动已社会化和全球化，运动休闲改善人类生活方式作用尚未被充分认识，因此需要研究它面向大众的成熟阶段。正是因为人类的劳动方式从依赖体力演变到依赖智力，人类才产生了通过体育运动对身体培育和发展的强烈需要；身体和运动原本就是自然生态的组成部分，劳动方式的社会化促使其成为文化的一部分，在试图脱离自然生态的过程中难免产生种种异化和弊端，需要人类自己主动调适。

21 世纪的中国体育，从群本位到民本位，是一个国家和民族更具理性、更为强大，心态和情感更为健康的表现，体现了体育全球化观念的世界潮流。应该提高大众对于体育参与的积极性，提供中国民众对于健康、文明及环保的新观念，唤醒人们对于身体匀称健美的追求。“倡导娱乐、健康第一”，通过健康而愉快的身体活动提高大众的生活质量，是中国体育发展的新趋势。当体育的社会角色从为群体生存拓展到为个体健康的时候，当体育不再强调为培养生产工具或政治工具服务而回到马克思主义倡导的培养全面发展的人的终极目

---

① 胡小明. 新时期体育社会功能的转变——三论体育文化属性的皈依 [J]. 体育文化导刊，2003 (3)：3-5.

标的时候，体育就从满足群体需要发展为满足个体需要。体育作为人人都应该享有的平等权利，成为人类维护自己身心健康的永恒人文需要。①

① 胡小明. 新世纪新体育 [J]. 体育学刊，2000，7 (5)：1-7.

# 第六章　关于身体运动人文价值评估的创新理论

现代体育是西方文化的结晶，凝聚核心理念、构建制度规则、制造器物设施，早已形成相对稳定的模式，非西方国家接受这样的舶来文化大多只能照本宣科，很少有改造甚至创新的空间。涉及研究领域，东方学人去探讨西方传统文化的来龙去脉实质是推行本土化的科普启蒙工作，意欲探索究竟的远距离臆想结果往往是隔靴搔痒，学术含量有所欠缺。所以，对于已经规范化、科学化的现代体育内容，主要是应用性研究；而从体育人类学的视角来看，中国学者更有学术价值的工作应该是现代体育形成之前乃至史前的身体文化研究领域，尤其是脚下尚有不少稀缺乃至独有的民族文化资源，可以对原生态身体文化残存的“活化石”开展田野工作，能最大程度真实还原人类远古的身体运动场景。

除了选择西方体育成熟之前的阶段作为体育人类学的重点，还有一个重要的变化就是学术视野的由内向外。历来有关体育的研究，几乎都是从体育界以外的学科领域居高临下地对内“施舍”，体育学习惯于借助成熟知识体系的外力施以援手，甚至有些内容像社会文化研究的“嗟来之食”；很少有人想到在一个平等的宏观视野下借体育研究推动对文化的认识，依托现代生物学科技手段透视身体运动与原始文化形成的经络。当前，中国的体育人类学研究者已经开始利用“东巴跳”和东巴文这类中华民族独有的“活化石”，实证身体运动与图画文字形成的过程，并已开始着手研究原生态体育运动形式的萌生与原始宗教、艺术的关系。

令中国体育人类学研究者感到幸运的是，中华民族拥有数千年没有中断的传统文化，生活在复杂自然环境中的西南少数民族保存了丰富多彩的原生态身体运动文化残存，为我们探讨西方体育萌生之前漫长时期的文化符号链接状态提供了举世罕见的重要资源。研究本民族的传统身体活动和游戏，即我们称为

“民族传统体育”的内容，是非西方的体育文化研究者义不容辞的责任，也是中国体育人类学探讨的重点内容。结果表明，民族体育的特殊价值在于维系人类文化的多样性，中国已经把少数民族传统体育运动会办成了世界上规模最大的制度化的民族文化盛会，当前应该选择的最好发展路径是参与式发展。

## 第一节　身体运动对原始文化形成的重要作用

现在门类清楚的各种文化艺术，在人类文化的原始积淀期是混在一起的。因此，面对某些身体运动的原始遗存对象，我们可以发现其中融和了诸种成分——宗教、艺术、教育，以及体育的萌芽。它们是混沌的、朦胧的，具有文化萌生的本源意义。文化人类学研究人类物质文化与精神文化的起源与发展的线索，是剥离和分析原始文化的利器，仅在精神生产方面就包括绘画、雕刻艺术、神话传说故事、宗教信仰、舞蹈、谚语、风俗习惯等，范围相当广泛；而体育人类学的特殊任务，是对原生态的身体运动进行人文价值评估，梳理它们与原始文化的关系，寻找它们对原生态文化形成的影响，使人类更加了解自己的身体运动对文化发展所起到的作用，为文化、体育的发展尤其是如何把握具有“前体育”（潜体育）性质的民族传统体育的走向提供充分的理论依据。

### 一、从岩画看身体动作与原始艺术的萌生

体育活动是生动形象的。在古代，描述与身体活动情况的最佳展现方式是绘画。中国的体育人类学研究者曾实地考察过著名的广西左江、云南沧源、怒江和西北地区宁夏、新疆的一些岩画，深深感到这是供我们探讨民族体育萌芽的珍贵史料，同时，可以从岩画中的人形看到身体运动对美术、歌舞、文学、戏曲及杂技等原始艺术形成发展的影响。

左江是流贯中国广西壮族自治区西南部的一条河流。在左江沿岸的断崖峭壁上，保存着许多用赤铁矿粉和动物胶制作的古文化遗迹——岩画。经北京大学考古系碳十四实验室和中国地质科学院岩溶地质研究所实验室测定，岩画的年代应在距今 4 200 年至 1 680 年这段时间内。据考古学家们研究，岩画的绘制年代主要在战国至东汉时期，而直到清代的地方志中，才开始有所记载，而且谬误甚多。这样反倒使我们抛开许多干扰因素和环节，直接回到岩画刻画的那个时代，面对身体运动与原始艺术发展、巫术与体育起源等问题。在左江流域所发现的风格相同的 70 处岩画地点中，以宁明县耀达花山岩画为左江岩画

的集中代表。左江岩画色彩鲜明，线条简约，形象质朴而粗犷。图像绝大部分是人像，总计约 2 600 个，还有一些动物图像和其他器物。在宁明耀达花山距江面高约 30 米的地方，有高约 60 米，宽约 170 米的岩画绘于峭壁之上，其间有一千多个从几十厘米到 3 米高的人像。这些人像几乎都是裸体。一些男性绘出硕大的勃起之男根，而一些女性除以长发、丰乳、鼓腹来表现外，有的还在胯间画一个圆圈来表示女阴。根据人像的大小、头饰及执物的不同，显示人物地位和身份的多层次。岩画中还有些男女交合形象，反映出原始生殖崇拜的上古巫风。岩画中环首刀、长剑、扁茎短剑、矛等，对研究武术史不无裨益。还有佩戴面具类似傩舞的形象，数人侧身划小船的生动姿态，故意夸大的首领人像骑马图等，都是研究古代体育萌芽的素材。

左江岩画大多绘于依江临水，人迹罕至的悬崖陡壁上，一般距江面高 30~120 米。绘制者在少数情况下攀崖壁天然裂缝爬到绘画点，其余大多只能搭架而上或是悬索而下。如此众多的岩画，在人口稀少、生产力低下的古代，要靠若干代人的努力才能完成。并且，许多画是绘制于肉眼难以观察之处。由此看来，岩画不是单纯作为消遣和欣赏而绘的，更不能产生任何直接的物质财富，因此只能把它作为一种巫术文化来解释。环视左江两岸，有肥沃的田地，不远处雄峰对峙，翻过山去，多是原始森林。如宁明花山背后，现今仍是无人居住的自然保护区。骆越先民世代在江边农耕渔猎，最担忧就是洪水泛滥。岩画多绘于江流拐弯处的悬崖上，距平静的江水至少约 30 米，但在岩画下仅数米，便清晰可见历年来洪水淹浸的水渍印。由此推断，由于古人对洪水既恐惧又敬畏，于是便频繁举行祭祀，并绘制祭祀图于峭壁，企望对水鬼江神有特殊的威慑作用。

左江岩画中有小船的图像。船上一般数人，侧身，曲肘举手，半蹲腿，动作一致，似载歌载舞并奋棹击水。有的船头尾精心饰物，有的还悬以铜鼓，这并非用于捕捞等生产劳动，而是所谓的“龙舟鹢首，浮吹以娱”（《淮南子·本经训》），标示图腾并祭祀水神。这类形象在云南出土的石寨山型铜鼓中描绘得更为清晰。根据史书记载，越人陆事寡而水事众，于是披发方身以象鳞虫，以便涉游操舟。《越绝书》称之为“水行而山处，以船为车，以楫为马，往若飘风，去则难从。”舟船作为古人的重要生产劳动工具，如果没有祀河巫术作为催化剂，进一步附会的“救屈原以为俗，因勾践而成风”（唐·韩鄂《岁华纪丽·端午》），就不会有今天盛况空前的正式竞技比赛。这说明舟船竞渡古已有之，并非体育，而多与巫术有关。

左江岩画是古骆越人生活中各种巫术的反映，而舞蹈则是巫术礼仪的主体。画面上那些双手高举、屈膝踩步、踏地为节的正面和侧面人像，正是置身于巫术幻境中的舞人形象，他们所跳的舞蹈，是以祀神为目的的巫术舞蹈。从舞蹈内容看，有羽舞、铜鼓舞、面具舞、拟兽舞、祭日舞、祈年舞、祀河舞、交配舞等，常见成群的侧身舞者簇拥着一高大的正面舞者，象征着在作为首领的大巫师带领下，蹲踞张臂，摆头呼号，向虚幻中的鬼神顶礼膜拜，祈求恩泽。这一动作特点，在骆越后裔壮族的师公舞中仍有保留，俗称“拉屎马”。这些素材，既是探索艺术、宗教萌芽的依据，也是考察体育起源的参照物。①

云南沧源岩画为两千多年前古人的作品，根据意义比较明显的画面来看，经常表现的是狩猎场面，此外还有舞蹈和战争凯旋的场面，是当时宗教仪式的一部分。在战争之前描绘胜利场面，刻画者认为在即将到来的战争中可以真正掳获很多战利品。这是原始宗教中常用的一种巫术，即所谓“模仿巫术”。较为特殊的是一些类似表演杂技的图形，有 2 人或 3 人叠立者，有似舞流星者，有似头顶长杆而杆上立一人者，有作向上抛丸之状者，这些在其他地区的岩画中还从未见过。它应该是反映当地一种特殊的技术和风俗。按当代沧源地区各族人民已完全不知杂技为何物的情况看，这些活动并非近代原生态民俗。岩画中表现的一些舞蹈和表演的场面，不仅在沧源地区各民族如今的现实生活中不复存在，而且已从他们记忆中完全消失，即使在他们最古老的诗歌或故事中，也寻捡不出关于头饰牛角、身披羽衣、手持盾牌舞蹈的情节和顶杆、舞球或叠立等技艺的描述。根据记载，在古代周边地区却有过类似杂技的流行，如缅甸的杂技队曾到中原表演。岩画中的这些表演场面，也具有宗教的意义，是当时一种娱神的活动。古老的岩画不仅引起人们对巫术文化中巫舞的联想，它也很可能给中国传统的武术和养生的成套动作以直接的影响。

岩画中举手蹲足的舞姿在我国古代文献中也有记载，如《诗经·小雅·伐木》有：“坎坎鼓我，蹲蹲舞我”之句；傅毅的《舞赋》中也提到：“雅美蹲蹲之舞。”这种舞姿在现代的一些民族中仍有保留。如马来半岛的色曼人“舞蹈者的步伐类似行屈膝礼”。北极因纽特人“舞蹈时脚站立不动，但屈膝和扭摆身体”。我国土家族先民有古代著名的“巴渝舞”，如今流传的“摆手舞”，其主要特点是双手在不超过肩头的部位摆动，膝盖随之屈伸。广西壮族的师公舞，以蹲腿为特征，屈膝蹲腿的动作贯穿于整个舞蹈之中。这一姿势类似于南派武术，保持半蹲使重心下沉，是南拳的显著特点。

---

① 胡小明. 从左江岩画看民族体育的起源和传播［J］. 成都体育学院学报，1992，18(2)：29-33.

以舞蹈作为岩画主题在其他地方也不乏其例，“在欧洲、非洲的某些旧石器时代晚期的洞画、岩画上面，留下了不少原始舞蹈的画面”。如法国著名的“三兄弟”岩洞、拉斯科洞穴岩画中都有兽首人身的舞者形象。西班牙的列里达岩洞岩画，画了八九位穿着特殊服装，以相同步伐跳舞的女子。芬兰的阿斯图万萨尔米岩画、苏联的贝加尔湖岩画、蒙古德勒格尔-穆连和特斯河谷岩画中，都有跳舞的人像。北非的费耶赞岩画，有猎人扑击猎物的舞蹈图。南非共和国龙山洞穴岩画，描绘了古代布须曼人追踪猎物的舞蹈，以及舞会的场面。我国的内蒙古阴山岩画中，则表现了古代游牧部落的粗犷舞蹈。云南沧源、路南石林岩画、四川珙县岩画中的舞蹈图像，充满了南方古代民族舞蹈的韵味……由此看来，在岩画中出现舞人及舞蹈图，是不足为奇的。只是有一点是艺术史家们经常忽略的，那就是舞蹈者常常手持各种器械，这就需要从武术表演套路的角度对其重新加以诠释。

中国的体育人类学研究者在考察过滇西北怒江岩画和宁夏贺兰山、新疆托克逊岩画之后，参阅内蒙古阴山、甘肃黑山、西藏日土、台湾万山等地的岩画资料，发现在先民的原始身体活动中，或浓或淡，均有巫风弥漫，为我们探讨美术、歌舞、文学及杂技等原始艺术的发展提供了可以实证的丰富素材，也为探讨武术起源延展出发生学意义上的纵深。

人类学相关研究表明，人类首次艺术创造的时间大概在冰河期的晚期，距今3.2万年到1.2万年左右。在这段时期内，人类学会了用符号来装饰工具、装饰坟墓，以及居住的房屋。冰河时期的艺术家们发展了几乎艺术生产的所有加工技巧，包括石质的、骨质的、象牙的、泥土的圆雕、浮雕，以及在这些材料上的各种刻画符号。许多史前岩画或雕塑作品存在的地方几乎都是人迹罕至的地方，这无疑是精心选择的一种结果，因此引来巫术论的解释。而金沙江岩画中的身体动作，经由“东巴跳”这样的载体变成图画象形文字的“活化石”，居然还遗存在中国西南边陲，是目前体育人类学的田野调查寻求到的最有价值的实证案例。

## 二、案例：“东巴跳”与中华民族自源文字

世界上使用人口最多的文字是汉字，汉字的古老形态是甲骨文。中国体育界已有学者注意到，从出土的数以十万计的骨片里确认的上千个字中，许多与身体动作展现的武艺有关，如呈两人徒手相搏之形的“斗”字、呈两手持戈

之形的“戒”字、人体象形表达的“弓”“弹”“射”等。[①] 长期以来，对甲骨文的研究大多集中在对其加以辨识的领域，而体育人类学则避开了这些热门和成熟的研究范围，独自深入探索古老文字产生的前期过程，通过实证调查身体运动的作用和影响，尝试分析身体动作与“东巴文”之间的关系。这样，“东巴跳”作为一个举世罕见的“活化石”进入我们的眼帘。

在滇、川、藏交界的三江并流地区以东，分布着30余万纳西族人，他们以其悠久的历史和独特文化引起国内外学者的高度关注。改革开放以来，纳西族被挖掘出一些富有特色的“传统体育活动”，其中最有原生态魅力的“东巴跳”，是具有东亚民族养生特征的典型原始祭祀遗存。纳西族原始宗教的祭司叫“东巴”，是继承和传播东巴文化的高级知识分子，他们集歌、舞、经、书、史、画、医为一身，多在各种祭礼和节日及婚丧活动中，表演富有特色身体动作的“东巴跳”。

30年前，在改革开放后首次举办的全国少数民族传统体育运动会上，荣获一等奖的纳西族“东巴跳、板铃及刀”项目，引起一些体育界学者对原始身体文化的关注，尽管很长一段时期对其只能在表层简单描述而缺乏深入探讨，但这一极具民族特色的身体文化却一直没有淡出体育人类学研究者的视线，直至从研究民族体育历程中生长起来的“体育人类学”的不断成熟，使研究身体运动对目前世上唯一尚在使用的图画象形文字——东巴文的构造如何产生影响，具有了田野工作的可行性。

东巴文主要由纳西族的祭司东巴掌握，故称为东巴文，属人类早期图画文字向象形文、标音文过渡阶段，是人类社会文字起源和发展的“活化石”，国内外学者的长期研究已有大量成果。然而，令人遗憾的是，历来对东巴文的产生过程和机制的探讨极少，迄今尚无采用综合体质人类学和文化人类学的方法从人体运动的角度对文字形成影响的实证研究。

“东巴跳”是东巴祭司根据不同祭祀需求，按照传承仪轨所进行的一种身体运动，表面多是跳神驱鬼之类的动作，但实际上大部分内容是古代纳西人精神世界的身体动作表达，其素材主要来自民间，东巴也生活于民间，没有脱离其家庭，生产、生活接近原生态，是研究原始宗教和体育萌芽的鲜活例证。另一方面，“东巴跳”融入祭祀歌舞，有情节、有人物、有悬念、有对白歌舞、有刀弓操练和打斗追杀，武道场还要表演上刀梯等，已具备戏剧歌舞和体育运

---

① 郭志禹．地域经典武术文字符号的比较研究［J］．西安体育学院学报，2012（5）：339-344.

动形式萌芽的要素，是体育美学和人类学研究的“活化石”。因此，在对纳西族传统体育活动大规模田野调查的基础上，以纳西族宗教祭祀活动“东巴跳”为轴心，探索纳西族巫师的舞谱记录过程以揭示其对东巴文字构造的影响，分析身体运动对这一世界级文化遗产形成过程的重要影响，具有人文学科连接自然科学和社会科学进行综合研究的重要实证示范作用。

中国的体育人类学通过藏族青少年体质调查、苗族独木龙舟田野调查等一系列实地参与观察和深度访谈的经验积累，依托体育效果测定和影像记录分析的集中参与式实地访谈的特殊技术途径，形成了文理融通独具体育特色和综合优势的田野调查方法。这种方法的核心技术路线，是体育人类学独创的身体动作文化符号分析法，它既借鉴了人类学工作者最有特色和最重要的田野工作方法的精髓，同时又是典型的按照科学范式进行的体育理论生成的实践过程。

根据体育人类学的理论与方法，研究工作主要分为几个阶段：

第一阶段的重点是文献资料整理工作：在东巴文字典中梳理和挑选出东巴文字里有关身体及身体运动的词汇（首先是所有动词），用语言人类学和人体运动学的方法，按照词汇的不同功能和组成分类，探索身体运动对字形影响的规律性特征，最终归纳、凝练、浓缩到最少数量的若干动词字符，以便田野调查时测量。为此，研究人员初步完成了东巴文字研究概述——东巴文字中有关身体及运动的词汇分类——东巴舞谱中有关身体运动的文字分类，以及国内外相关研究文献的检索与述评。

这一阶段的难点是如何以东巴舞谱为中介。东巴经中的《磋模》作为专门记述舞蹈的舞谱，较为系统地记录了纳西族东巴祭祀活动的内容、跳法、图形、舞蹈形式、使用的道具服装等。还有不少东巴舞蹈未记入经书中，仅保留在东巴们的记忆里。东巴舞内容丰富、形式多样、独具特色，舞蹈语汇丰富。每一个情节有一套或几套完整的舞蹈动作、有固定的程式和规范、有自己的组合规律。每套开始和结尾的动作和图形基本上是固定的，有表现内容的典型动作。东巴舞虽然属祭祀性宗教舞蹈，但却具有浓郁的生活气息。从体育人类学试图再现原始体育萌芽的角度看，“东巴跳”有若干有套路名称的跳法，显示了原生态动作组合，对东巴文的建构也会有程度不同的影响。尤其是对武打场面的群打、单双打、三对打、四门开、四门关等；有使用刀棍器械的单跪、前踢、独膝跪砍、神前下跪、独脚跳桌、单腿旋转；有模仿动物跳的仿生动作；还有“口含大犁尖”“赤脚蹬剑梯”“手探火油锅”以及“甩石磨盘”等硬气功项目。这些名称大多符合中华古典美学的艺术韵味①，却与现代体育动作的规范术语没有对接。许多运动过程仅仅停留于东巴经的记载中，亟须在民间还原其原生态环境，获取第一手素材。体育人类学的研究需要通过实证再现这种影响。

第二阶段是动作分析法的创新。在人类的整个生命期间，动作行为的改变依照独特的方式进行，西方学者采用了多种方法对人类动作发展进行研究，为体育学科的发展提供了基本的学理依据。动作发展是指“人类一生动作行为的变化及这些变化的过程”。动作发展包括两个方面：一方面是可见的动作行为本身的变化；另一方面是这些动作技能变化的过程与原因。因此动作发展的研究包括动作行为变化（有时被称为结果）的研究和变化如何发生及变化原因（也被称为过程）的研究两部分。不同时期的研究，侧重点各有不同，两方面是相互交织在一起的克拉克和怀特尔。(Clark & Whitall，1989）将动作发展的研究划分为 4 个时期，每个时期由一种特定的理论研究或方法主导。这些时期为前导时期（1787—1928）、成熟论时期（1928—1947）、规范/描述时期（1947—1970）、过程导向时期（1970—1989）。随着近年来的发展，现在也可以将过程导向时期再细分为信息加工时期（1970—1982）、动态系统时期（1982—2000）、动作神经科学时期（2000 年至今）。关于动作技能发展的几个不同模型已经被动作发展专家所认可，西斐德（Seefeldt，1980）提出的形似金字塔的模型是其中最早的模型之一，被称为“动作熟练程度发展序列模型”。在这个模型中，反射被视作所有动作技能发展的基础，而基本动作技能则是在反射的基础上发展而来的更广泛的动作技能。加拉休和奥兹蒙（Gallahue & Ozmun，2006）用“时钟沙漏”来描述动作发展的过程。散落到沙漏的沙子代表着被遗传和环境所影响的动作技能的发展，沙子逐一落到沙漏的底部代表着人们一生动作发展的各个阶段。最近，克拉克和梅特卡夫（Clark & Metcalfe，2002）提出了动作发展山峰的概念，它采用隐喻的方式来理解人一生中动作技能的发展。他们的模型以多重发展系统的动态系统框架为基础，这个多重发展系统是以非线性的方式自我组织的。

为了研究体育萌芽与原始文化形成的关系，研究人员选择了东巴文中有关身体运动的基本动词，用动作发展理论加以分类。克拉克（Clark，1994）将动作发展划分为 6 个时期：反射时期（reflexive period）、预先适应时期（preadapted period）、基本动作技能时期（fundamental motor skills period）、专

① 胡小明. 体育美学［M］. 北京：高等教育出版社，2009.

项动作技能时期（context-specific motor skills period）、技能熟练时期（skillful period）和代偿时期（compensation period）。其中，反射时期和预先适应时期发生于婴儿期。而基本动作技能又可被分为位移技能（locomotor skills），是指能使个体在空间产生位置移动的动作技术，如跑步；非位移技能，如扭转；以及操作技能（manipulative skills），也称物体控制技能，是一类操作或控制诸如棒、球等物体的动作技能，如投掷等。

对操作技能的分类一次只采用一个维度，叫做一维分类。金泰尔（A. M. Gentile，2000）认为，一维分类系统不能同时很好地把握操作技能结构和操作环境背景，从而提出了操作技能的二维分类系统，即从技能的“动作结构功能”和操作的“环境背景特征”两个维度上同时分析操作技能特征。金泰尔将“动作结构功能”进一步细分为身体定位（body orientation）和操纵（manipulation）。身体定位又分为稳定的身体定位与移动的身体定位；操纵又分为操纵器物的动作与徒手的动作。金泰尔将“环境背景特征”进一步细分为受限条件（regulatory condition）和摸索中的变化（intertrial variability）环境。受限条件又分为静止的外部受限条件与运动的外部受限条件；摸索中的变化环境又分为需要不断变换动作（即尝试变化）去适应的环境背景与不需要变换动作（无需尝试变化）的环境背景。在金泰尔的二维分类系统中，将操作技能细分为16种不同特征的技能类型。金泰尔的二维分类深化和丰富了技能的分类系统，但却同时增加了具体分类工作中的复杂程度，影响了其分类的准确性。①

20世纪，有三本正式出版的东巴文字典最为引人注目，分别是：《纳西象形文字谱》（方国瑜著，1981年，云南人民出版社）、《么些象形文字字典》（李霖灿著，1971年，台湾出版）和《纳西语英语百科辞典》（洛克著，罗马东方研究所出版，上卷1962年出版，下卷1972年出版）；21世纪以来较有影响力的有《东巴常用字典》（和品正著，2004年，云南美术出版社）和《东巴象形文常用字词译注》（赵净修著，2001年，云南人民出版社）。随着高科技的发展，出现了电子版的东巴字典。该电子字典依照《东巴象形文常用字词译注》② 编制，共收录东巴象形文字999个，共计13卷，其中卷三为动作类文字，204字。电子东巴词典的便利及明晰的分类方法无疑有助于对东巴文

---

① 胡小明，张洁，王广进，等. 开拓体育文化研究的新领域——以探索身体运动对原始文化形成的作用为例［J］. 上海体育学院学报，2012，36（2）：1-5.

② 赵净修. 东巴象形文常用字词译注（第2版）［M］. 昆明：云南人民出版社，2001.

中的动词及其相关的身体运动展开研究，因此本文选取电子版东巴字典所列动词进行分析。

研究人员按照克拉克对人类基本动作技能的分类标准，对东巴字典中有关身体基本动作技能的动词进行挑选，共计 56 个（剔除其中作为身体运动有争议的文字，这里暂不做分析）。余下 27 个东巴文划分为三类，即位移技能、非位移技能和操作技能。

第三阶段是田野调查的实证过程。作为东方文明重要支柱的中华民族自源文字，自诞生之后就作为图画象形文字传承至今，其原生地是否在中国至关重要。譬如，有学者认为，东巴文是受印度的梵文及藏文的影响形成。① 由于纳西族聚居的滇西北与藏族聚居地相邻，受藏族文化影响在所难免，而藏传佛教的传入与印度梵文也必然会产生联系，但是，藏文与梵文中能发现身体动作的直接影响吗？如果运用体育美学的形式美法则和人类动作发展理论对其进行分析具有可行性，或许可为古文字研究另辟蹊径；体育人类学用文理融通的田野调查方法努力证明东巴文诞生自中国的原生态状况，是一项艰辛的工作，也将是体育界对于中华文明发展所做的莫大贡献。

东巴文与达巴文、沙巴文等自源文字的诞生及流传至今的地区，都集中于中国西南川滇交界方圆数百公里的地域，地处横断山脉东南麓相同的自然环境，都有通过原始宗教巫师的身体活动进行传承的共同特点；再推及更早的巴蜀图语、殷商甲骨文中大量出现与人体及其动作有关的符号，都应该是原始巫术的产物，遗憾的是没有人从身体动作的角度去探讨它们的形成。中华民族自源文字的形成与身体运动的关系的研究课题，以一个全新的角度研究体育与文化的关系，其重要性已显而易见。身体运动，作为体育文化推动人类文明发展的最显著标志，对人类文字、宗教、艺术及其他原始文化的形成都具有不可忽视的作用。这些探寻或许已超越功利而重在旨趣，哪怕有些细微进展，也是沉甸甸的学术之果。

中国体育人类学研究者的足迹几乎遍及我国各族聚居区，并选择藏、苗、纳西族等地区进行了较大规模的体育人类学田野调查工作之后，2012 年 2 月和 4 月，又两次奔赴滇西北原生态山寨村民家中，深入东巴聚集的祭祖节日和东巴大会参与观察。研究人员测量了巫师们的身体形态机能，对融和了舞蹈和武术动作的巫术仪式与文字记载进行了双向实证。对参与“东巴跳”活动与不参与的同龄人的形体及各部位的长度、宽度、围度、重量进行测量，揭示了

---

① 黄奇逸. 历史的荒原：古文化的哲学结构［M］. 成都：巴蜀书社，2008：728.

其人体外部形态结构、运动机能和营养状况，以及体质发展水平与所参加活动的关系。

由于纳西族成年人的身体形态、机能正在迅速改变，身体素质指标也呈明显下降趋势，“东巴跳”可能会以意想不到的速度脱离传统样式，以致今后很难准确再现其影响东巴文形成的原生态状态。必须对现存的老东巴的体能指标进行抢救性记录，保存科学测量的精确数据。①

为了揭示身体运动与文字形成的重要作用，体育人类学家采用双向实证的技术路线，即选取从现场拍摄的具体动作—逐一对应到东巴舞谱上的符号—再逐一对应到东巴字典上的图画象形文字；反向：从东巴文—东巴舞谱—具体动作。研究团队于 2012 年春季两次前往东巴教主诞生地做田野调查，请纳西族 84 岁的东巴大师何知本逐一示范，并摄录全过程以便重复检验。这样，可实证一个主要假设观点：身体运动对东巴文字的形成过程有重要影响。这是从一个全新的角度研究体育与文化的关系。②

体育人类学研究成果的意义可以超越体育界，对文化强国的建设，国家软实力的增强乃至中华民族的和平崛起，都能增添砖瓦。中国是人类文明的重要发祥地之一，各民族长期生活在同一地域或同一环境中，构成一个稳定的共同体。事实表明，不仅汉族的祖先创造了甲骨文这样的象形文字，以纳西族为代表的西南少数民族也创造了图画象形文字，中华民族大家庭许多成员都对发展古老的文明有所贡献。通过后续对东巴文、达巴文、沙巴文、巴蜀图语及至甲骨文等中华民族自源文字的一系列田野调查，使理论假设得到印证：身体运动是体育文化推动人类文明发展的最古老的标志，中国现存丰富的原生态研究资源，可以证实身体运动对人类语言文字、艺术与宗教活动等原始文化的形成产生了不可忽视的作用。

## 三、中华文明具有旺盛生命力

中华文明是世界上唯一的数千年没有中断的人类精神财富，对这笔精神财富的研究在相当程度上停留于“博大精深”的模糊表层，缺乏实在而具体的细致研究。以古文字研究为例，被赞誉为现存唯一还在使用的图画象形文字的

① A. M. Gentile. Skill acquisition: Action, movement, and neuromotor processes [J]. Movement science, 2000.

② 向有明，赵国炳，胡小明，等. 身体动作与文字形成的双向实证研究 [J]. 体育科学，2013，33 (8)：162-177.

东巴文，研究成果有很多，但却很少关注它与中华民族悠久文化之间的血肉关系，以及它对人类文明的具体贡献；至于对在首届少数民族传统体育运动会上获奖的“东巴跳”与对东巴文影响的研究，以及对中华民族众多自源文字与身体运动对原始文化形成作用的研究，也鲜有涉及。

通过体育人类学研究身体运动原生态的“活化石”，可以展示中华文明顽强的生命力。对身体运动影响原始宗教形成的研究，以及对艺术萌生的重要影响，也是体育人类学的研究对象，其研究成果同样可以印证中华民族对世界文明的贡献。中华民族的祖先在岩画中描绘了大量的人体运动形象，并通过身体动作创造了至今还在使用的文字，还通过原始宗教中大量的身体动作满足人们的精神需求。体育人类学利用中国西南地区少数民族丰富多彩的传统文化资源，实证身体运动对原始文化形成的作用，确认中华文明从原生态至未来发展的绵延不断的旺盛生命力。中国现存的民族文化资源，伴随体育人类学研究方法取得创新性突破，文理融通的综合方法拓展研究空间，为中华文明提供了经过实证的理论和观点。

古代中国创造了辉煌的文明成果，现代中华民族也应当重新焕发文化创造力，为人类做出更多的贡献。对西方体育形成与发展的描述，并非我国体育文化研究者专长。然而，我国丰富的民族传统文化的原生态资源具有稀缺甚至唯一性，能够证实身体运动在人类早期文化的建构中，以各种特殊形式对体育运动的萌芽和演变起到重要的作用。通过体育人类学文理融通的短周期田野调查法进行研究，没有比中国西南的横断山脉更理想的区域了。

横断山脉地形复杂，相对封闭。从长江、黄河发源地青藏高原起，由一系列东西走向渐变为南北走向的山脉延伸至滇西北高原，险峻陡峭，山顶与谷底的高差可达 2 500 米。复杂的地理环境，造成了横断山脉附近的西藏东部、四川西部、青海南部、甘肃南部、云南西北部的藏、彝、纳西、白、普米、傈僳、怒、独龙等民族生活的各种差异。体育人类学的田野调查表明，中国西南少数民族地区原始文化遗存甚多，可以真实再现身体运动在原始文字、宗教、艺术形成过程中所扮演的角色，其研究成果可为中华文明对外输出和传播提供依据，为中华民族的和平崛起做出贡献。

譬如，体育人类学对“东巴跳”的研究没有单纯停留在简单描述或凭空臆想层面，而是通过现场分析和双向对比，确认“东巴跳”典型规范动作与东巴文字的联系，将揭示身体运动在东巴教这样的原始宗教形成过程中，发挥着举足轻重的作用。身体运动是“东巴跳”的基础，对这一点的实证并非仅仅针对东巴教，而是举一反三、触类旁通，证明身体运动在其他原生态巫术、艺术萌芽中的接近真实的过程。

体育人类学田野调查的重点环节，是选择拍摄和科学测量的原生态身体运动的典型动作及效果，把各种身体动作视为文化符号进行比对分析。体育人类学不仅采用检验体育锻炼效果的“体能测量指标评定”，更重要的是独创了把身体运动作为文化符号，通过影像记录其结构与形式的“身体动作分析法”，这不仅为研究原始文化和民族体育提供了充足科学依据，而且丰富了人类学的应用理论与方法。

## 第二节　原生态巫术是体育运动形式萌芽和传播的重要途径

人类最初的休闲娱乐内容往往是一些原生态游戏，包括巫术仪式、农闲习俗、节庆游乐及博彩活动。从原生态游戏到有规则的竞技，是人类文明的巨大进步。身体游戏呈现出规则化特点，发展为具有体育意识的竞技运动，原始巫术起到了至关重要的作用。

### 一、巫术与武术

世界上所有的原始民族都有巫术，而几乎所有的巫术仪式都隐现原生态歌舞形式或驱鬼除魔的武艺套路雏形。巫师作为族群的精神领袖，往往是优秀的舞师，也是杰出的武者。我国古代，巫觋之兴，源远流长。《甲骨文编》卷五：著录“巫”字、凡十六字。《古籀汇编》五上：著录“巫”字、凡三字。《说文解字》：“巫，祝也，女能事无形，以舞降神者也。象人两袖舞形，与工同意，古者巫咸初作巫。”① 原生态的巫术表演，具有古朴的教育性质和客观的健身效果。昔日丛林中传递信息的战鼓，至今仍被巫师用作法器，也作为传统体育活动的器材，并出现在各种运动会的开幕式上。现代奥运会的圣火仪式中闪现巫术文化的承袭，开幕式的团体操和闭幕式的歌舞狂欢与巫舞的联系值得探讨，而从巫舞表演的身体文化传承性质中可以隐约看出它对武术套路形成的影响。

史前的巫术中孕育着“潜体育”“前武术套路”以及若干体育运动形式。

---

① 许慎. 说文解字［M］. 北京：中华书局，1963：13，100.

巫舞是最古老的原始体育形态之一。《周礼·地官·舞师》记载舞师司掌乡野庶民习舞之事，谓："舞师，掌教兵舞，帅而舞山川之祭祀……凡野舞，则皆教之。"这些巫师最早作为原始教育的主体，担当了体育教师与武术教头的职能。中国的体育人类学研究者曾从中国西南少数民族的巫师作法仪式中，目睹过上刀山下火海的巫舞表演，更常见舞刀弄剑的法术。为了在战斗中取胜，巫术升级为阵前的大型武舞。"巴师勇锐，歌舞以凌殷人。"(《华阳国志·巴志》）像西周军队中的"象舞"和"大武舞"之类，还直接用于军事训练。中国民族体育史上的两大主干——武术与养生，都隐隐散发出神韵和鬼气。巫、舞、武三字在古代相通，如果武术不是受益于武舞，那它将向拳击、摔跤等格斗术的方向发展，而不具有极强的表演性和艺术魅力。现代武术的成套动作即使不是直接从巫舞中来，至少曾受过其潜移默化的影响。

历史上最原始的巫术礼仪，是由氏族部落成员集体进行的，后来出现了巫觋，巫术礼仪就由这些集原始文化之大成者主持。法术和巫术同是英文 magic 的意译，民间把最先出现的女巫称为"巫"，后来的男巫称为"觋"。巫觋垄断了巫术活动，并逐步形成了占卜、堪舆、命相、超度、求雨、降神、镇邪、送鬼等各种巫术形式。至今偏远农村地区有人生病，也请端公道士或本民族的巫师披发仗剑狂舞一番。巫术依靠巫师传播，行法术或巫术的人名称也很多。因地而异，有的称巫觋、禁厌师、医巫，或称萨满、僧侣、术士，名称虽不一，实际的性质无异。巫师，有时充当武术教练的角色，有时则无意识地成为体育教师。粤湘桂三省区瑶族师公跳"盘王舞"，内容包括"铜铃舞""出兵收兵舞""约标舞""祭兵舞""捉龟舞"等。中国东北边境地区的赫哲族、鄂伦春族、鄂温克族等半个世纪前还停留在原始社会末期，由萨满传授的"萨满舞"，现在已成为欢聚时节的集体健身娱乐舞蹈。

早在 1890 年，弗雷泽在《金枝》中曾就人类思想方式发展的一般进程总结为一个公式，即巫术—宗教—科学。在弗雷泽看来，人类的思想是逐渐进化的，在所谓巫术时代，巫术观念占据统治地位，人们借助于运用错误推理而产生的种种办法控制自然。继而进入宗教时代，人们把超自然的力量个性化为神灵，借助于它的帮助，消灾弭祸、求福祈祥。最后进入科学时代，这是由于人类对于巫术无效的重大发现所带来的一场缓慢但却是根本性质革命的结果。弗雷泽认为，正如人类文明在物质方面到处都有过石器时代一样，在智力方面也都有过巫术时代，对于巫术功效的信仰，是一种真正全民的、全世界性的信仰。探索体育和竞技的萌芽，不可不触及巫术。

中华民族传统体育是特色极其鲜明的身体活动，其诞生和演变不可能不受精神生活的影响。巫术-武舞-武术-养生，在高度哲理化的儒释道各流派之中，受道家的影响很大。道教是典型的中华民族自源宗教，也是保存原生态巫术较多的载体。明末清初，是中国巫术现代化的转折点，通过巫术渲染传统武艺，宣泄民族主义。至清末，在整个民族从内到外的迷失、混乱的社会环境中，把各种迷信、巫术、养生、个人修炼与武术搏击技术混合起来，以星火燎原之势在民间传播。道教起源于原始巫术和道家学说，研究长江中上游原始宗教对武术养生方面的影响，是历来的研究中所忽略的。因此，相关研究已经开始对巴蜀、荆楚及武当山道士习武及四川道教发源地与西南少数民族原生态巫术的关系等课题制订田野调查方案。

## 二、巫术与礼仪竞技的形成

身体运动的健身功能已被人们认识已久，然而其与健身几乎毫无关联的其他原始文化功能，似乎更加久远。“在任何一个文化系统内，无论是古代的还是近代的，亦无论是部落的、氏族的、民族的或国家的，都或多或少的有一部分从事着与传递实际生活经验毫不相关的工作：巫术、祭祀，以及其他神职活动。世界教育史表明，早期的教师常常同时也是巫师、医师，以及被现今称为思想家、宗教家的那一类角色。”① 巫术的祭祀礼仪一旦褪去原始宗教的神秘外衣，就有可能演变为某种竞技游戏或节庆习俗，如中华民族的龙舟竞渡、舞龙舞狮之类。

巫术与游戏，对体育起源的影响是举足轻重的，尤其是诸如古希腊奥林匹克祭祀竞技礼仪，由最初在伯罗奔尼撒半岛奥林匹亚的宙斯庙兴起的“洋”巫术，现已发展为盛大的奥运会。以往对民族体育的研究，由于采用科学主义现代体育框架作为透视工具，缺乏对其巫术部分的实证分析而导致其失真，下意识回避其神秘文化的内容。这种所谓“取其精华、去其糟粕”的做法，对多元文化的维护极为不利，需要体育人类学者通过田野调查还原其生动的真实风貌。

对原始宗教与体育起源关系的研究早在西方体育史中就已开始，直到今日仍然是体育理论研究的有趣课题。② 特定社会的体育活动像宗教那样具有礼仪

① 张胜勇. 反思与建构——20世纪的教育科学研究方法论［M］. 济南：山东教育出版社，1995：4-5.

② 王志学，张勇，卢伟. 论宗教仪式对体育本源的塑造［J］. 体育与科学，2012，33（4）：86-89.

作用，对社会起着整合作用。例如，乔治·格梅尔奇应用这个模型分析巫术在美国职业棒球中所扮演的角色后认为，在棒球比赛中，成功机会越小的参赛角色，其使用巫术的可能性就越大。根据所涉及的机会要素讨论棒球赛中不同的选手角色，如击球手、投球手和接球手，他发现，击球手成功的机会虽然相对比接球手大，但是比投球手要小。因此，可以预言，击球手使用巫术的总数和复杂性在所有选手角色中是比较大的。又如，罗宾·福克斯在《印第安人村庄的棒球：古老巫术的新用途》一文中应用了结构—功能主义模型。他描述了棒球在当代科奇蒂（Cochiti）印第安人社区所扮演的角色，并对它的形式及流行方式进行研究。他认为，体育竞技在那些传统上不存在竞争的社会制度中发挥着表演、挑衅和竞争倾向的功能。①

有价值的成果，必然是经过体育人类学田野调查工作的实证结论；哪怕是再微观的局部素材的梳理和提炼，也可能生成经典的理论。譬如，中国的体育人类学团队经过对黔东南苗族独木龙舟的田野调查后证实，竞渡实际上是通过身体运动行为进行除害消灾的集体巫术，是清水江畔几十个村寨的精神支柱，可以称为礼仪竞技。苗族信奉鬼神且多神崇拜，万物有灵的祭祀巫事活动影响着苗族人的生产活动的各个方面。为了加强对鬼神控制能力，作为苗族传统文化的重要传承人的巫师应运而生。苗民认为巫师可以运用奇异的法术传递人鬼间的信息而对其十分敬畏。苗族巫师大多是没有脱离生产劳动，除了会做巫事外，对本宗支的谱系和重大历史事件了如指掌，在重大的活动中兼歌师和舞师，吟唱古词古歌、讲述本民族的神话传说和民间故事，有的巫师还会在驱鬼的同时配制中草药为人治病。苗族巫师巫术活动包括用一种名为“芭茅草”的野生植物。在参与观察中多次证实，独木龙舟文化圈中发挥精神领袖作用的巫师，在龙舟出发的仪式里也用芭茅草施展巫术。

类似黔东南苗族独木龙舟的原生态竞技游戏还有相当多，它们既不是来自生产劳动，也与生活需求无关，而是巫术仪式的固化。英国人类学家拉德克利夫-布朗的结构-功能主义认为，社会整体与生物体相似。社会制度像生物体那样由多个不同部分构成，这些不同部分整合成相互依靠的整体。每个部分在维持整个社会制度的运行方面发挥着重要功能。理想状态是社会制度的运行像是一个健康的机体，社会制度的每个部分都按照它在维持整个社会的运行所发挥的功能那样做出自己的贡献。因此，从结构-功能主义观点来看，作为一种社会制度的宗教在发挥着对社会其他部分的补充功能。当使用结构-功能主义

① 胡小明，陈华. 体育人类学［M］. 北京：高等教育出版社，2005.

模型对巫术进行人类学分析时，其基本假设是，作为原始社会制度的巫术礼仪要从它与社会其他部分的关系来理解。它发挥着加强或支持整个社会其他部分的功能，身体运动作为冲突压力的减压出口，发挥着减轻社会制度中其他部分冲突的功能，与整个社会的其他部分相互依赖。

如何对待这些只能视为体育萌芽的活动，是体育理论从未涉及的问题。巫术是竞技游戏程式化的催生剂，这是体育人类学田野调查可以印证的理论观点。对于仍然保留着巫术礼仪程式的民俗，尽管有竞技比赛的形式但纳入现代体育活动，却往往有难以逾越的障碍。需要在田野调查的基础上加以具体区分，善待传统民俗，如果它的文物价值远远大于使用价值，则不宜盲目改造为现代竞技运动项目。①

## 三、自源宗教与原生态体育运动形式的生长与传播

原始宗教作为人类历史最早出现的宗教，一般源自尚无成文历史的原始社会中，是一种自发源生的自然宗教或宗教，其基本特点都包括对食物、繁殖、祖先、死亡、自然万物，以及社会群体的神秘观念和祈求敬拜，并由此发展出对神灵的信仰及崇拜。当今世界上残存的原始民族已大部消失或融入当代民族，其宗教的原始状态与文明社会接触，发生了许多变形。不过，在中国西南横断山脉复杂地理环境中长期生活的一些少数民族，还保留着原始宗教中相当古老的巫术仪式，其中不乏从身体运动到文化教育的体育萌生状态的“活化石”。

### （一）巫术与自源宗教

巫术，伴随着古代先民对神秘大自然的顶礼膜拜，产生想改变大自然的幻想和行动，形成人类最初的精神产物——原始宗教。今天，研究宗教、武术、舞蹈、绘画、戏剧的学者，在探索这些文化形态的萌芽及其初期状况时，往往都要涉及巫术。原始状态下的巫、武、舞往往是合一的身体运动，维持的时间之长恐怕超过了我们的想象，巫术的具体表现形式对传统武术套路的形成也产生了深远的影响。通过对“东巴跳”之类的“活化石”所做的田野调查，体育人类学正在实证武、舞、巫三者间的关系。

中国西南的原始巫术披上道家学说的外衣，成为中华民族的自源宗教。其实，道教与苯教、东巴教、达巴教、沙巴教等许多西南民族的原始宗教，都是

① 胡小明，杨世如．独木龙舟的文化解析——体育人类学的实证研究（二）［J］．体育学刊，2010，17（1）：1-9.

中华民族的自源宗教，只是在佛教等外来宗教的传入后，受到了程度不同的影响。

中华各民族都有各自的历史、文化和原始宗教，在远古时期就有了相互之间的接触和交流。据史籍记载，颛顼帝时“仍奉巫术，杂拜鬼神”。到了春秋战国后，随着诸家文化学说典籍的兴起，巫术逐渐退出政治舞台，成为一种民间巫术。巫觋通常求神附体，充当“神”与人之间的联系人，如战国时的“河伯娶妇”。巫术的“神附体”与“附体苯”这两种巫术文化有许多相类似身体活动，但具体动作有各自的特点。采用体育人类学的动作分析法，可以揭示舞和武的不同用途，也可以探索巫和医逐渐分离的路线。

横断山脉东侧作为中华民族自源宗教的萌生地，产生了著名的道教和苯教。道教是汉族固有的宗教，源于中原地区的原始巫术。藏传佛教虽然与体育一样是舶来品，但其中有自源宗教的成分。苯教是藏族先民的宗教，源于青藏高原的原始“苯”术。到过内地的藏族学者也称内地的道教为“苯教”。18世纪，藏族学者土观·洛桑却吉尼玛在《土观宗派源流》中说：“道教的教主为老君，先师汤吉勒巴说，‘老君与本教教主敦巴辛绕为一人’。”从青藏高原出土的氏族部落文物中可以看出各种原始的“苯”术应用范围十分广泛。中原与青藏高原的巫术和苯术的文化交流，是通过吐谷浑人、古羌人、氐人、嘉绒人进行的。古时，川西一带女巫盛行，这些地方距离藏羌聚居区很近，藏、羌、汉杂居的边缘地带，巫文化在公元6世纪已进入西藏地区并不奇怪。①②

道教之所以能够成为最能契合中华民族文化心理的本土宗教，正在于它善于吸收融会仙境信仰之类原生态的文化因素。仙境信仰是中国文化中所特有的一种宗教信仰形态，它在一定程度上弥合了此岸世界与彼岸世界之间的鸿沟，彰显着中国文化注重现世人生的实用理性精神。作为一种源远流长的古老的宗教信仰，它不仅对国人的宗教信仰世界产生了极为深远的影响，而且也在中国古代的民俗生活、文学艺术等方面都有着深刻影响，甚至对当代社会生活也仍然有着某种潜在的影响。③

在不同的地区、国家民族和时代，总有一些人被认为具有某种神力：这种神力仿佛能够控制自然。而具有这种神力的人往往具有半人半神或半神半人的

---

① 丹珠昂奔．藏族文化发展史［M］．兰州：甘肃民族出版社，2000.

② 吴健礼．试探巫文化和道教文化在青藏高原的足迹［J］．西藏研究，1996（1）：59-66.

③ 李晟．仙境信仰研究［M］．成都：巴蜀书社，2010.

性质——即祭祀与帝王于一身的人物。《荷马史诗》已经对这样有超强身体运动能力的神人进行了栩栩如生的描绘。之所以如此，弗雷泽认为，在原始人看来，世界是受到一种超自然力的支配，这种超自然力来自神灵，而这些神灵又如人一样，会对人们的乞求做出回应，或怜悯或感动，并由此改变自然进程，以使民众的乞求得到实现，其根源在于交感巫术在人们的信仰和行为中的主导作用。

按照弗雷泽的归纳，原始人对自然界的认识体现了非科学的巫术原则。这些原则的第一个方面是“同类相生”或果必同因；第二个方面是“物体已经互相接触，在中断实体接触后还会继续远距离的相互作用”。前者称为“相似律”，后者称为“接触律”或“触染律”。巫师根据第一原则“相似律”引申出，他能够仅通过模仿就实现任何他想要做的事，相应的法术叫作“顺势巫术”或“模拟巫术”；从第二个原则出发，他断定能通过一个物体来对一个人施加影响，只要该物体曾被那个人接触过，不论该物体是否为该人体某一部分，相应的法术叫作“接触巫术”。弗雷泽将以上巫术统称为“交感巫术”，因为两者都认为物体通过某种神秘的感应可以超时间、越距离地相互传递以产生作用，不仅适用于人，也同样适用于无生命。①

弗雷泽要研究的并不是单纯的神话，而是深藏在古老习俗后面的信仰和观念的奥秘。为什么阿里齐亚的祭祀在就任这一职位前，必须杀死其前任？为什么在与他的前任决斗之前，要首先折取一截被称为“金枝”的树枝呢？在解决这两个命题之前，弗雷泽首先详尽分析了一个看起来无关紧要，但却是非常重要的问题，即：为什么内米湖畔的狄安娜神庙的祭祀不只是一个祭祀，同时还有一个“森林之王”的称号呢？为了回答这三个问题，他不仅研究了大量的古代文献和神话传说，同时还研究了世界各地大量的民间文学资料和民俗资料，并且离开意大利，前往欧洲大陆及美洲、澳洲等地，寻找问题的答案。

体育人类学剥开这些神话传说的迷雾，可以清晰地发现，决斗前需要有追杀的过程，决定这种神秘巫术成败的关键是参与者的赛跑速度！赛跑，作为田径运动的基础，作为体育运动形式之母，也是古代奥运会祭祀宙斯的最初唯一内容，为何出现在西方传统巫术而并未在东方民族的自源宗教萌芽中诞生？耐人寻味。

---

① ［英］J.G. 弗雷泽. 金枝：巫术与宗教之研究［M］. 徐育新，张泽石，汪培基，译. 北京：商务印书馆，2013.

### （二）远古的原始文化传播

在中国体育史上，有众所周知的“土洋体育之争”。从人类学的视角看，这不过是涵化（acculturation），即两种不同的身体运动文化在频繁紧密接触后，人们被迫做出传统文化模式改变的过程。[①] 虽然有英国传教士引进板球运动取代了特罗布里恩德原住民传统舞蹈的先例，但对于中华民族传统体育这样庞大的文明积淀而言却是另一回事。体量庞大的中华民族的传统身体活动在西方体育的强力入侵下仍然保持顽强的生命力。半个多世纪以来，中国体育一直试图把武术作为中华民族传统体育的代表在涵化中与西方体育文化进行融合（syncetism）——希望把本土元素和异族元素混合成一个新系统，至今未获成功。

民族传统体育所具有的地域性和传承性，使其文化特征在一代又一代自我复制中得以保存。产生于自然经济时代的民族传统体育，本质是一些原生态的身体娱乐游戏，在整体上只能适应这种经济形态居主体的社会，其变异重组的空间极小。只有产生于西方工业社会产生的近代体育，才有可能适应不断发展的现代社会。西方体育的诞生和扩张是大机器工业的产物，这种生产方式带给人类社会翻天覆地的巨变，是不可逆转的。

从文化变迁的角度看，对大多数民族来说，当今世界流行的现代体育是一种外来文化，它随着近代资本主义扩张而传遍世界。西方体育某种意义上是伴随着殖民主义的枪炮侵入各个落后民族。它无视其他民族文化形态包括民族体育的价值，并且蛮横地剥夺其生存的权利。在初始阶段，民族传统体育普遍产生了生存危机，西方体育的抵抗使一些民族传统体育活动随之衰亡，另一部分民族传统体育活动也陷入艰难困境之中。二战后，大批殖民地半殖民地国家赢得了独立，并在发展中崛起，西方文化一元论受到挑战。一种新的多元文化观念正在为越来越多的人所接受：人类各种文化都有其独特价值和发展的权利。

传统体育作为民族文化的一种象征的功能却保留下来，传统体育作为闲暇娱乐和交往方式的功能也得以保留并有所扩展。许多国家随着自身经济实力的增强，已不再满足于在国际体坛上仅仅从源于西方的竞技项目中摘取奖牌，同时还需要发掘自己的传统体育，把代表本民族文化的运动项目弘扬于世，从而掀起包括体育在内的“文化强国”热潮。在现代体育的影响下，它们正以不同的方式、从不同的角度被重新认识和研究，并日益明确地被赋予教育、健身

---

① ［美］威廉·A. 哈维兰. 文化人类学（第 10 版）［M］. 上海：上海社会科学院出版社，2005：464-470.

等意义，逐渐聚合成为现代体育的组成部分。西方体育的伦理学基础薄弱，许多项目带来的暴力、赌博、服用禁药、过分职业化和商业化等弊端，而东方民族体育恰恰可以对此产生良好的互补作用。

**（三）迁徙与传播圈层**

笔者曾于1995年应邀前往美国的印第安纳、加利福尼亚、阿拉斯加等州从事学术考察，通过将中国一些古老民族的传统游戏与美洲原住民的一些民间体育游戏进行比较，从而引发出有关古代民族迁徙与文化传播圈层的研究领域。

在一次学术讨论中，笔者展示了自己拍摄的一些中国少数民族传统身体活动的图片，在场的美国学者对中国的羌、藏、彝等古氐羌系民族在体貌特征上与印第安人的相似惊叹不已，一位人类学家指出，中国少数民族的某些游戏，至今仍在北美爱斯基摩人中流行。令人类学家感兴趣的是，爱斯基摩人独特的“跳皮蹦床”，阿拉斯加土著的传统游戏“头颈拔河”与中国藏族的“格吞”“蹬棍”及东北鄂温克的类似竞技游戏有很多相似之处。此外，爱斯基摩人酷爱的传统舞蹈与四川羌族的民间舞蹈“沙朗”有许多动作很相似；爱斯基摩人的皮鼓样式和动作与中国古老民族的巫师法器也有相当的一致性。文化的影响与传播有许多令人难解之谜，特别是在缺乏文字记载的史前时代，需要田野调查以探讨文化圈层的形成，需要剖析沉重的历史内涵，寻求最佳的传承之路。

查阅资料后发现，人类踏上美洲这块神奇的土地，最早可上溯到3万至5万年前。那时，由于气候及地质地貌变化等原因，海水平面比现在低，导致了亚洲和美洲在白令海峡的连接，形成著名的古代“白令陆桥”。先民们跨过陆桥，成为广泛分布于美洲的原住民——印地安人。印第安人属蒙古人种美洲支系，众多不同的部族，信万物有灵，盛行萨满教。15世纪末，意大利航海家哥伦布到达美洲后误以为到了印度，因而将美洲土著误称为“印度人”（Indians）。当时美洲原住民的人口多达两千万，16世纪起遭受欧洲殖民者的屠杀而锐减，直到20世纪才开始回升，至今不过三千万。

五千年前，自亚洲东北迁至白令海峡附近，之后逐渐扩散至北极地区的爱斯基摩人，至今人口约10万。他们的体质特征与东北亚人的相同之处更多，即脸部宽平，颧骨突出，眼为褐色，有内眦褶痕迹，皮肤多为浅黄褐色。而且，爱斯基摩人也信仰东北亚至今盛行的萨满教，与中国从东北到西南游牧文化圈少数民族的原始宗教有本质的一致性，甚至在角力、拉棍、击棒、拔河、玩旋转响器等传统身体游戏也有极富研究价值的可比性。

要进行民族体育的比较研究，必然要涉及古文化的传播路线。尽管大部分论文和专著都认为美洲土著是从亚洲迁徙过来的，但是对于通过怎样的路线迁徙却无定论，更无人进行过全程实地考察。笔者虽曾涉足中国西南、西北及东北的若干古道，但对于白令海峡两岸数千公里不通公路的不毛之地，也只有望之兴叹。

笔者假定，美洲土著的居民最初迁徙自中国现在的国土，可能从青藏高原东缘出发。青藏高原，是世界上最高大、最年轻的高原。它的崛起，对中国以至亚洲的自然环境有着极其深刻的影响。据中国地质学者的研究，青藏高原的强烈隆起，即从海拔 1 000 米的高度达到海拔 4 000 米以上的最后拉升阶段，是在距今 300 万年左右的时间。20 世纪 70 年代，中国科学院的一支考察队在海拔 4 000 米以上的地区，发现了一些原本只生长海拔 1 000 米左右的动物和植物化石，表明那时的气候湿润而炎热，宜于多种生物的繁衍。

众所周知，青藏高原以东的云南元谋地区，曾发现了距今百余万年的古人类化石（1997 年，中国科技大学与澳大利亚国立大学用电子自旋共振测年新技术测定距今 150 万年—160 万年），加上距今数十万年的北京猿人及众多的旧石器时代遗址，表明中国可能是人类发祥地之一。尽管国际上较多学者认同用基因染色体研究方法得出人类起源于非洲的结论，但吴新智等中国学者认为东亚也是人类发源地之一。青藏高原的猛烈崛起导致了从猿到人的转变的假说，仍然有探讨价值。

即便将人类起源于何处的争执搁置一旁，青藏高原对古人类迁徙所产生的重要影响依然难以忽视。这使得美洲土著在古代迁徙时，有相当一部分以青藏高原东缘——现在中国的黄河中上游地区作为出发点。可能在万年前存在着一条“爱斯基摩人之路”，经蒙古草原、大小兴安岭、从西伯利亚跨白令海峡，到达阿拉斯加。此迁徙路线散发开来，从北美一直延伸到南美，也就是更宽泛的印第安人之路。

在《山海经》中，有一则“精卫填海”的故事：说的是位于今天山西省上党郡长子县西的发鸠山上，有一种像乌鸦的鸟，名叫精卫。相传炎帝最小的女儿叫女娃，女娃到东海去游泳，被淹死在海中，化成了精卫鸟，常常叼着西山的细木，碎石，去填东海……《山海经》一般认为成书于战国时期，是我国古代的一部地理名著，且因其广涉历史、民族、传说、医药、动植物等，也可以视为一部史前百科全书。由于这本书的文字古拙艰深，后人读它，各有理解加想象的不同体会。[1] 久而久之，人们把“精卫填海”的故事视为神话，作

① 山海经［M］. 史礼心，李军，注. 北京：华夏出版社，2005.

为励志故事来看待，如晋代诗人陶渊明《读山海经诗》说："精卫衔微木，将以填沧海。"然而，从体育人类学的视角看，这不仅仅是文学研究的对象。剥开那浪漫的神话外衣，我们发现这并不是古人创作出来的故事。炎帝与黄帝，被公认为中华民族的始祖。"精卫填海"的故事后面，隐匿着一段中华民族先祖大规模向东迁徙的史前史。

人类早期的原始族群，生产工具极为简陋，生产活动主要是获取自然界的现成生物作为食物，对环境的影响不大；相反，人群的分布和人口数量更多受地理条件如气候、植被及动物种群的制约和调节。在采集渔猎社会生态系统中，人与环境的相互关系主要表现为食物链的制约关系。也就是说，"逐水草而居"的迁徙决定因素，主要是看哪里可以弄到足够的食物。而这些食物，从北京周口店及世界其他古人类遗址的考古资料看，以形体较大的哺乳动物为主。大约在两三万年前，北半球温带地区采集渔猎社会生态系统供求矛盾逐步尖锐，人类摧毁了猎物种群的恢复再生产过程，同时也危及自身的生存。旧石器时代后期发明的弓箭，显著提高了猎杀能力，增加了食物的同时加速了人口的增长，而要获得更多食物支持更多人口的生存，唯一的选择是迁徙。

距今一两万年之前，全球人口增加到上百万，捕猎范围不得不扩大到新的领域。先民一批批离开了被啃光了营养植被的黄土高原，向东北方向追寻猎物，缓慢而艰难地在西伯利亚森林中穿行，终于跋涉到一个景色壮美的地方——亚洲与北美相连为"白令陆桥"，人们犹豫着结伴而行，跨过陆桥，成为另一块新大陆的主人。考古发现，从这一时期起，北美洲人类活动的遗址显著增多，亚洲的迁徙者成了美洲土著。

时过境迁，沧海桑田。五六千年前，当最后一批人跨过白令陆桥后，海水上涌，形成天堑般的白令海峡，阻断了他们的退路，先期到达的印第安人又挡住了他们的南行之路，于是他们便成为今天仍然生活在北极圈附近的爱斯基摩人。

远古时期，信息的传达是缓慢的。当炎帝部族中最年轻的一支直系费尽千辛万苦抵达亚洲最东北端时，昔日陆桥已不复存在，一望无际的汪洋大海，插翅难飞。他们沿着海边上下求索，不相信一代代人口传心授的跨越陆桥可以到达另一块大陆的故事有误，甚至搬木垒石"以堙于东海"……遗憾的是天堑已非通途。经过漫长的努力，这支部族失望了，返回了故乡黄土"发鸠之山"……那留在了大洋彼岸的"其状如乌，文首、白喙、赤足，名曰精卫"的部族象征，难道不正是大洋彼岸印第安人鸟图腾的化身吗？

与"夸父逐日"暗喻中华民族古部族向西迁徙遇干旱沙漠受阻一样，"精卫填海”正是一次炎黄先人（夸父亦炎帝族）悲壮迁徙的历史记录，只不过以长时间多次口碑加工，待用文字实录时，已成神话。

以地理人类学的观点看，从青藏高原到堪察加半岛的古代文化弧形传播带，因其自然条件的相似性而形成地理圈层，带来文化传播的可能性。从地形上看，这一带的海拔由西南5 000米的高原到东北的海平面，呈现出纬度高地形低、地形高纬度低的自然互补条件，使该传播带的太阳辐射（年总数在140千卡/平方厘米左右）、气温（年平均8摄氏度左右）、植物生长期（200天左右）、年降雨量（平均400毫米~600毫米）、植物分布（多草原、高山灌丛、草甸）等，呈现出相当的相容一致性。民族迁徙时，一般多选择与故地相似的环境。草原不宜定居，却比可耕土地更有利运输和旅行，而且这条路上可以捕食到越来越多的大型哺乳动物。①

体育人类学提出的“爱斯基摩人之路”，是一条身体运动与传统文化的返璞归真之路。笔者在阿拉斯加度过了一个美丽而令人难忘的夏天，在热心友人沙伦（Sharon Sonnenberg）的安排下访问了几个爱斯基摩人家庭，费尔班克斯大学的包括爱斯基摩人在内的几位教授，苏联的民族学家和白令海峡西岸的神甫，以及阿拉斯加原住民联盟的负责人。尽管只是管中窥豹，但也可以看出这个独特的民族在经历了艰苦卓绝的迁徙和生存后，对发展传统体育的不懈努力。1971年春季，原住民联盟及归乡计划（BHP）在阿拉斯加州最大的城市安卡里奇，筹划和组织了首届原住民青年奥林匹克运动会。这届比赛有12所学校的代表队参加，有些选手是从数千公里外靠北极圈的爱斯基摩人聚居区赶来，因为主要的项目是爱斯基摩人祖祖辈辈流传下来的，少数民族后裔学生对此表示了极大兴趣。次年，随着“归乡法案”的实施，原住民青年奥林匹克运动会得到州政府和国家的承认，参与者的数量和热情空前高涨。通过举办运动会，大量以往通过口传身授的古老游戏被展现在公众面前，证明阿拉斯加人从没有忘记他们祖先的传统文化和竞争方式，并在新的环境中加以传承。最重要的一步是，在教育文化部门的努力下，民族传统体育的内容进入了学校的体育课程，通过常规教学，奠定了民族文化发展的稳固基础。1984年第23届奥运会在美国洛杉矶举行时，原住民也应邀前往举行世界爱斯基摩人-印第安人奥林匹克竞技，经过新闻、广播、电视、书刊、报纸等大众传媒的宣传，让世人进一步认识到原住民传统文化的价值，使民族体育步入了良性循环的发展

① 胡小明．民族体育与“爱斯基摩人之路”［J］．体育与科学，1996，16（3）：102-103.

轨道。

阿拉斯加原住民的传统体育发展方式最值得我国的传统体育借鉴的，是始终把主要的参与对象准确定位于广大的青少年和儿童，通过学校作为中介，层次推广普及，效益显著。如运动会规定：所有项目均由20岁以下男女参赛；选手不拘民族和肤色；一所学校只能派出一个代表队，男女最多各9人，按各项名次的积分确定团体名次等。因此，挖掘、整理和规范化的古老游戏，有效进入学校的教学和教材中，在师生的积极活动中，增强了体质，提高了运动技术水平。更重要的是，让宝贵的文化遗产得以发扬光大，造福更多的人。①

## 第三节　民族体育的审美多样性和参与式发展

我们所说的“民族传统体育”，是指西方体育传入前中华民族作为民间习俗流传的各种身体活动形式。这与美国人把篮球、排球视为传统体育有本质区别。体育人类学从劳动方式的改变诞生了现代体育的角度看，农耕文明土壤里生长的所谓“民族传统体育”，只能视为作为工业社会产物的现代体育的前期萌芽。那么，未受科学主义规制的“民族传统体育”的主要价值当然不是健身作用，而是其无与伦比的人文特征。

### 一、中华民族传统体育的审美特征

审美，是人类精神生活的最高层面。从剖析中华民族传统体育审美特征入手，可以看出民族传统体育活动的核心与灵魂是天然状态的质朴纯真，其重要价值在于表现体育文化的多样性。

改革开放以来，涉足民族体育的研究者越来越多。然而，从美学的角度展开的研究较少，尤其是对少数民族传统体育活动的审美价值的探讨，更是凤毛麟角。采用美学②③④和人类学⑤相结合的理论与方法，首先从分析中华民族传

---

① 赵宏，胡小明．阿拉斯加原住民的传统体育［J］．成都体育学院学报，1996，22（2）：18-21.

② ［德］弗里德里希·席勒．审美教育书简［M］．北京：北京大学出版社，1985.

③ 刘叔成．美学基本原理［M］．上海：上海人民出版社，2003.

④ 朱光潜．西方美学史［M］．北京：人民文学出版社，2004.

⑤ 庄孔韶．人类学通论［M］．太原：山西教育出版社，2003.

统体育审美特征的异化着手，然后从鲜明表现原生态审美内容的传统体育活动的审美价值进行深入考察，再经由文化多元[①]的应用美学视角对中国少数民族传统体育进行价值评估，最终展示出中华民族传统体育的人文价值。

### （一）中华民族传统体育审美特征的异化

中华民族传统体育是中华文明的有机组成部分。中华传统文明的主旨在于追求人与世界的和谐，以“天人合一”为审美至高境界，既注重人文关怀，又顺应自然规律和社会伦理，这在早期的身体活动中表现得淋漓尽致。中国古典美学思想往往是在历代学者的论著中以自身体验的经验描述方式展现，始终表现出对人生存意义的强烈关注。正如老子把“自然”视为“道”的形态而称“道法自然”，庄子视“道”为最朴素的自由境界，“道”就是审美极品。孔子提出：“志于道，据于德，依于仁，游于艺。”[②] 在熟练掌握各种运动技能时所获得的自由愉悦的感受。无论是道家美学，还是儒家美学，或是禅宗美学，在人生境界的追求以及人与自然、人与社会的关系等方面，都有独到见解，长期滋润着中华民族传统体育的灵魂。无论是作为主干的武术和导引养生，还是踢毽、舞狮、龙舟等民间习俗，或更多保留原生态风貌的各少数民族的传统身体运动，均为举世罕见的几千年从未中断的中华传统文化的结晶。

体育美学的研究表明，古文明孕育的传统体育，充分体现了中华民族热爱自然，热爱生活和积极向上的心理因素。中国人的审美精神以欣赏和热爱自然为皈依，终其极，是对生命本体发生的热爱。中国古代的身体活动从人与社会的统一中去寻找美，追求天地和谐，不仅摒弃了损害人类自然生理本能的宗教禁欲主义，认为实行动物性的纵欲主义也是丑恶的。中华民族传统体育活动大多不追求复杂的运动技术，不倡导与人为敌的激烈竞争；演练到最高阶段，要求动作随心所欲，能够使身体随意念在高度规范化、程式化的形式中取得高度的自由。修炼性的动作掌握来自对人体运动自然规律性的了解和运用，在愉快的氛围中对技能的熟练掌握，产生自娱效果和观赏价值，也就愈有利于获得自由创造的美感。[③][④]

中国古典美学历来强调美与善的统一，把审美同人的高尚精神品质和道德情操联系在一起，始终以美善统一作为根本性的主题。这种基本特征，对中华

---

① 任海. 奥林匹克研究读本［M］. 北京：北京体育大学出版社，2009.

② 孔子. 论语通释［M］. 袁庆德，注. 长春：吉林大学出版社，2009：31.

③ 孔子. 论语通释［M］. 袁庆德，注. 长春：吉林大学出版社，2009：31.

④ 胡小明. 体育美学［M］. 北京：高等教育出版社，2009.

传统体育活动审美特色的形成产生了巨大影响。如古人在评价舞蹈时说，“子谓《韶》：尽美矣，又尽善也。谓《武》：尽美矣，未尽善也。”善，始终被置于首要地位。由于受中国古典美学这一基本特征的影响，各民族的武艺使原本的杀戮技艺变为惩恶扬善、除暴安良、扶正祛邪的教化手段，形成了一整套维护社会安定、减缓矛盾冲突的“武德”，其目的都是避免杀人格斗之术给和谐的社会人际关系带来损害。中国各民族的技击格斗术大都不主张主动出击，而认为自卫防身、“后发制人”更能体现美德。在冲突中，简单地战胜对手并不是最终目的，达到教化目的而又不伤人，被认为是至善至美的高手。美善统一、德术并重的境界，这在世界范围内的技击格斗术中具有很高审美价值。

中国古典美学创造了一系列独具特色的美学范畴、概念、术语等，如“道”“气”“韵”“意”“象”“形”“神”“味”“妙”“趣”等。① 这些范畴大多来源于直观经验，与西方美学的表达方式有明显差异，但对于分析中华民族传统体育活动却有广泛的涵盖性。譬如，作为中华民族传统体育主干的武术和养生，都需要养气、练气、集气、运气，用这股“气”来传达出中华民族传统体育特有的韵味，使人进入到一个只可意会不可言传的美妙境界。打太极拳时，练到了一定的境界，生理上的快感与精神上的享受合一，既养生又养气，中华民族传统体育之美既为旁观者领略，又能被自身感受，审美的主客体重叠交融。中华民族传统体育中的“韵”，指超然于世俗之外的生动含蓄的风采气度，通过表演者的动作、神态和风貌，抒发主观审美体验的意境、生动自然、雅致清奇，展示特有的东方古典的含蓄之美，激起欣赏者的联想和情思，从而唤起绵绵无尽的美感。各民族的身体运动都散发着自己独特的韵味，哪怕是看似简单的踢毽子、打陀螺，也要讲究韵味，以获得古人通常所说的象外之象、味外之味、言外之意，于动作形貌中透出外在的风采。中国古典美学讲究“写一时之意，意尽则止”，“立象以尽意”以达到一定的审美境界。如中华民族特有舞狮舞龙的动作，并非写实性地再现客观对象，而是挥发意兴，以意领气，促使动作虚拟化、程式化而更接近于表演艺术。民族传统体育中的“形”是与“神”相对而又兼备的，这在体育美学中，可以把形和神的关系视为“身体美”和“人文美”的关系，通过运动而展示其独特魅力。从庄子的“熊经鸟伸”到华佗的“五禽戏”，都是模仿动物的“形”，来达到满足人类审美需求的“神”；可以说，中华民族传统体育中的几乎任何演练套路，都需要运

① 李泽厚，刘纲纪. 中国美学史［M］. 北京：中国社会科学出版社，1984.

动者的形体和动作体现出风度和气质，在运动中传达出内在的神气韵度之美。①

令人遗憾的是，古代中国虽不乏健康、长寿等养生思想，射、御等礼仪教育，舞狮、舞龙等节庆民俗，搏击、武艺等杀戮之术，但并没有完整的体育思想观念和知识体系，身体活动直至明清时期仍然潜移默化受封建意识形态的影响。19 世纪末，在洋务运动的浪潮下引进西方的兵操，迅速取代传统健身方式。其后，新文化运动全面接纳西方体育，工业社会创造的一整套体育制度文明在中国人的社会中逐渐固化，基本封杀了民族体育的生存空间。西方体育的审美风格，表现为写实、写形，对现实生活的再现和模拟，体现了西方人锐意进取的意识，充满着尖锐的矛盾冲突。在实际生活中，大量散发着乡土气息的民族体育活动，以不合时代潮流、不规范、无科学为由而饱受西方体育文化的挤压，甚至还要作为“糟粕”而加以扬弃。在自然经济土壤里生长起来的中华民族体育活动形式，在急功近利的工业时代失去了生存空间。农耕文明的果实被工业革命的大机器无情碾压，这是人类历史前进所要付出的代价之一。

20 世纪中叶，中国曾在天津召开了民间体育运动会以展现传统项目，但很快陷入沉寂，仅有改编的武术套路一花独放持续数十年。自 20 世纪 50 年代初到 80 年代初，中华民族传统体育万马齐喑，而按体操规则进行改造的武术作为代表，经过几十年缺乏理论依据的生硬改造，丢失了传统文化的滋养而变成不土不洋的畸形怪物，脱离了传统文化的根脉却依然得不到奥林匹克的青睐。把现在的武术运动员与以前的武术家相比，不要说饱览经史子集、兼善琴棋书画、熟知跌打损伤的医理药方，就连能写好毛笔字的优秀选手也极为罕见。武术东施效颦的示范结果，使整个民族传统体育游离了传统文化之根，在相对科学规范的西方体育的全球化浪潮中日益边缘化。在很长一段时期，体育文明几乎遗忘了中华民族自己的传统身体文化。

改革开放以来，民族民间传统体育活动复苏，伴随着不同地域的民俗恢复而重新活跃起来。尽管如此，民族体育经过几十年的停滞、扭曲和变异，在全球化漩涡的挤压中仍然未完全恢复原有的审美特征。传统和时尚在审美层面的矛盾交织，使中国体育的文化根须既不能涵养于东方文明之中，又难以汲取西方文明中已被认同的人文精神，其未来的发展为我们带来深深的隐忧。

转折的曙光出现在 1982 年，由于创造性地举办了世界上最大规模的全国

---

① 胡小明，黎文坛. 论民族体育的审美价值 [J]. 北京体育大学学报，2011，34 (10)：1-4.

少数民族传统体育运动会，众多的表演项目精彩纷呈，使中华民族体育以举世罕见的五彩斑斓展现其审美价值，成为中国体育史上的里程碑事件。

在地广人稀的少数民族聚居区，节日集会时进行传统体育活动，历来都超越了单纯强身健体的意义，是一种增强民族凝聚力、培养集体人格的重要社会交往方式。同族人在约定俗成的公共空间聚会，分享身体娱乐情趣，积淀共同的审美意识；同时讲授本民族的历史故事、举行宗教祭祀活动、男女青年择偶、生产生活物资的互通有无等，大家载歌载舞，纵情欢娱，久而久之，相沿成俗。少数民族的传统体育活动，真正秉承了中国古典美学中人与自然和谐的人文理想，表现出更加鲜明的原生态审美特征，展示东方体育文明与西方体育文化的和而不同，体现当代体育的文化多样性。面对中华民族传统体育历来以汉族为中心的主体部分的日渐萎缩，尤其是竞技武术为代表的内容已多年陷入审美特征异化的窘境，少数民族传统体育的独特审美魅力，使中华传统体育重新焕发多样化生态，为世界体育的文化多元做出了贡献。①

### （二）原生态文化促进中华传统体育焕发审美活力

把“天人合一”的特征移植于中华民族传统体育并不新鲜，不过，常被体育界研究者忽略的是，所谓天人合一，其含义并不完全是当代意义的“人与自然的和谐统一”，而是其内涵在长期封建专制统治下已发生了相当扭曲。早期如庄子的天人一体说，尚具有人与万物为一体的思想，蕴涵敬重自然的理念；但宋代张载确定名称的命题中，“天”“人”与“合一”几个概念已呈现多义；如在导引养生等神秘化的场合，天人合一往往被诠解为主客不分的混沌状态。更严重的是中晚期的“天人合一”说已明显变异：从董仲舒的“天人相副”说发展到宋明理学的“天人一理”说，已宣称天理可来自人的心性，与自然没关系。“天人合一”更多地用于中华传统社会文化体系中，视圣主如天，奉圣君的皇权为“高天厚土”，成为世间万物的主宰。这样看来，中国主流传统文化中的“天”和“人”的概念，并不能与西方传统中成为对立两极的“自然”和“人”画上等号。由此看来，“天人合一”不完全是“人与自然和谐相处”。至少在汉族聚居的中原地区，民间体育活动已大多逐渐脱离自然环境的粘连，异化为集权统治下的社会习俗。

待西方体育大规模传入后，从五禽戏到八段锦，再到五花八门附会于名人传承的各路拳种，随着封建体制瓦解及意识形态的逐步清除，陷入东西两难的

① 胡小明. 中国少数民族传统体育的文化多元价值［J］. 体育学刊，2007，14（8）：5-9.

尴尬境地；中华民族传统体育的原生态审美色彩，在沿海及中部地区几乎已消失殆尽，而更多地保留在西部少数民族地区。

我国共有 55 个少数民族，多居住在高山、谷地、边境等偏远地区，具有人口少，分布广的特点。过去由于长期交通不便，信息干扰少，其身体运动方式带有很强的地域性和独特的审美价值，保持着浓郁的原生态。中国少数民族的传统体育活动过去长期为人们所忽视。据 20 多年前官方统计①，少数民族传统体育项目多达 676 种，除极少数项目（如贵由赤）作为历史记载于近代已消亡，加上近年来挖掘整理并在每次民运会上增列的表演项目，共约 700 项。实际上，它既有中华民族传统体育共有的休闲娱乐特征，更具备绚丽的多样化表现方式的浓郁审美情趣，是当今我国体育一种宝贵的文化资源，是环保、低碳、绿色体育活动的天然宝库。它既是剖析体育起源和发展各阶段诸形态的“活化石”，也是挖掘和创造新的体育项目和形式的源泉，具有很高的审美价值。

笔者自 20 世纪 70 年代以来，通过对各少数民族传统体育活动的田野调查材料的分析和梳理，编写相关专著和教材，完成相关研究项目，积累了丰富的经验；② 在此基础上笔者认为，少数民族世居偏僻之地，其鲜明的游憩精神与中原地区相对封闭的同质化环境形成了强烈的反差，在作为审美对象的身体运动的表现力方面、在获得美感的独特性中，在与艺术水乳交融的程度上，是当今中华民族传统体育的卓越代表，是构建体育美学的珍贵材料，也是开发西部体育文化、建设体育强国的关注重点。

中华民族传统体育活动植根于农耕文化，不仅很好地保持了人顺应自然的需求，在强调追求美与善的统一中尤为注重内在含蓄的表现。由于中国古典美学很少有纯粹概念的思考，而更多的是个体内心的体验和直觉，这也决定了中华民族传统体育活动几乎没有严格的规则和裁判制度，多为娱乐游戏而很少有规范化的激烈竞技。然而，历经几千年的封建专制和一个世纪西方体育传入的排挤，中华民族传统体育内在含蓄的韵味、情趣、神韵，体现个体内在心灵与自然和谐和统一的美，如今在经济发达地区几乎难觅踪影，仅存于少数民族的传统身体运动习俗中。

在人类的蒙昧期，人类对自己生物性规律的认识很肤浅，有时为了审美需

---

① 中国体育博物馆，国家体委文史工作委员会编．中华民族传统体育志［M］．南宁：广西民族出版社，1990.

② 胡小明．民族体育集锦［M］．成都：四川民族出版社，1989.

要甚至不惜损伤自己的身体。由于数千年的文明熏陶，中华民族体育活动中，较少涂抹、刻画裸露的身体并使裸体具有“出生证”、“备忘录”等的符号作用。不过，西方体育驾全球化之势如风卷残云，在汉族地区的民间体育活动从服装到规则大多已“现代化”，而在运动场上已难辨其民族文化特征；而各少数民族传统体育，在参与节日集会或观赏民族传统体育时，仍然人人穿着最美丽的服装以烘托身体运动之美，不同地域族群的艳丽服装甚至把运动场地簇拥为分享欢乐的表演舞台。

少数民族传统体育与现代体育活动不同，其审美对象虽然也是人的身体运动，但运动者的身体表面被服装、鞋帽等装饰物大面积覆盖，常常成为人们审美的趣味中心。人类以保护和美化身体的名义，用服装施展理性对肉身的统治。在少数民族传统体育活动中，五彩缤纷的服装是独特的审美对象，集中反映了中华民族注重内在含蓄的审美特征。现代的运动服有自身特点，但中国的少数民族展现于运动场地的是最为亮丽的传统服装，在世界体育文化园地里独树一帜。

中国古典美学的一些审美范畴，也很好地保留在少数民族传统体育活动中。如阳刚表示壮丽、雄浑、豪放的艺术风格，阴柔表示淡雅、柔和、飘逸的艺术风格，主要运用于对不同性别的运动者和不同风格动作的审美评价。中国人一般把男性、刚毅、强壮、雄健、剧烈运动之美视为阳刚美，把女性、柔韧、灵巧、秀丽、平缓活动之美视为阴柔美。只要是原汁原味的民族传统体育活动，男女在服装、动作、意蕴上往往呈现鲜明的反差以强调对方的美——刚中见柔，柔中见刚，刚柔相济，相得益彰，以达到整体和谐之美。①

**（三）民族体育的审美多样性促进当代体育的文化多元**

历经数千年文明历史孕育的中国传统文化是东方文明的代表，由具有共同审美情趣的人类群体创造并承载的养生健身活动，使身心悠闲欢愉的游憩活动，被安排在以年为周期的 24 个节气的农耕间隙里，表现形式是以全民族的节日集会，是世界上唯一自古延续至今的民间身体活动形式。

然而，中国的封建社会伦理长期左右着身体发展的价值观念，使中原地区的各种民间体育活动的竞技性丧失殆尽，以至于射箭变为投壶，蹴鞠化为踢毽，就连武艺亦成为花拳绣腿。中国的传统体育活动具有重娱乐，重表演，重修身养性、防身保命的优秀成分，但始终循规蹈矩，缺乏创造力，泯灭竞争意

---

① 胡小明．中华民族传统体育——在休闲时代体现文化多样性［J］．体育与科学，2006，27（2）：1-3.

识，导致日渐萎缩难以发育成形，与现代竞技运动融为一体。然而，各少数民族因为远离中原，传统体育既保持了真正“天人合一”顺应自然的特征，又很少受到封建伦理的长期负面影响，由于地域、气候及风俗习惯的多样性，可以为日渐萎缩的以汉族民间体育为主体的中华民族传统体育文化，提供新鲜的营养和持续的活力。

少数民族传统体育在自然经济的土壤中诞生，保持与大自然相互依存、和谐同步的审美精神，作为中华文明的一个有机组成部分，将成为特殊的文化传播资源。开发这个宝贵资源，是对民族文化的认同和凝聚力的提升，可以为中华民族体育全面走向世界，促进国际体育文化的大发展做贡献。

目前，在少数民族传统体育的工作中，当务之急是保护非物质文化遗产，提倡文化多样性，即允许不同价值的文化同时存在，包括多元的审美价值观。存留原汁原味的审美对象，包括活动仪式、传统服装、运动器械、集会场所和自然环境，重点在维护少数民族传统体育活动的原生态审美价值。保护文化遗产不仅在于留下鲜活的原生态的民族体育文化，更需要保留丰富多彩的人性，以利于矫正现代体育的异化，提高体育文化基因的丰富性。民族传统体育作为中国当代体育的多样性构成，代表中华体育对丰富全球体育文化的贡献。在西方体育全球化的浪潮下，中国少数民族传统体育在审美文化中的鲜明特色，是东方体育唤起国际关注的重要因素。

人类在体育活动中，希望编织身体运动的理想图景，却又往往迷失在物欲横流中。值得庆幸的是，对未来体育活动的美好愿望和追求，仍然大量蕴含于少数民族的传统体育运动中，等待人们凝聚审美经验的结晶，升华为更加完善的审美理想。虽然我们对少数民族传统体育审美价值的探索刚刚起步，但在分享运动、大众参与的进程中，在民族团结、祖国昌盛的浪潮里，中华民族传统体育必将为世界体育文化增添更美好的图画。①

## 二、民族运动会的价值取向与观念更新

全国少数民族传统体育运动会（以下简称民运会），是中国体育和民族工作者在改革开放中最重要的创新举措，但在社会发展的潮流中面临发展的困境，民运会亟须更新理念，为民族团结进步事业发挥积极有效的作用，走出一条可持续发展的道路。

---

① 胡小明，黎文坛. 论民族体育的审美价值［J］. 北京体育大学学报，2011，34（10）：1-4.

举办全国性的少数民族传统体育运动会，是贯彻落实国家民族政策、发展少数民族优秀文化、加强民族团结的一项创新举措，对促进中国各民族的团结进步和民族传统体育事业发展发挥了重要的作用。它作为弘扬民族文化的重要承载体，其可持续发展的路径值得体育人类学认真探索。

少数民族传统体育运动会长期以来由政府强力组织实施。除全国定期举办，各地为筹备参加全国民运会，一般都提前组织本辖区的地方性民运会。但是近年来，这些运动会乱象频出。据新华社报道，某省少数民族传统体育运动会上，比赛中居然出现了男人戴假发参加女子组比赛，以及有人闯进赛场追打运动员的丑剧。而经过记者的采访，发现在赛场上的丑剧其实远不止这些，在抢花炮比赛中甚至常见运动员因受恶意殴打住进医院；在摔跤比赛中一些队伍里出现了只会说东北方言的云南少数民族选手；在打陀螺比赛里出现了一群“雇佣”球员，他们中的很多人来自一个村子，但多年来都是分别代表不同地区的队伍参赛，很少能见到高水平新人的面孔等。

显而易见，民运会中存在的金牌至上的锦标主义，以及捞取政绩的功利思想是愈演愈烈的严重问题。从地方到全国性的民运会上，许多参赛代表团早在参赛之前就预设了夺取竞赛项目和表演项目名次的目标。在民运会上最终获得的金牌数成为衡量政绩的最重要标准。民运会中锦标主义的侵蚀泛滥，使原意旨在继承和倡导民族文化的盛会，变成了各省市自治区之间的金牌争夺大战。①

分析制度内部的问题可以发现，在实践中，民运会模仿全运会模式，盲目套用“奥运争光”模式，在技术层面助长了锦标主义。由于与奥运会、亚运会、全运会的现代体育项目截然不同，事实上属于两个不同的评价体系。通过高水平竞技运动获得优异成绩以提升国家形象，长期以来主要是作为国家层面打破西方封锁的政治需求来考虑；如果把这个特定的“奥运争光”模式推及到所有的体育领域，特别是基层体育和大众体育层面，就难免陷入误区。

对民运会进一步分析可以发现，民运会自身体系建设的不完善。民运会虽然是实施民族政策的创举，但没有理论研讨而先行先试，缺乏运行机制的长远设计，导致民运会在裁判队伍建设、参赛队员培养、运动会组织机制建设等方面不具备可持续生存的环境。尽管每一届民运会都有科学论文报告会，但评审环节在利益群体干扰下难言公平，以致几乎所有的论文都未及发表水准，遑论指导实践了。

---

① 胡小明. 体育人类学 [M]. 广州：广东人民出版社，1999：210-211.

因此，一到民运会召开的时机，各地方政府作为参赛单位，目标是争夺金牌以显示政绩，于是安排财政拨款完成任务。常见的办法是到体育局找相关项目专业队的二、三线或退役运动员，改头换面代表少数民族参加。即使全国民运会曾在广州这样经济较发达的地方举办，但由于缺乏专业的组织机构，以及民运会的市场知名度不够，承办民运会的资金绝大部分要由承办地的公共财政支出，计划经济模式的预结算和招投标模式难以获得最佳效益。巨大的财政投入和难以量化评估的产出，使地方政府承办民运会面临巨大的经济压力，大批专业或半专业运动员冒充少数民族运动员参赛，使民运会可持续发展面临困境。

更为深层次的问题，在于观念模糊。运动会虽然倡导奋力拼搏争取优胜，但民运会与全运会的主要目标完全不同，它不属于“奥运争光计划”，最高目标也不是为了层层选拔精英在奥运会、亚运会上为国争光。举办民运会是实施民族团结的一种政策机制，它不是纯粹的体育竞赛机制。它的基本落脚点是各民族的共存、共享和共荣。民运会的初衷是超越运动竞技的，它真正的魅力在于它的文化意义和政治意义。从这个的角度看，民运会保护文化遗产的人文意义超越任何竞技运动会，促进社会和谐的政治意义远远超越全运会。它是中华各民族加强文化交流、增进民族情谊、促进民族团结的和谐聚会，是中华民族伟大复兴的有机组成部分。

民运会应该通过淡化金牌意识消解狭隘的地方主义和民族主义，反对盲目追求名次满足虚荣的锦标主义。如果放任民运会的专业化和竞技化趋势蔓延，将使国家投入到民运会的有限公共资源被少数体育精英所独占，最终将走上脱离群众、脱离传统文化生态的不归路。这与设立民运会的初衷和发展民族传统体育事业的目的是背道而驰的。

单纯的竞技本身，是指向超越、创造精英和崇拜英雄的。民运会的价值在于维护中华民族的文化多元一体而不在打破体育竞赛记录，不是追求更快、更高、更强的竞技比赛。不难理解，民运会想营造的是和谐的社会氛围，而不是受人崇拜的英雄主义。民运会中的竞技成分追求的是我国各族同胞平等团结、和睦相处。

民运会的发展，应该建立在充分尊重民族传统体育文化属性的基础上。源于某一民族的优秀文化不仅可以帮助树立该民族的自信心，同样也可由其他民族共享。民运会作为一个展示中华民族多元文化的舞台，倡导拥有不同文化类型的群体应当平等和谐相处，共同参与中华民族的伟大复兴。通过推动中华民族多样文化的交流和了解，倡导“分享运动”的理念，坚持民族文化共享，才会使各民族的优秀文化得以传承。①

## 三、参与式发展——建设原生态民族体育文化圈

民族传统体育，是民族文化浓缩聚集的表现形式。对于文化，英国人类学学家泰勒在其名著《原始文化》中曾下过一个经典性的定义。他写道："文化，就其广泛的民族学意义来讲，是一复合整体，包括知识、信仰、艺术、道德、法律、习俗，以及作为一个社会成员的人所习得的其他一切能力和习惯。"② 在中国，少数民族世居偏僻之地，其鲜明的游憩精神与中原地区相对封闭的同质化环境形成了强烈的反差，在作为审美对象的身体运动的表现力方面、在获得美感的独特性中，在与艺术的水乳交融的程度上，是当今中华民族传统体育的卓越代表，是体现传统文化多样性的宝贵遗产。民族传统体育活动与各民族习俗尤其是歌舞形式紧密融合，许多与原始宗教礼仪密不可分，有的伴随着远古的历史传说，或山林狩猎田野农耕的情景再现，是各族人民世代相承的传统文化的表现形式。为此，体育人类学把这些能表现体育萌生状态的原始文化遗存称为"原生态民族体育"或"原生态身体运动"。在社会经济文化大潮的冲击下，少数民族传统体育活动的文化生态环境十分脆弱，被摧毁后的结果往往是不可逆转的。因此，保护身体文化遗产的原貌及其整体生态环境，是首要的任务。

体育人类学的研究认为，一般情况下，气候条件、地理环境等对民族传统体育的生成作用最大；在地理环境相近或文化积淀深厚的地方，文化习俗的影响很大；在现代社会发展速度加快的压力下，往往使得传统身体文化濒临破坏。民族体育是珍贵的文化遗产，体育人类学必须尽快对其进行详细的观察和记录，以便保存能展示其原生态状况的数据，为参与式发展提供依据。

许多民族传统体育是身体运动与模拟劳作、娱乐游戏、演练武艺、表演巫术融合体，属于尚未剥离的原始文化形态，并非成熟的体育活动形式。这些折射人类不同历史发展阶段的"活化石"，首先应当作为文化遗产而加以保护。民族传统体育活动具有接近天然状态的质朴纯真魅力，其重要价值在于表现体育文化的多样性。充分尊重少数民族传统体育活动的原生态审美特征，存留原汁原味的审美对象，把活动内容、器械、服装、场所和环境作为文化遗产加以

① 黎文坛，胡小明. 民族运动会的发展理念初探 [J]. 体育学刊，2012，19 (1)：39-43.

② 泰勒. 原始文化 [M]. 桂林：广西师范大学出版社，2005.

保护，是从中汲取有利于当代体育发展的人文因素的基础。少数民族传统体育是各民族智慧的结晶，所蕴含中华民族特有的精神价值，体现中华民族的顽强生命力和创造力，也是全人类文明的瑰宝。保护这份珍贵的文化遗产，保持民族文化多样性的传承，是增进民族团结、连接民族情感纽带的基础，可以维护世界文化多样性和创造性，促进人类共同发展。①

体育人类学的田野调查需要涵盖可以把握的所有部分，调查者通过参与观察和收集相关环境器物的测量数据记录，留存原生态环境的濒危宝贵资料，是保护的身体文化遗产的基础。除了文化人类学擅长研究的精神层面部分，即所谓“非物质文化遗产”或“无形文化财”，原生态器物及活动环境往往最容易为体育界所忽视。其实，这也是文化遗产中更为宝贵而亟待保护的部分。即使作为一项国家非物质文化遗产，实际上也有运动器械及附属设施等物质文化的承载部分。这些看得见的物质部分，必须包括适宜开展这项运动的生态环境。在国家公布的首批非物质文化遗产中，有相当多是我国体育界所谓的“民族体育”，如天桥中幡、抖空竹、维吾尔族达瓦孜、宁德霍童线狮、沙河藤牌阵、达斡尔族传统曲棍球竞技、蒙古族搏克、蹴鞠等。这些已公布的非物质文化遗产的保护和传承，特别需要补充其文化生态环境的原始数据，对相关环境的测量记录，是保护工作的重要基础。

对民族体育历史文化的理解，是文化遗产保护的必由之路。对其“阐释”和“深描”，更有利于民族体育传承的路径选择。对原生态竞技游戏的保护和发展，首先需要重视其多元文化价值，以此为出发点，实现珍稀文化遗产保护的根本目标。多样性培育创造性，体现人类群体适应和改变生活条件的能力。国际社会已认识到多样性对人类社会的生存和繁荣至关重要，在 2009 年国际人类学民族学世界大会的主题“人类，发展与多样化”中已昭示无遗。② 大量的像纳西族“东巴跳”、黔东南苗族独木龙舟这样的原生态的身体游戏活动，首先应该作为非物质文化遗产来保持其文化多样性。把民族传统体育作为文化遗产进行保护，是维护一个国家文化身份和主权的重要依据。许多民族传统活动所凝聚的精华，在其繁荣时期的鲜活生命和社会价值，已随着文化所属时代的结束而发生原生意义的改变；但在新的历史时期，通过少数民族传统体育运

---

① 胡小明，黎文坛. 论民族体育的审美价值 [J]. 北京体育大学学报，2011，34 (10)：1-4.

② 倪依克，胡小明. 发展中的中国体育人类学——国际人类学与民族学联合会第 16 届世界大会体育人类学专题会议述评 [J]. 体育科学，2009，29 (10)：65-71.

动会这样的形式对文化遗产保护和文化资源的开发，把文化遗产保护利用与体育竞赛表演开发联系起来，探索合理组织运动竞赛和表演的途径，是使历史的文化遗传通过体育运动的形式实现符合新时代需要的价值重构。全国及省市的少数民族传统体育运动会、体育大会这样的顶层制度设计和自上而下推动的方式，对民族体育活动的发展强力地推动，但由于缺少原生态环境传承的研究，没有文化生命力的基础性传承路径，仍然难免拔苗助长、脱离实际的隐患。①

在民族体育的发展过程中，屡屡出现一些不利于文化遗产保护的问题：如有的地方对保护和整理原生态运动形式无人问津，但却愿意凭空想象创编"传统"项目，或花费大量资金将其改编为不伦不类的"穿越版"。这方面惨痛的教训有很多：丰富多彩的中华武艺被改造为竞技武术，十几年来耗费巨大的资源适应现代体操规则，剥离了其中厚重的传统文化底蕴，最终却仍无法成为奥林匹克运动会正式比赛项目；"抢花炮"一类活动在缺乏历史依据和科学论证的情况下，匆忙改造为最容易引发打架斗殴的民运会竞赛项目而美其名曰"东方橄榄球"，骨折残疾者难以计数，但其实它是闽粤商人在商贸集会中招徕观众的博彩游戏而并非少数民族传统项目。还有越来越多的表演项目，被奉为新近挖掘整理出来的传统文化遗产，实际上在该民族的基层聚居区从来就没有开展过。② 这种拍脑袋或瞎编乱造虚构空中楼阁的方式，将对这些残存的民族传统体育项目带来毁灭性的摧残。

其实，许多所谓的民族传统体育活动，仅仅是具有身体运动形式的竞技游戏，充其量只能称其为体育的萌芽。没有被工业社会标准化的"民族传统体育活动"，需要采用体育人类学的田野调查方法研究后区别对待：一部分像保存文物那样作为文化遗产保护起来；一部分让它仍然生存在自身特殊区域的民俗文化生态环境中；只有相当少的一部分才能按现代体育运动的规范标准改造为普及性的体育活动。一般龙舟可以按现代体育规则改造为与其他运动项目一样的竞技比赛，但有些积淀了深厚巫术礼仪，至今在极小范围内保持着原生态的竞技游戏却不适宜，这就像殷商铜器、宋元瓷器不宜拿来日常家用一样。在竞技游戏衍化为体育活动的过程中，极少的"活化石"部分，如黔东南苗族独木龙舟，改造成普及型运动项目完全没有必要，没有价值，也没有可操作

---

① 黎文坛，胡小明．民族运动会的发展理念初探［J］．体育学刊，2012，19（1）：39-43.

② 张萍，王溯．仫佬族体育活动开展现状的比较分析［J］．体育科技，2007（4）：16-18.

性，只宜作为一项文化遗产来对待。在这个意义上看，原生态模式的保护与传承是放在第一位的。①

保护是基础，但毕竟还需要发展。寻求民族体育的发展路径，我们已经走了太多的弯路。改革开放以来，文明的进步在经济膨胀的推动下不断加速，原生态身体文化的保护与发展的矛盾，在基层表现得十分突出。体育人类学借鉴发展人类学的精髓，主张民族体育"参与式发展"的协同创新路径，改进PRA方法用于体育调查，认真倾听基层民众的意见，传承传统身体活动的原住民人群参与到发展规划中，鼓励自组织的社团操办，专业院校通过体质健康检测等知识与手段，促使相关人群分享运动，增进身心健康与生态文明协调发展。具体的应用实施，既要保护传承民族体育文化遗产，又要加快当地经济社会发展，在目前情况下，最适合的创新方式是建设"原生态民族体育文化旅游圈"，使其成为拉动内需的运动休闲新模式。

根据研究团队多年的体育调查，在中国南方适合建设"原生态民族体育文化旅游圈"的地方有若干个，其中：

贵州黔东南苗族独木龙舟文化圈、云南丽江纳西族"东巴跳"文化圈、广西三江侗族"抢花炮"文化圈，已完成了初步的田野调查，可以立即动手进行新型旅游景区规划设计。

湖北土家族"巴渝舞"武陵山区扶贫连片开发圈、三峡库区公共体育服务体系开发圈、四川羌族"释比与沙朗"文化旅游圈，正准备进行体育人类学田野调查，预期结果应该符合建设要求。

粤湘桂三省区12县的瑶族"盘王节"的长鼓舞和打陀螺的跨省协作创新的文化旅游圈、以广东顺德李小龙故居为中心的港澳携手共建的中华民族功夫文化旅游圈，涉及面较宽，需要投入巨大的前期研究成本。

体育人类学倡导原生态身体运动的整体圈层保护，并充分尊重当地人民的意愿，采用参与式协同创新的文化传承方式，通过拓展生态文明旅游路径等生产性保护路径加快区域经济发展，使国家、地方、民众都增加社会效益和经济利益，是全面建成小康社会的进程中显示体育人文价值的新机遇。

---

① 胡小明，杨世如. 独木龙舟的文化解析——体育人类学的实证研究（二）[J]. 体育学刊，2010，17（1）：1-9.

# 第七章　应用于当代体育发展的创新理论

## 第一节　竞技运动的非主流性质与制度变革

大型竞技比赛是体育头顶上的华丽皇冠，具有对人类最辉煌的身体文化进行强力标示和完美装饰的超级广告效果。由于竞技运动是体育活动中显示度最高的部分，是人类身体运动的王冠，而奥林匹克运动会又如同王冠上熠熠闪光的明珠，所以人们常走入把体育等同于竞技的误读区，甚至把奥运会视为体育的代名词。其实，从整体看人类体育事业发展或体育活动开展，竞技运动并非体育的主流，相对于教学和健身活动而言也不是体育的主体。那种认为“大多数需要锻炼的人在观众席上看极少数需要休息的选手疲于奔命”的观点，并不能反映体育的本质。

长期以来，相当一部分国人积淀了这样的畸形观念，认为现代体育就是运动场上追求“更快、更高、更强”，进而把体育等同于竞技，竞技等同于奥林匹克，把体育健身置换为奖牌竞赛，把大众参与变成极少数运动精英的专享游戏。这种金牌的“保增长”意识已形成中国体育的惯用思维，而且助长“与人为敌”的潜在仇恨情绪，与我国和平崛起共同发展的大政方针相悖，最后将导致参与其中者遭遇与幸福生活背道而驰的尴尬，失去可持续发展的生命活力。体育人类学有责任纠正这种认识误差。

### 一、案例：无须金牌的区域体育

藏族，是一个有惊人意志力和非凡智慧的民族，在长期的历史发展过程中创造了独具一格的灿烂文化，包括哲学、医药、宗教、建筑、历算、诗歌、舞蹈、音乐、绘画等，在人类文化史上占有显著地位。在登山运动中，藏族选手屡获佳绩，书写着体育史上辉煌的一页。对藏族传统体育与自然环境协调、与日常生活均衡发展的研究，可以从一个崭新角度观察人类与体育的关系。

藏族的人口近一半居住在西藏，约 1/4 在四川，其余分布于青海、甘肃、云南。中国的体育人类学研究者曾多次去过各省区的藏族聚居区从事田野工作，搜集了格吞、俄多、抱沙袋、赛牦牛等藏族传统体育项目的素材。

当奥林匹克风吹拂世界每一角落时，青藏高原上也开展了许多竞技项目。中国首次举办亚洲运动会时，圣火在唐古拉山上点燃。然而，虽经各级体育部门多年不懈努力，令人遗憾的是，仅有几位藏族优秀运动员曾在射箭、标枪等极少数奥林匹克竞赛项目中昙花一现。

为了探索藏族适合于参与何种现代体育竞技项目的训练，应西藏体育管理部门之邀，一个由体育人类学专家组成的调查队进行了实地考察，从 1992 年 9 月 7 日至 1992 年 10 月 7 日，历时一个月，辗转于西藏的林芝、山南、日喀则、拉萨四地区，行程数千公里，在各级体委、教委的支持和配合下，对 571 名在校中学生的身体形态进行了较为全面的测试，并对其中部分学生的心理指标、机能指标、素质指标进行了测试。有多项指标的实测在西藏尚属首次（共有身高、体重、胸围、呼吸差、臂围、腿围、手足宽、肩宽、骨盆宽、四肢宽、四肢长、头长、头宽、背形、腿形、握力、肺活量、纵跳、引体向上等 52 项指标）。共获取原始数据 3 万余个。由于采样地区较广，且均采用随机取样方式，故样本覆盖面较大，基本代表了藏东南及藏西南同龄学生的同类指标信息，涉及曾涌现优秀竞技选手较多的区域，剔除其他民族样本及无效样本后获得藏族有效样本 450 例。通过计算机对有效样本的所有原始数据进行统计处理，并产生衍生数据 1 万余个。①

人体形态发育的状况，虽然是人体生长的一种外在表现，但反映出内在发育的情况，因此，形态是选择优秀竞技选手苗子，衡量其在某种运动项目是否出类拔萃的重要指标。从 1965 年开始，西藏地区就开始对藏族学生进行生长发育的调查，至今已调研过多次。通过对男女生的身高、体重、胸围、坐高等四项形态发育指标的动态分析，证明历年来这些指标均不断增长，其中身高的增长尤为显著。男生的身高和体重增长率达高峰的年龄从 14 岁提前到 12 岁，胸围从 14 岁提前到 13 岁，坐高没有提前。女生的身高从 13 岁提前到 11 岁，坐高从 13 岁提前到 12 岁，体重和胸围没有提前。女生发育突增开始和达到高峰的年龄比男生早 2 年左右，与进入性成熟期的时间一致。与纬度相近的毗邻地区成都的汉族学生相比，20 年中藏族学生的身高、体重的增长率均显著高

① 胡小明. 藏族体育运动与发展［J］. 奥林匹克季刊（台湾），1995（31）：30-32.

于汉族，而胸围增长率却低于汉族，表明藏族儿童青少年处于生长发育的加速阶段。①

身高、体重、胸围是反映青少年形态发育水平的基本指标。这三项指标既能反映人体的长度、围度，也能反映人体的壮实程度，并在一定程度上反映与运动能力有关的心肺功能。从1985年以来中国学生体质与健康的调查资料看，藏族学生各年龄组的体重、青春期之前的身高、坐高及青春发育期间的胸围均值，均明显落后于同期全国乡村同龄组的水平。青春期后的身高、坐高仍低于全国城市的均值，接近全国乡村同龄组水平。与内地平原和低海拔地区相比，藏族学生的生长发育水平偏低，青春发育期较晚，在体型特点上，藏族学生具有身材细长，胸廓较厚，腿相对长于躯干的特点，身高有迅速增长的趋势。值得注意的是，根据调查资料，按藏族组（父母均为藏族）、汉族甲组（父母均为汉族，本人出生于低海拔地区，移居西藏不超过一年）、汉族乙组（父母均为汉族，本人出生于西藏）、汉藏组（父亲为汉族，母亲为藏族）的测试指标综合比较，藏族男女均以胸围最大领先，其他指标却不占优势。这表明了世居高原，为适应地理环境的遗传影响。②

我们将藏族13~17岁学生1992年实测的形态指标与1985年所测指标进行对比，发现各项指标均有所提高，但大部分指标还略低于汉族同龄学生水平。1995年冬季，笔者与美国塔夫兹大学人类学系史蒂芬·M. 贝利博士在四川阿坝马尔康中学测试了部分藏族学生，测试结果也证实了藏族的体质并不强于其他民族。

藏族青少年身高增长，但肩宽指标没有增长，这说明由于经济的发展使物质文化生活水平提高，青少年的体力劳动减少，呈现出细长型体型。这种体型在许多奥林匹克竞技项目中并不能发挥优势。令人赞叹的是，藏族学生的臂长值普遍大于身高值。据实测的数据显示，藏族学生除男子13岁组外，各年龄段的肩臂长全部大于身长。肩臂长的身体形态优势，特别适合从事射箭、拳击、摔跤、柔道、标枪等竞技项目。

人体机能在运动竞技中的作用举足轻重。测试表明，藏族18岁男性的肺活量在28个10万人以上的民族中排第9位，低于汉族男性（7位）；藏族18

---

① 胡小明，邓廷良，刘建和. 关于藏族参与奥林匹克竞技的人类学研究［J］. 成都体育学院学报，1994，20（3）：6-11.

② 中国学生体质与健康调研组. 中国学生体质与健康研究［M］. 北京：人民教育出版社，1988.

岁女性的肺活量排序第 14 位，也低于汉族女性（5 位）。因此，高原环境能增加肺活量的观点值得商榷。藏族学生的脉搏较慢，18 岁男性的脉搏数在 28 个民族中排序第 7 位，女性排第 13 位，均低于汉族。此外，藏族学生的收缩压也明显低于汉族，说明高原慢性缺氧对平滑肌有松弛作用，引起血管扩张而导致血压下降，显示了环境因素的重要作用。中国在第三次人口普查时发现，西藏的百岁老人比例为百万分之 24.3，仅次于新疆，居全国第二位，高于平原地区 2~3 倍。但是，藏族人的身体运动能力之弱却令人意外：对中国 27 个少数民族统一测试和计算的 9 项（50 米、立定跳远、立位体前屈、50 米×8 往返跑、800 米或 1 000 米跑、斜身引体向上或引体向上、一分钟仰卧起坐）身体素质指标的数据资料，按其均值大小对其各项身体素质指标的均值进行排序，并以序号之和再排序，其结果表明：藏族男生 7 项身体素质指标在 27 个少数民族中排序 24 位；藏族女生 6 项身体素质指标在 27 个少数民族中排 27 位；男女综合排序，藏族学生排序 26 位。①

身体素质，是参加激烈竞技的基础。中国是一个地域辽阔民族众多的国家，由于各民族所处的地理环境、先天遗传、生活条件、民族习惯、文化水平等各种因素的不同影响，身体素质呈现不同的特点和差异。大量数据表明，南方少数民族的速度、弹跳力优于北方，而北方少数民族的力量、耐久力优于南方。综合看，南方少数民族的身体素质略优于北方少数民族。人体形态和机能的发育，为身体素质发展提供了必要的物质基础；然而，身体素质的潜能充分发展，主要依赖于后天的体育锻炼。不过，藏族可能是极端的例子。藏族有优越的身体形态，但未能充分发挥身体素质的后天可塑性，其基本制约因素仍然是特殊的地理环境。然而，藏族人的身体素质指标却如此不尽如人意，与人们心目中强健、剽悍的习惯形象极不吻合，反差巨大。

在世界各民族中，藏族是长期居住在世界最高海拔地区的最大人群，其生长发育必然受到高原特殊环境的影响。海拔 3 000 米以上的高原环境，低气压使人体的血红蛋白减少了氧的携带量，组织内氧压降低，造成缺氧。高原环境中寒冷、干燥、强紫外线等因素对人体发育也有影响，但明显以缺氧为最。一般来说，在高原缺氧条件下训练，可以增加人的血液中的血红细胞的数量，而血红细胞数量的增加有助于加强血液携带氧气的能力，从而提高运动水平。根据这一理论，许多项目的运动队定期到高原基地训练。有些不便去高原的运动

---

① 中国学生体质与健康调研组. 中国学生体质与健康研究 [M]. 北京：人民教育出版社，1988.

队在训练时让队员戴上特制的口罩，减少氧气的摄放量，模拟高原训练，也获得较好的效果。实践证明，在 2 000 米左右的海拔高度进行高原训练以后，运动成绩可以提高。而世世代代居住在海拔 2 000 米以上的藏族（首府拉萨海拔 3 658 米），到低海拔地区比赛是否能提高运动成绩？实践证明，在拉萨市进行大运动量训练，太高的海拔使运动员很快就会感到疲劳，运动强度和密度比平原地区大打折扣，运动量上不去，严重影响运动成绩的提高。①

藏族居住的地区号称“世界屋脊”。生活在海拔为 3 658 米的拉萨的藏族人与相同纬度的成都、武汉、上海等地的汉族人相比，各形态发育指标均低；而与海拔 4 447 米的那曲地区藏族人相比，则各项指标均高。这说明高原地区体格发育不如低海拔地区，海拔越高差距越大。根据 1982 年调查资料，西藏的拉萨市和泽当（农区）、那曲（牧区）的 7~17 岁的儿童、青少年身体成长发育存在着明显的差别。身高平均值，男女都是城市高于农区，农区又高于牧区，呈梯状分布。体重平均值，男性城市高于农区，农区又高于牧区；女性则农区高于城市，城市又高于牧区。胸围平均值，男性城市高于牧区，牧区又高于农区；女性农区高于城市，城市又高于牧区。在城市生活的藏族在身体形状指标上具有明显优势，但女性的胸围、体重则是农区的发育最好。

从体育人类学的角度看，自然环境与人类社会的相互作用在不同人文地理圈层之间是有区别的。环境与体质有关的一些因素，使体育活动的开展不能采用同样的模式。在极端寒冷、干燥、生物种类稀少、生物数量少的地区，人的生存比较艰难，生物食物链基础薄弱，自然生产力低下，人类的生产活动受到局限，人口增长慢，生产力难以提高，社会发展迟滞。自然地理环境是形成藏族身体特点的基本条件，通过生产和生活方式（饮食、居住、娱乐及其他传统习俗）的综合性衍射，逐步积淀内在因素和外在文化氛围。

高原世居者的基础氧耗量和基础代谢率高于平原居住者，因此，在高原地区生活应有更充足的营养才能保证生长发育的需要。藏族聚居区由于自然条件的限制所形成的生活习惯，人们一般饮食较单调，牧区几乎不吃蔬菜，维生素、矿物质、微量元素摄入极少。这在体质人类学上的特殊性，只有北极的爱斯基摩人可以相比。藏族的食物和饮料主要是糌粑、肉类、奶制品、酥油茶和青稞酒。在藏族聚居的牧区，牛羊肉和乳制品的摄入量很大；即便在农区，动物蛋白的摄入量也大于中国的平均水平。然而，对蔬菜、水果等维生素类食物

---

① 刘建和，胡小明. 关于西藏自治区竞技体育项目设置及训练工作的研究报告 [J]. 体育科学，1994，14（4）：22-30.

的摄入，藏族可能是最少的。在干燥和缺氧的环境中，藏族每日大量饮茶来补充水分以维持正常代谢，帮助消化高热量的饮食，使血液保持正常的酸碱度。①

众所周知，饮食对体质影响很大，但一般人难以想象饮食结构的变化对一个群体的影响速度有多快。在20世纪初期，日本人是世界上身躯最矮小的民族之一，素有“倭国”之称。然而到20世纪80年代，日本7~22岁的男女学生的身高、体重、胸围等大部分指标高于中国同龄者，各项身体素质也占明显优势。日本人的身材增长和素质的提高，有赖于饮食构成的变化，甚至提出“一杯牛奶拯救一个民族”的口号。而那些身材高大的美国黑人，与他们的非洲同辈相比体质也有很大的差别。

在中国学生体质、健康调查研究课题中，27个少数民族学生的形态指标均值排序，藏族的坐高、胸围、肩宽三项指标排序居中，而男生的身高居11位、体重居21位、骨盆宽居26位；女生的身高居6位、体重居16位、骨盆宽居25位。这说明藏族青少年尤其是女性的身材具有较高的审美价值。上体饱满、下体瘦长的苗条身材显得轻灵矫健，在评分类竞技项目中容易获得理想的“印象分”。这与藏族的生活习俗尤其是服饰的影响有密切关系。藏族服装的基本特点是长袖、宽腰、大襟、肥大。藏族的袍子一般比人的身高还长，穿上后把腰部提起，系上腰带，夏天或劳动时脱去右袖或脱去两袖掖在腰间，怀里可作为装随身用品的大行囊。这种服装袍袖宽敞，臂膀伸缩自如，胸廓呼吸自如而又能御寒避风，但对下肢运动却有一定制约。因此，藏族手臂长、胸围大、髋窄、腿细长的身体形态特点，显然在一定程度上受传统服装的影响。

农区及城镇的藏族人所住房屋，结构为平顶立体，墙厚窗户小，门也小。牧区的藏族人一般住帐篷，形状为长方形或椭圆形，顶部有缝可通风，用牦牛皮制成。有的帐篷周围还有草坯垒成的矮墙，以避风力。藏族的传统居室为了保暖避风，一般室内空间面积不大，光线较暗，不宜进行激烈的身体锻炼活动。长年在居室内生火、烹饪兼取暖，每日有相当长的时间沉浸在烟雾中，也会给体质带来影响。根据1977—1980年全国结核流行病学调查对西藏20个点的抽样分析，结核病检出率高达1 202/10万，其中5~9岁、10~14岁两个年龄组患病率高于全年龄组平均水平。可见，对藏族体质起主要影响的还不是体育。根据多年在藏族聚居区的实地考察，藏族的室内体育活动极为罕见。带有

① 胡小明，邓廷良，刘建和. 关于藏族参与奥林匹克竞技的人类学研究 [J]. 成都体育学院学报，1994，20（3）：6-11.

体育性质的传统游戏多在户外进行，而且集中在夏季和节日喜庆活动时开展。

藏族是一个在恶劣环境中有较强耐受能力的优秀民族。学术界一般认为，古代羌人的一部分与当地土著居民组融合，逐步发展为今天的藏族。1961 年，考古学家在位于雅鲁藏布江与尼洋河汇流处东北岸，发现新石器时代的人头盖骨，经测试确定属蒙古人种现代 A 组西藏人祖先。而现代藏族的血液分析表明，藏族属北方人种。遗传学研究也证实，羌、藏均属北方蒙古人种，藏族与东北少数民族的基因关系也很近。① 因此，从人类学的角度看，藏族与其他民族一样，本身具有潜在的优秀运动能力，但在特殊的极端环境世代居住被逐渐消减。

藏族居住在广袤的高原上，藏传佛教成为全民族的虔诚信仰，佛教传入极端地理环境经过改造后形态独特，创造了辉煌的宗教文化。因此，传统的精神生活一方面与奥林匹克精神中的和平、友谊、参与等宗旨相吻合，另一方面却与“更快、更高、更强”的拼搏竞争等内涵存在明显反差，在身心两方面均不具有参与现代高水平竞技运动的充分条件。为了进一步了解藏族人的心态，我们采用安菲莫夫测试法，对 4 个地区的 195 名藏族学生进行了神经类型的测试，不带抑制实验。在对获得的数千个数据进行常规统计处理后，我们发现：藏族青少年的神经类型曲线总的趋势是上升平缓，多属强—均衡—安静型；神经过程强度中等偏小；藏东南、藏西南学生的神经过程稳定性较好，特别是海拔高度较低的林芝地区，受试者的认读错误率最少，与其他地区呈现高度显著性差异，说明了不同的地理环境可导致人的心理素质的不同。在奥林匹克竞技中，藏族的心理素质较适合从事射箭、射击、投掷、摔跤、柔道、中长跑等项目。2012 年的研究表明，藏族青少年的速度、爆发力、耐力跑素质，仍然明显低于全国平均水平。②

综合运用体育人类学对民族体育进行研究，是提高民族体育研究水平的主途径。独特的地理环境和生活积淀，使藏族人在体质上与其他民族存在差异，难以全面参加所有的奥林匹克竞技项目，更难在领奖台上出现藏族选手的身影。根据藏族人的身体形态机能特点和心理素质，其可能在射箭、射击、投掷、摔跤、马术等一部分奥林匹克竞技项目中获得较好成绩。在评分类项目

① 杜若甫，肖春杰. 从遗传学探讨中华民族的源和流 [J]. 中国社会科学，1997 (4)：139-146.

② 张世威. 我国藏族与塔吉克族学生身体素质比较研究 [J]. 中国体育科技，2012, 48 (5)：92-99.

中，藏族人的身材符合现代的审美评价，也具有开发的潜力。改革开放以来，藏族青少年的身体各项指标提高很快，认真制订长期的全民健身计划，致力于民族体质的整体提高，大力开发高原户外运动的独特资源，倡导原生态运动休闲旅游，是发展藏族体育事业的根本途径。①

竞争，是当代社会生活的主导意识。体育活动是培养这种竞争意识的沃土，体育人类学已有许多有关种族、性别差异与竞技运动的极限及伦理—人种差异与运动能力这方面的研究。② 不过，尺有所短，寸有所长，每一个民族和群体都有自己的特点。以上案例说明，自然环境对人类的身体形态和运动能力差异有显著影响，青藏高原及类似地区居住的人群不适宜参与高水平竞技运动，不同的种族也有自己的优势和非优势运动项目群。没有一个种群可以在人类所有体育运动项目中都获得优胜，因此也就没有必要在非优势竞技项目中制订难以完成的奖牌指标。

## 二、“举国体制”的历史贡献

改革开放之初，中国体育为国民树立了积极进取参与国际竞争的意识，由体育掀起的竞争观念焕发出的爱国主义热情和民族自信心，有力促进了举国对外开放的进程；而在对内搞活方面，则是通过遵纪守法，重视诚信的契约精神，高效率取得优异成就，促进了社会主义市场经济观念的树立。倡导竞争意识、规则意识、协同意识，是中国体育对改革开放的重要贡献。改革开放对中国体育的进步产生了深刻的基础性影响，体育积极为改革开放做贡献。用获取金牌的数量来说明这种贡献是众所周知的做法，将其上升到理论高度则需要进入体育人类学的视角。

### （一）竞争意识有利于对外开放

改革开放为中国体育带来生机，体育也促进着国家的对外开放。改革开放初期，是体育作为开路先锋，“让中国走向世界，让世界了解中国”，使竞争意识深入人心。从“打开国门”到“走出国门”，随着国际体育文化交流的日益增加，发达国家的先进理念传入，体育中蕴涵的人文精神潜移默化地发挥了启蒙功能。早在 1971 年，成功的“乒乓外交”打破了多年针对中国的外部封锁，中国体育早于其他领域在政治舞台上积累了足够的经验。

---

① 胡小明，邓廷良，刘建和．关于藏族参与奥林匹克竞技的人类学研究［J］．成都体育学院学报，1994，20（3）：6-11.

② 席焕久．西藏藏族人类学研究［M］．北京：北京科学技术出版社，2009.

人类具有顽强拼搏、努力进取、奋发向上、争夺胜利的优秀品质，因此超越了其他物种；人类的一些群体正是由于充分发挥了这种优秀品质，跑到了其他群体的前头。中华民族历史上的辉煌使许多人抱有阿 Q 心态，而无视漫长的封建统治压抑着人性进而抑制了国人的进取精神；昔日的“东亚病夫”不仅指身体虚弱，也包括奴颜婢膝、麻木不仁的民族劣根性，还有安于现状、与世无争的小农意识。中华民族的优秀分子针对封建束缚给人们带来的愚昧和奴性，屡屡试图唤起自强不息的民族精神，却收效甚微，以致鲁迅等先驱曾扼腕长叹、怒其不争。中华民族希望重新屹立于世界民族之林，为国民唤起竞争意识。

在改革开放使中国走向现代化的进程中，观念变革是与物质文明建设同等重要的大事。一些人认为中国落后的是经济而不是文化、是物质领域而不是精神领域、是科学技术而不是人文伦理。一些人甚至认为中国物质文明不行，但精神文化是强项。这是一个世纪以来“中体西用”论的延续。中国古代确实有优秀的传统文化，但那恰好是在欧洲中世纪黑暗的一千年里对世界文明产生影响，近几个世纪以来的自我封闭和屡受凌辱，我们在对人类文明的贡献方面已经没有什么值得骄傲的了，面临改革开放，现代化所需要的先进观念特别是竞争意识十分空虚。传统社会弊端积淀在思想观念、道德约束、文化心理上的“国民劣根性”，给现代化建设带来沉重的精神羁绊。正是体育竞赛，带来特有的健康向上的竞争意识，公正平等的人文精神，作为不可替代的现代化的精神动力，驱除宗法等级、论资排辈等封建专制的遗毒，改善了中国数千年传统积累和熏陶所形成的民族精神与凝聚力，为改革开放的启动提供意识形态营养。

中国体育健儿冲出亚洲走向世界夺取金牌的先锋形象过程，是中国汇入世界主流文明的过程，在各行各业中具有极高的显示度，它恢复了中国人一个多世纪以来失去的自信和尊严，在国际上产生了广泛影响，为营造中国现代化建设的人文环境，发挥了不可替代的作用。

体育中的高水平竞技以挑战身体运动的极限为主要形式，本质上是人类竞争意识的最公开、最公平、最公正的较量。通过体育竞赛胜利来振奋民族精神，实质上是鼓励人类各群体积极参与接受挑战，树立一种和平崛起参与竞争的国际化观念。中国需要迅速适应经济全球化、政治多极化、文化多元化的国际社会，必然要清除长期封闭和僵化给民众带来的昏聩麻木的情绪，鼓励奋发进取。参与人类共同遵守的规则进行游戏，接受公平竞争的观念，增强民族凝聚力，非体育竞赛莫属。

表面上看，改革开放的初期体育成为对外开放表达奋发向上的民族精神的载体，对形成民族凝聚力、建设精神文明等都发挥了巨大的作用，但深远的历史意义却是通过金牌争夺树立了竞争观念，实质上从建立竞争机制的角度宣扬了市场经济的法则，它的价值将随着时间的推移而继续显现。①

**（二）规则意识有助于对内搞活**

中华人民共和国成立以来，大力开展高水平竞技运动队伍勤学苦练、勇攀高峰的军事化教育，提倡艰苦朴素的生活作风和科学、求实、严谨、高效的工作作风。中国竞技健儿长期以来形成的精神风貌，包含爱国主义、革命英雄主义、集体主义和国际主义情感，在改革开放初期展现出振兴中华的强烈时代精神。这样一支守纪律、有理想、敢于勇攀世界体坛高峰的优秀队伍，是代表东方文明复兴的宝贵财富，为各行各业显示了非常鲜明的良好示范作用。

在 20 世纪 70 年代，中国体育为改革开放起到了振聋发聩的号角作用，增强了中华民族的凝聚力，树立中国人改革开放的信心，为百废待兴的各行各业鼓动积极性发挥了重要作用。毋庸置疑，体育竞技在对内搞活中弘扬了有利于改革开放的创新社会规范，为建设社会主义精神文明立下汗马功劳。体育竞赛作为一种全世界共同遵守相同规则的活动，体现“为国争光、无私奉献、团结友爱、科学求实、遵纪守法、顽强拼搏”的中华体育精神，通过运动员在赛场的表现，传达给观众、辐射到社会。因此，体育竞赛在选材、训练、管理及资源配置等方面需要尊重客观规律，要求公正、公平、公开地遵守“游戏规则”，平等参与，接受不同的结果，这与市场经济法则有相通之处。②

继 1979 年国际奥委会恢复中国奥委会的合法席位以后，中国体育很快适应了按全世界通用的规则办事的契约关系，因较少隔阂而率先于其他领域走上国际舞台，很快就成为几乎所有的国际体育组织的成员，与世界众多国家和地区开展体育交往。中国直接参与国际体育事务的管理，全面参加和承办各项国际体育赛事与体育会议。随着中国对外交流日益扩大，派出了大量援外教练，并为发展中国家修建了大量体育场馆。中国在体育领域的国际地位拔地而起，得益于在经济全球化的背景下按共同遵守的规矩办事。

市场经济给我们带来中国传统文化中从来没有的东西——公共服务与公共空间、人与人平等的权利、个人自由选择追求自己利益的权利。对内搞活需要满足个人欲望以带来巨大的创造社会财富的推动力，同时也必须用道德和法律

---

① 胡小明. 体育精神与改革开放 [J]. 华南师范大学学报（社会科学版），2002 (3)：109-112.

② 胡小明. 论中华体育精神的重构 [J]. 武汉体育学院学报，2009，43 (3)：5-8.

来制约个人私欲的破坏性。宣扬这种权利，把行使这种权利的过程加以规范，体育竞赛是最好的榜样。

任何体育竞赛，都崇尚公正的原则，执行时人人都必须遵守的共同的“游戏规则”，保障每个人都站在起跑线上的平等权利；一旦裁判示意开始，个人可以最大限度地表现自己，自由发挥出追求自己利益的能量；比赛结束，个人必须接受不均等的胜负结果。这种参赛的平等，是鼓励竞争的平等，是带来民主与法制的平等，而不是削足适履的均等。人们平等地竞争，从容面对不均等的成绩，克服妒忌的阴暗心理，把精力投入到下一轮竞争之中。

运动场上，人人平等，自由选择，公平获胜，不允许托关系、走后门、采用不正当手段，心悦诚服地接受优劣和差距，努力在新的竞争中获利。体育展示的是团结协作的友好竞争而不是破坏性的斗争，不允许破坏规矩乱来，更不能容忍假冒伪劣。因此，国际竞技场既是一国升起国旗而不会引起其他国家和民族反感的场所，也是鼓舞一个国家和民族自信心的舞台，还是倡导人类心灵健康的精神祭坛。遵纪守法、公平竞争，这是体育竞技为对内搞活所做的深层次贡献。①

随着改革的深化，体育在改革舞台上大展身手之时，自身僵化之处也不断暴露，自身也产生“对内搞活”的需求。

### （三）从金牌大国到体育强国

中国体育在北京奥运会上获得了金牌数量世界第一的佳绩，书写了中国体育史上空前辉煌的篇章。从晚清洋务派引进兵操算起，西方体育进入中国近一个世纪后，中华体育健儿才拿到奥林匹克运动会的第一块金牌。此后，在“举国体制”的推动下一发不可收拾，至 2008 年北京奥运会金牌数已居世界第一；即使在 2012 年伦敦奥运会上屈居第二，也创造了在国外参加奥运会的最好成绩。

北京奥运会之后，我国领导人要求体育向强国目标迈进，相当委婉地否定了以奥运会金牌作为体育强国唯一指标的传统价值取向，指出围绕“奥运争光计划”构建的中国体育体制运行轨道的偏差，明确提出要实现体育大国向体育强国转变的目标。其实，把中国视为体育大国也很难名副其实，只能算是一个奥运会金牌大国，一个金牌大国不能等同于体育强国。奥运会金牌的数量，可以作为体育强国的指标之一，但不能视为主要指标，更不能看作唯一指标。体育强国，应该是体育出色承担起自己的全部责任并为社会发展提供营养

① 胡小明．体育对改革开放的历史性贡献［J］．体育与科学，2002，23（1）：6-8.

的国家。

德国著名物理学家哈肯于1971年提出协同的概念，并于1976年系统地论述了协同理论，提出各种系统从无序变为有序时的相似性，研究不同事物的共同特征及其协同机理。协同论认为，尽管千差万别的系统各自属性不同，但在整个环境中，各个系统间存在着相互影响而又相互合作的关系。这也包括通常的社会现象，如不同单位间的相互配合与协作与部门间关系的协调，企业间相互竞争的作用，以及相互干扰和制约等。这与人类学中的整体论不谋而合。①

一个体育运动者，首先要求人的身心的协调，身体各部位的协调，还有个体与集体的协调，与其他人构成庞大的协同网络。当前中国体育事业的推进，既要遵循普世价值和规律，又要与以社会主义市场经济为导向的社会其他领域的发展同步。一个国家的体育发展方式，应该与不断调整的经济发展方式相适应，在高水平竞技、大众健身、青少儿身体教育等领域均衡协调发展，在各方面都获得改革开放的显著成果，与全体人民分享，这样才是一个在体育方面强大的国家。

中国体育好似一个在奥运会提前抢占制高点摇旗呐喊的鼓动者，完成历史使命后，需要重新汇入深化改革的洪流，加快步伐，努力修复青少年体质下降的短板，在中华民族的和平崛起中再现辉煌。②

## 三、转变专业竞技模式为全社会参与的发展方式

当代人类学所倡导的参与发展理论与实践，强调的是在社区发展项目的决策、实施、监测过程中，应充分尊重目标群体和弱势群体的意见或建议，不破坏当地人的生态环境和人文环境，最大限度地缩小项目区的贫富差别、民族差别和性别差异，从而把对“他者”的关怀落到实处。③

转变中国体育的发展方式，需要体制机制创新。从学理上看，首先需要消解两个伪概念：“举国体制”和“体教结合”。

破旧立新，取代缺乏学理依据的两个伪概念，需要树立创新概念，即：“分享运动”，推动精英体制向惠民体制的体制改革；“还体于教”，促进封闭

① 胡小明. 体育精神与改革开放 [J]. 华南师范大学学报（社会科学版），2002（3）：109-112.

② 胡小明. 体育对改革开放的历史性贡献 [J]. 体育与科学，2002，23（1）：6-8.

③ 周大鸣，秦红增. 参与发展：当代人类学对“他者”的关怀 [J]. 民族研究，2003（5）：44-50.

式小圈子向开放式全社会的机制转变。

关键是抓住传统的体工队模式，从根本上打开改革的突破口。

伦敦奥运会后，体育界老前辈熊斗寅先生在给笔者写来的一封邮件中说："为什么美国的训练体制经久不衰，他们依靠学校来培养运动员，做到教育和体育紧密结合，学习和训练两不误，运动员退役后有职业保障，这些难道不值得我们研究学习吗？我常常在想，我们成功地采取了'举国体制'才有今天的成绩，但举国体制的弊端我们能视而不见、无动于衷吗？"他提出许多人都提过的办法："我们的训练体制应该向'全民体制'过渡，也就是逐步使教育与体育结合，运动训练不脱离文化教育，使运动训练的基础在学校和社会这一广泛的基础之上。这对竞技体育的发展前途才有保障，人才不断涌现，培养出德智体全面发展的运动员。"

中国体育之所以不能按常理发展，是因为中国一直坚持行政化垄断的专业竞技体制。这种专业竞技体制下，不仅学校培养不出优秀运动员，而且即使高校再努力办运动队也无法与专业队抗衡。至于那种为专业运动员找出路的所谓"体教结合"，是一个缺乏学理支撑的伪概念，无论怎么推行也很难有好结果。最为严重的问题是：改革开放以来的中国体育，伴随着金牌的不断增多，青少年体质持续下降。其重要原因就是制度障碍，问责无门。

在中央提出转变经济发展方式的影响下，体育发展方式的转变也提上了议事日程。体育发展方式的转变只能以社会主义市场经济为导向。导向明确了，突破口便显现出来——从专业竞技体制逐步实行转向，目标是发达国家很成功的职业竞技模式。

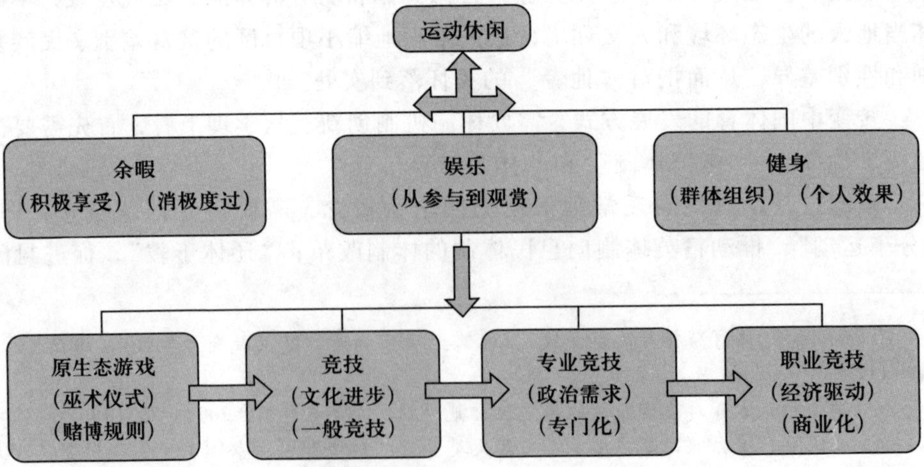

体育人类学揭示原始竞技到职业竞技的演变缘由，田野调查能够获得更有学术价值的结果。农耕文明时期的体育萌芽，主要是少数统治阶层的身体娱乐竞技游戏，或在农闲时以节日集会的形式展现休闲娱乐的身体竞技游戏，但基本没有体育意识，亦无健身效果。“由于劳动要求实际动手和自由活动，就像农业中那样，这个过程同时就是身体锻炼。”① 形式多样的体力劳动，对人的身体客观上具有与体育类似的功效，自然经济并不需要发展体育事业。

在工业社会，没有春夏秋冬四季对于人体生物节律的调节，工作与休闲之间变得越来越分明；为满足脱离农耕生活的各阶层市民越来越强烈的休闲需求，发达国家用体育的意识把尽可能多的竞技活动揽入怀中，变成全球化的休闲教育手段和商业化竞赛表演。如 1846 年，英国政府为预防街头暴力足球，规定足球运动在限定区域内进行；1863 年，足球联合会成立，1872 年第一届足球杯开赛，1880 年职业化足球组织成立；1895 年部分橄榄球组织也实现了职业化。政府规范了滋生骚乱的街头足球和其他粗野的竞技游戏，着手建设更多专门的户外运动场所。现代奥运会兴办的目的也是为了教育青年，倡导“体育为人人”。

2012 年 5 月，广东省人民政府发布了《关于加快转变我省体育发展方式的意见》，在全国开启了后奥运体育改革先行先试的先河。《意见》强调了由“金牌体育”向“惠民体育”转变的正确观念，指出了过去体育在基本公共服务均等化方面的缺失，也提出了推动群众体育的有力措施。

但是，如果不对专业竞技体制进行实质性改革，只做装饰性调整，解决不了当前体育的主要社会难题。譬如，《意见》对如何解决改革开放以来青少年体质不断下降的严重问题避而不谈，使这一让中国的体育工作者长期蒙羞的难题无法清除。

改革开放使中国社会的国民生产总值增长率 30 多年来持续保持在世界各国前列，创造了一个古老大国在全球经济低迷中持续发展的奇迹。整个 20 世纪 80 年代，“侧重抓提高”的中国体育发挥了精神号角的作用；90 年代以后，有了体育基金和体育彩票，也有了体育上市公司，推出了《体育法》《发展体育产业计划》《全民健身计划》《中国成年人体质测定标准》和《社会体育指导员等级制度》，但由于专业竞技制度的障碍，在良性的协同运行轨道旁迟滞不前。

进入 21 世纪已 10 余年，中国体育的轴心尝试走向市场经济模式，但是依

① ［德］马克思. 政治经济学批判［M］. 北京：人民出版社，1976.

旧遇到专业竞技体制无法进行角色和重心的转换，以致到2008年奥运会，仍然没有出现所谓“奥运经济”。体育产业如果想获得效益，只能放弃行政管理模式，让高水平竞技运动在适应市场化、商业化、社会化的进程中实现体制机制创新，由激昂的政治号角变到争金夺银的竞赛表演市场上，奏响欢快的圆舞曲。

极少数项目在边缘化的宽松环境中已发展得不错，如台球、网球、高尔夫。其中，网球是双轨制的典型。类似的项目可以在双轨制并存的条件下，率先进行符合中国国情的职业化改革。

当前体育改革的最大困难，是专业竞技体制在数十年的运作中形成了层层包裹的利益格局，而且已经相当固化。处于这个利益格局之中的相关者，很难找到有改革意愿的。在市场经济条件下，具有公权力的政府机构及其事业单位独揽体育优质资源，看得见的手扼住社会体育的咽喉，使其很难正常发展。

专业体制维护者也有说法，通常的理由是：如果走向市场，像举重这样的项目怎么办？这是一个分层构建中的技术性问题，而不能作为拒绝改善顶层设计的理由。首先要决定“改不改”“转不转”“变不变”，再说“怎么改”“如何转”。

技术层面的经验很多：国家在企业改革时，餐馆几乎全部民营，相当多的厂矿股份制，极少数企业如印钞厂之类才由政府自己办。事业单位改革时，如科研机构按公益性质分类，国家给予全额资助、部分补贴、企业化自负盈亏等分层对待方式。这些方式在处理不同种类竞技运动项目的经费来源时可作参照。

中国体育职业化的尝试是从足球开始。现在足球、篮球、排球等集体项目面临相同的体制障碍，即各运动项目管理“中心”仍然管办不分。足球管理中心和足协一套人马，仍然采用行政指令的方式阻碍俱乐部的市场化、企业化、产业化。可以考虑分类逐步试行：

(1) 三大球实施正规职业化，宣传其观赏性，推进文化娱乐表演市场；类似的大众喜闻乐见的集体项目与行政管理脱钩，由社团管理。

(2) 以政府招标形式逐步增加奥运优势项目的经费投入，实行协会和中心的逐步剥离，使体工队俱乐部化；

(3) 其余如举重等项目，足额并稳定资助，建立专项教学训练基地，按公益性事业单位的长效机制管理。

在各行各业中，文化发展方式的转变最值得体育界借鉴。短短几年，中国的文化体制机制创新发生了惊人的进步。通过对文化事业与文化产业的划分，文化单位的转制，成功地打破了维系几十年的专业体制，形成了适应社会主义市场经济的创新型体制机制。其实，体育也是大文化的一部分，文化体制的具体改革比体育复杂得多。

从发展人类学的角度看，中国体育的发展方式必须转变，改革的突破口就是从计划经济残余的专业竞技体制向市场经济条件下的职业竞技模式过渡。虽有重重难关，但理应推行；一旦突破，柳暗花明。2012 年，广东成立了民营竞赛公司推动下的、全国第一个去行政化的体育社团——五人足球协会，得到市场经济相当成熟的港澳体育社团的响应，为竞技运动管办分离的社会化模式开始了新的探索。①

## 第二节　通过分享运动促进基本公共服务均等化

转变当前中国体育的发展方式，使之面向民生，通过身体运动促进社会公平，促进基本公共体育服务均等化，首先需要倡导分享运动的人文观念，使体育工作者树立公共服务意识，最终将体育重心回归于青少年身心全面发展。

### 一、倡导分享运动的人文观念

“分享运动”与“运动分享”本意并无不同，都是实现体育运动权利平等的人文诉求。“运动分享”要求以提供公共体育基本条件为杠杆，通过促进广泛的运动参与以实现公共服务均等化，使更多人获得更多的运动体验以提高身体运动能力，从而实现增进大众体质与健康水平的体育宏观发展目标。“分享运动”是体育改善民生的价值取向最浅显易懂的新观念。倡导“分享运动”的观念，目的在于使体育进入以全民健康为本的轨道。

人类进步，以动为本；运动惠及大众，是体育人文价值观的核心。通过体育人类学的视角可以发现，人类作为世上唯一两足直立行走的物种，通过上百万年的历程适应大自然，以不同于任何生物的运动方式，在漫长的史前社会具有大致均等的身体运动机会和条件，才能缓慢进化至今。人类进行身体运动的权利是天赋的，对身体运动的需求是刚性的，是为满足基本生存和延续的恒久

① 胡小明. 中国体育改革的突破口——打开转变发展方式的制度性瓶颈［J］. 体育与科学，2013，34（1）：26-27.

性条件。“分享运动”，就是为了使身体运动皈依公平公正的始发原点。①

人类比其他哺乳动物的哺育培养期长很多，需要有效提高体质健康水平，还需要十几年的成长期教育才能独立生活。体育人类学研究表明，原始教育活动与劳动方式以身体活动为主，通过身体运动来学习和提高生存和繁衍的能力，竞技游戏是身体锻炼、社会交往、传承身体文化、休闲娱乐的主要方式。原始的竞技运动人人都可以参与，其核心价值观即“分享运动”。这也从“残存”至今的儿童游戏中可看出，几乎谁都可以参加老鹰捉小鸡、丢手绢、跳绳、踢毽子之类的游戏。但随着运动规则及器械的复杂化，高难度的运动技巧尤其是借助专业运动器械的项目增加，使参与运动的人越来越少，如自由体操、花样游泳或跨栏、撑竿跳等。一般而言，简单的身体运动人人都可参与——比如，用手捡一块石头投掷很简单，几乎人人都会；发展到用弹弓射出泥丸，参与者就会减少；进而用弓射箭时参与者更少；再进而发展到以弩放矢则参与者少之又少。然而，体育人类学的实证研究表明，在偏远地区遗存的具有原始生态的竞技运动中，无论规则和器械何等复杂，并未排斥大众参与，本族群男女老少无须经过任何训练都可以参与运动。②

进入阶级社会后，身体运动才逐渐失去了公平公正的社会环境，社会各阶层处于不同的生存状态，经济政治地位的差距使闲暇及物质财富出现较大悬殊，成为部分人的“独享”或“专享”。譬如，古希腊竞技只是自由民公开竞技的场合，而奴隶们却绝不能参与。而古罗马的竞技场却逆向走到极端，以人类相互杀戮为乐，观众专享观赏权利而赋予角斗士运动权利是为了使其走向死亡。身体运动失去分享权利的社会条件。

进入阶级社会，以贵族为代表的统治阶级垄断用以休闲娱乐的竞技活动文化资源，独享余暇。所幸数千年的农耕文明中，全身性的体力劳动必须吻合四季的自然节律，因此对社会底层的个体在客观上具有与体育同样的效果，并无“分享运动”的迫切需求。一直到工业社会，巨大的科技成果和过细的社会分工彻底异化了人类的生存环境，使全社会萌生了对体育的强烈需求。今天，已进入后工业社会的发达国家，几乎人人都知道自己应该享有参与体育运动的权利，联合国的《体育运动宪章》是世界公认的主流意识，各国政府提供公共

---

① 胡小明. 分享运动：让体育进入以全民健身为本的轨道 [N]. 北京：学习时报，2011-2-28（6）.

② 胡小明. 体育人类学 [M]. 广州：广东人民出版社，1999.

运动场地设施的状况成为衡量公民生活质量的重要方面。①

中国当前处于社会主义初级阶段，跃过了工业革命资本原始积累期体育文化在全社会积淀成熟的常规过程，受几千年的封建残余、几十年的计划经济体制遗留的影响，致使体育和教育行业潜意识地从部门利益出发，实施垄断封闭优质运动资源的举措。构建体育事业的思想和理论基础受到潜移默化的影响，形成政府集中管理亲手操办的体制，使部门所有的“专享”“独享”成为客观现实。

人类学研究发展的重要理论与方法是赋权，如何处理发展中的权力问题，主导了人类学发展研究的方向。未来体育的发展需要详细透明的决策过程、公平有效的程序、高比例的人口参与率、有效的参与权和公共资源享有权。发展人类学给我们的启迪是：参与体育活动的权利可以通过某些制度设计而实现让渡、转移和增减。“分享运动”的理念源于体育人类学的“运动普惠论”。研究表明，人类为弥补直立行走后所发生的身体形态结构的变化和隐患，为萌生体育行为提供了生物学依据和客观存在；古人类的身体活动是整个物种集体适应自然的漫长行为，史前时期的人体运动作为公共权利是相对平等的，在无拘束限制中体现公平。进入阶级社会，非生产、生活性的身体竞技游戏为少数上层有闲者独享，大多数人被强制或半强制性从事体力劳动，但身体的隐患并未暴露；在工业革命带来的突变中，过细的社会分工严重破坏了人类的自然生物适应能力，以“文明病”的形式损害人类发展，完整的体育意识才得以成熟。人类具有直立行走的物种特征所带来的生理隐患不断暴露而危及健康，使体育成为人类每一个体生存发展的必需。文明社会把群体性身体活动发展为一种独特而永恒的文化创造，并在经济发展到一定水平的基础上实现运动资源的普惠。②

体育人类学“分享运动”观念的来源，出自发展人类学的参与式发展理论，更深层的依据是人类学归纳出文化具有“共享”特征的理论成果。正如人类学家所言，文化是一套共享的理想、价值和行为准则。正是这个共同准则，使个人的行为能为社会其他成员所理解，而且赋予他们的生活以意义。我

---

① 胡小明. 体育发展新理念——“分享运动”的人文价值观与青少儿体育发展路径[J]. 体育学刊，2011，18（1）：8-13.

② 胡小明. 分享运动——体育事业可持续发展的路径［J］. 体育科学，2010，30（11）：3-8.

们可以把社会定义为，不仅为生存而互相依赖，而且也分享共同文化的人群。① 体育文化，是每一位社会成员所共享的。体育人类学关于“分享运动”的理念，是避免少数人的独享体育资源，倡导多数人分享公共服务以体现公正平等的普惠论。这一参与式发展体育的理念，顺应中国社会和中国体育协调发展的大趋势，遵循生态文明规律和公平公正的社会伦理，是走出当前体育运作困境的科学发展之道。

众所周知，科学发展观要求全面协调可持续性发展，其核心是以人为本，强调发展依靠人民、发展为了人民、发展成果为人民共享的新理念。“共享”理念由此引申到体育领域为“分享”。“分享运动”的理念，汇聚了贯穿于人类身体活动实践中的人文精神，关注身体运动中每一个体的价值，认为体育运动应该维护人的尊严，美化人的身心，促进每个人的全面发展。倡导“分享运动”，其核心价值是在体育活动中倡导以人为本的理念，实施人文关怀，以每个人的身心健康带来每个族群乃至整个人类的发展。“分享运动”承认每个人权利和价值的人本理念，与科学发展观坚持以人为本的核心理念如出一辙，是体育的根本目标。

体育人类学的“分享运动”观念，承认体育的公益性，倡导大众分享，是发展人类学理论在体育领域的具体应用。因其具有符合中国社会发展趋势的人文价值，适应了中国体育发展的大趋势，具有其历史的合理性。可以说，体育属于一项由政府利用公共资源组织实施的“分享运动”社会实践。②

## 二、把体育视为公共服务产品

中国前领导人胡锦涛曾指出：“国运兴，体育兴。随着改革开放和社会主义现代化建设不断推进，我国大踏步迈入世界体育大国行列”；明确提出了“进一步推动我国由体育大国向体育强国迈进”的奋斗目标。③ 这表明，在“奥运争光”中超额完成任务的金牌大国是不能与体育强国画等号的。连连带给我们惊喜的中国竞技体育优异成绩背面存在“民生短板”，已是难以让党和人民完全满意且无法掩盖的事实。当前体育事业的新目标，是转变发展模式。

---

① ［美］威廉·A. 哈维兰. 文化人类学（第 10 版）［M］. 上海：上海社会科学院出版社，2005.

② 胡小明. 分享运动：让体育进入以全民健康为本的轨道［N］. 北京：学习时报，2011-2-28（6）.

③ 胡锦涛. 在北京奥运会、残奥会总结表彰大会上的讲话［R］.

国家体育总局前局长刘鹏曾指出："这一目标是对中国体育事业贯彻落实科学发展观、面向未来发展目标的科学定位。要实现这个目标，就必须坚定不移地发展群众体育事业，着眼于人民群众对生活质量的新追求，更加深入地研究新的历史条件下群众体育需求的新特点和新要求；要进一步履行好政府职能，为人民群众提供更多更好的体育公共服务和公共产品；要更加深入持久地开展全民健身活动，积极探索建立全民健身长效化机制。"① 中国体育改革的转折和深化，倚赖管理者调整管理运作重心和局部发展方式，提升公共体育服务意识，把构建公共体育服务体系作为首要任务。

公共服务均等化是当前国家发展的清晰指向，指政府要为社会公众提供基本的、在不同阶段具有不同标准的、最终大致均等的公共物品和公共服务。对于社会主义初级阶段的中国而言，体育是政府提供的一个公共产品，它的合法性和立足点就是普惠大众。当前，我国基本公共服务的非均等化问题在许多行业都很突出，并由此使地区间、城乡之间、不同群体之间在体育的基本公共服务方面差距加大，成为社会公平、公正的严重阻碍。公共服务在体育发展中存在的非均等化具体问题主要表现在两方面：一是广大群众缺乏体现基本公共服务均等化的制度安排，以及足够的机会和公共体育运动设施场地；二是在传统的三级训练网里有运动天赋的青少儿在层层选拔中每向上迈一个台阶就远离公共教育一步。基本公共服务均等化，就是要人人都能享受到基本的公共服务，享受体育运动的机会和程度应该都是平等的。对于我国体育而言，就是绝大多数公民不仅在精神层面分享极少数运动精英夺冠的喜悦，而自己也可以获得基本的身体运动机会。

在这样的背景下，体育部门必须转变行政职能，把自身定位于公众服务者的角色，提高公共服务意识，树立公民本位、社会本位理念，承担发展体育事业以惠及全民的责任。公共体育服务体系的基本内容：一是政府提供体育活动的公共事业性服务，直接承担与完善属于公益性青少儿体育活动的主体部分；二是提供充分体现社会公平的基本均等化的公共产品，主要是运动场地设施建设等。鼓励全社会关心青少儿成长，打破国家体育和教育行政部门对青少年体育的封闭式垄断，将部分公共服务职能转移给具备条件的社会组织，实现公共服务提供主体的多中心，形成体育运动资源的有效竞争机制和优化配置，从而提高公共服务供给的效率。

---

① 刘鹏. 深入学习实践科学发展观，积极探索建立全民健身长效化机制 [R]. 刘鹏在全国群体工作会议上的讲话，2009-02-27.

一个公共服务型政府，必须以满足公民和社会的需要为政府职能定位，在公共服务意识的指引下，打破行业垄断和专业封闭，实现管办分离、政社分离、官民分离、政企分离，建立以发展青少儿体育为重点的公共服务体系，按照大众意愿提供公共物品和服务。体育行业的主要工作重心将不再沉淀于内部“完善”培养少数运动精英的模式，而逐渐按以人为本的科学发展观，实现向全社会的真正开放，面向中华民族的身心健康发展制订系统配套的方针政策，为体育惠及民生提供导向。①

## 三、青少年体育的参与式发展

中国体育的发展，重点在青少年体育的发展。“发展”（develop）一词至17世纪才正式出现在英语中，在此之前的词形是disvelop，本意为“打开、展开”。18世纪时，这个词为新兴的生物学所用，用以指涉人类心智的发展，因而与“进化”（evolution）一词关系紧密；19世纪“发展”成为社会科学古典进化论的关键词之一，特别用于解释经济变迁，尤其是工业化和市场经济的变迁过程。这一含义在20世纪日益普遍化，第二次世界大战以后，“发展”成为一种世界大趋势。针对落后国家的经济援助项目成为推广西方现代资本主义发展模式的重要手段。②

改革开放以来，中国体育展现了持续的辉煌，最大的亮点是金牌不断增多，最大的遗憾是青少年体质持续下降。计划经济条件下形成的制度缺陷，导致对基本公共体育服务均等化的缺位与错位。究其缘由，与过度依赖短期的功利目标、模糊终极发展理念有关。长期以来，作为发展中国家的中国广大青少年并非积极主动参与体育活动，而是在“奥运争光计划”的进程中受专业集训制度的隔离，最终被动地置身于发展之外。

体育人类学研究认为，就人类生长发育的自然规律而言，青少年体育应自学前儿童始。如果不考虑人类身体发育最重要的儿童期，仅关注学校里的学生，很难构建增强中华民族体质健康水平的长效路径。因此，应以“分享运动”的人文价值观作为我国体育发展的理论导向，使“健康第一”的指导思想与课外、校外、假期、家庭、社区体育活动衔接，建立健全符合国情的公共服务体系，才能保障广大青少年成为基本公共服务均等化最受益的对象。青少

① 胡小明．从“体教结合”到“分享运动”——探索竞技运动后备人才培养的新路径［J］．体育科学，2011，31（6）：5-9.

② 杨小柳．发展研究：人类学的历程［J］．社会学研究，2007（4）：188-206.

年体育是各项体育活动的基础，是提高人类成长期体质健康水平最积极有效的中心环节。关注青少年的身心健康是体育的主业，关系到中华民族和平崛起与可持续发展。

从中华民族伟大复兴需要和平发展的层面看，体育工作者不仅是要把体育本身的事办好来建设“体育强国”，更需要以体育事业的发展促进国家的强盛。基本公共服务均等化最需要受益的对象，应该是代表中华民族未来希望的广大青少年群体。少年强则中国强，青少年体育是“体育强国”路径的主线。

在国家经济捉襟见肘之际，我国体育事业的起步阶段集中力量于局部超前发展，也埋下隐患。改革开放以来，虽然中国体育成绩斐然，提出“以青少年为重点的全民健身战略和以奥运会为最高层次的竞技战略协调发展”的指导方针，但“两个战略”中“以青少年为重心的全民健身”战略，事实上早已成为虚幻口号，躲避了提供公共服务的责任。从实际效果看，青少年的体质持续 30 年不断下降这一令人痛心的事实，冲淡了金牌数量不断增多的喜悦，令人对当前体育制度的失衡深深担忧。中国体育的总体战略以发展高水平竞技为先导，带动体育事业全面发展；在取得辉煌成就以后，更应该让广大青少年分享参与体育运动的快乐，从而收获身心的强健。

青少年体育发展，应该把维护最广泛青少年的根本利益作为一切工作的出发点和落脚点，发展成果由青少年共享。学习实践以人为本的科学发展观，必须改变“以金牌为本”的传统观念，转变奥运争光战略为体育强国目标，树立以青少年体育发展为突破口，树立为民服务的指导思想，倡导体育改善民生、大众分享运动（sports sharing）的崭新观念。这是现代奥运会兴办者顾拜旦于 1919 年提出“体育为人人”口号的延续。

青少年体育是促进青少年全面发展的重要途径，它在磨炼青少年坚强意志、促进智力发育、培养优良品德等方面有着不可替代的重要作用。改革开放以来，青少年营养水平和形态发育水平都不断提高；但由于学校体育设施和条件供给的不足，以及未能充分利用等因素，青少年体质状况尤其是身体运动能力连年持续下降。近 30 年的体质健康监测表明，青少年耐力、力量、速度等体能指标持续下降，视力不良率居高不下，城市超重和肥胖青少年的比例明显增加，部分农村青少年营养状况亟待改善。① 这些问题若不能得到有效解决，不仅将影响青少年的健康成长，也势必影响到国家和民族的未来。公共服务主

① 中共中央、国务院．关于加强青少年体育、增强青少年体质的意见［Z］，2007-05-07.

体能否意识到公共服务客体的需求并及时生产和提供优质的公共服务产品，决定了青少年体育发展的速度和水平。青少年体育的发展依靠各级体育管理部门公共体育服务意识的提高，在各项任务中体现为广大青少年服务的业绩指标，坚持把以人为本的理念具体化到青少年的积极参与，自觉做到权为青少年所用，利为青少年所谋，真正做到使广大青少年“体有所育”。

由于我国体育的专业理论缺陷和制度障碍，长期把青少年体育等同于学校体育，从而导致儿童体育的缺失；观念里缺乏“分享运动”的公共服务意识，把公共权力视为部门行政专利；政府体育管理工作仅仅围绕自己亲手操办的行政化专业体制，导致全民分享的体育运动资源被视为行业财物，形成了在自己小圈子里只为上级领导满意而操办体育活动的“专享”和“独享”状况。“专享”和“独享”的现实功利心态，使体育事业进入简单化操作程序：搞体育的认为体育=竞技运动=金牌=奥运金牌，搞教育的却认为体育=增强体质=学校体育=体育课，而研究者则把学生都算成体育人口——不仅可以作为体育部门不管青少年的理由，也可以使以“青少年为重心的全民健身战略”简化为城市社区部分老人的晨练。这些缩小范围、减少责任的错误观念，是与服务型政府的要求相背离的。

青少年体育以学校体育为主干，却又不能等同于学校体育。一方面是我国从基础教育到高等教育的过程中，部分青少年离开了学校，属于更需要国家提供公共服务的体育权利缺失群体；另一方面，青少年虽以学生为主但有不少体育活动是在校外和假期，学校难以包揽学生的全部体育活动，加之学前儿童与体育活动脱节的负面效应也难以在上学后得以弥补。学生体质下降涉及复杂深层的社会问题，除了学校之外，更充分利用“两外两期”（课外、校外；假期、学前期）的时间和空间，在社会组织和每个家庭的配合与公共财政的支持下，使青少年身体锻炼形成长效机制。

在行业行政化分割各自为政的管理惯性下，解开青少年体质持续下降的症结，并不取决于学校的体育课程是否合理，也不取决于调整高水平竞技耗费财力的多寡，而主要在于如何弥补课外、假期、校外体育活动组织管理的严重缺位，在于如何充实青少年在学前、家庭、社区体育活动的空白。各级学校需要把公共服务置于部门、单位利益之上，消除系统封闭和资源垄断，明晰学校体育的公益性质，一切从青少年身心全面健康发展出发，不仅要把学校的体育运动场地向社会开放，更应该最大限度让广大学生充分利用。当前，亟须教育和体育部门携手，在各部门联席会议共同制订政策法规的基础上，把青少年体育俱乐部、青少年活动中心、传统校、特色校、基地、营地，特别是大批基层体校，作为建设青少年体育工作网络的基础细胞、构建衔接业余训练基本单位的公共体育服务体系，才能真正使高水平竞技运动的后备人才培养具有可持续发展的生命力，并推动学校、家庭和社区以青少年为轴心的各种大众体育活动，为青少年“分享运动”的参与式发展，寻找体制机制创新的可行路径。①

## 第三节　体育生态化与绿色回归

体育未来的生态化，是要满足人类身心健康发展的整体需要。我国体育在奥运后由专业竞技向职业竞技过渡，实现“从工具到玩具”的转身，是身体运动从初级发展到高级的必然过程，是竞技娱乐性和文化本位的回归，符合运动休闲的大趋势。

### 一、体育生态化是生物性需求与社会文明的和谐发展

体育对人类而言，在具有自然价值的同时也具有社会价值，需要符合自身发展的良好生态环境。体育的生态化，就是人类生物性需求与社会价值的协调发展，目标是营造人类体质与文化同步协调发展的一个适宜环境。理想的体育活动，既能够有效提高人的身体运动能力，使人类能保持符合生物成长规律的良好生存状态；也能够发挥惠及民生的独特人文价值，在文化演进中维系人的生物本能，以提高身体运动能力保持物种创新和进步的活力，使之与社会协调发展。

20 世纪 20 年代，巴洛斯和波尔克等人把生态学思想运用于人类聚落研究，提出“人类生态学”的学科名称。1933 年，奥·莱奥波尔德发表了《大地伦理学》的著名论文，试图在有机的自然群落基础上创立一门维护自然整体性和完美秩序的“大地伦理学”。第二次世界大战后，生态人类学家怀特认为能量因素是测量所有文化进化程度的标准，任何民族的文化都要利用能量于生产中；能源使用量与技术相乘的积，是文化进化的原动力；利用能源的技术决定文化进化的速度、复杂程度与发展阶段，只有技术才是文化进化原因。

另一位生态人类学家 J. H. 斯图尔德认为，摩尔根等人的进化理论是“单线进化论”，怀特的进化理论是“普遍进化论”，而他提出的是“多线进化

① 胡小明. 体育发展新理念——“分享运动”的人文价值观与青少儿体育发展路径[J]. 体育学刊，2011，18（1）：8-13.

论”。他支持这三论都注意发展的连贯性这一共同点，不同点是多线进化论是要说明各种不同社会结构的不同发展路线与生态环境的因果关系，而不是关注“普遍的相同现象”。斯图尔德的“多线进化论”来自文化生态学，研究生态环境与文化的互动导致的文化差异，其结论为：各民族的文化作为人类适应环境的工具，因生态环境的差异而走上不同的发展道路。后来的传承者塞维斯认为，怀特的“普遍进化论”和斯图尔德的“多线进化论”可以作为人类文化进化的两个方面而同时并存。1963 年，希腊学者道萨迪亚斯建立了人类聚居学，研究城市居民与其生态环境的复合关系，寻求“人—社会—环境”和谐，力图创造适合人类居住和工作的聚居环境。在未来的体育活动中，以人为本的价值观与倡导生态文明的导向，也将发挥越来越重要的作用。

工业社会使人类凭借科学技术对自然改造，同样也是对自然大肆索取与破坏的过程，人类的身体健康也受到前所未有的威胁。现代科技可以为人类带来极大便利，也可以助长人类的狂妄和贪婪。科学技术本身并无过错，只是在忽视了人类与自然相互不断变化的物质生产关系，过度追求经济增长和增加利润时，非理性应用科技才可能造成生态危机。在体育活动尤其是高水平竞技运动中，几乎所有能够用到的最新的尖端技术都能够迅速出现在发达国家运动员身上，而且人们往往难以在短时间内正确对其伤害进行价值评估。

人类的高新技术总是作用于自然界的局部，而不是作用于自然界的整体，因此科学技术的影响力越大，越是强烈地改变自然界原有的平衡，使事物走向反面。如人类总是选择高产作物来大面积的推广，不可避免地淘汰多样性的其他物种，而失去生物的多样性就是丧失了重要的生物资源；原子技术的突破，既可以修核电站也可以造原子弹；农药的使用使农业获得丰产，然而却污染环境危害着有益生物；世界的和平和医学的进步使人类获得了长寿，然而却造成人口爆炸和社会老龄化。动力机械极大地取代着体力劳动，而电脑又在取代着脑力劳动，于是必然使人们失去就业的机会成为常态。科技是双刃剑，它既是“天使”又是“魔鬼”。人类尽量把危害控制在暂且可以忍受的范围之内，随时警觉危机的爆发。而在体育领域最尖端的高科技总是很快出现在高水平竞技比赛中，运动场上的高科技成为“魔鬼”后，人类很难对其彻底清除，如兴奋剂。

20 世纪 70 年代以来，人类的生态意识随着后现代思潮进一步觉醒，国际性的生态社区思想指引绿色运动兴起。1972 年，联合国人类环境会议在瑞典斯德哥尔摩发表了宣言，明确提出人类的定居和城市化工作必须加以环境规划。1976 年，联合国人居中心（UNCHS）在加拿大温哥华成立，开始关注人类从城镇到乡村的居住社区的发展，并认为“必须尊重和鼓励反映文化和美学价值的人类住区的特征多样性，必须为子孙后代保存历史、宗教和考古地区，以及具有特殊意义的自然区域”。1985 年，德国建筑师格鲁夫提出了人文与环境共生的城市生态型社区模式，以避免一味追求生活便利与效率而牺牲自然环境与人性化特色旧社区模式。1987 年出版的布伦特兰报告《我们共同的未来》（*Our Common Future*）一书提出了“可持续发展”的概念，很快受到国际社会的广泛认同并成为包括体育在内的许多领域的核心理念。1994 年，国际奥委会把环境列为继教育、文化之后的第三支柱；1996 年，国际奥委会把环境保护列为主要任务并为此成立了环境委员会，通过《宪章》对奥运会举办城市的自然生态环境提出明确要求。①

体育活动中的生态化，更需要团队协作精神来平衡竞争意识，调整违反自然规律和少年儿童生长发育天性的铸型体育教学方式，检讨与自然生态和谐相对立的高生产、高消费的竞技比赛方式，实现人类和生态的协调发展。今天的世界需要全人类的联合、协调和团结，建立有效生态文明合作机制，来对付人类共同的危机。人类正实现国家间、民族间、人与人间的平等携手，由生存竞争转向生存联合。物竞天择、弱肉强食的古典进化论在体育发展中的作用将逐步被减弱，而更多地认同体育与人类社会在自然环境中协调发展的生态化趋势。

以奥林匹克为代表的现代体育具有全球共通性的同质化特征，所以传统身体活动的民族、文化、地域等方面的特殊性往往会被忽略。体育人类学关注人与环境的关系，也关注生态环境对于人类生活本身的文化多元及人文含量尤其是审美价值的影响。人类传统身体运动所具有的文化个性，特别是体现在制度、信仰、语言、风俗习惯之中的民族性、地域性、时代性等，决定了体育人类学不能是一种绝对抽象的普遍理论模式，而必须面对不同环境的具体实践。

## 二、设计：构建民族体育原生态文化旅游圈

中国民族传统体育何处去？这个令人困扰的问题，是改革开放以来很多研究者最为纠结之事。

在充满经济和权力不平等的发展网络中，人类学家应充分发挥自己的学科特长，消除科学与本土知识体系的层级划分，平衡发展过程中的权力不平等，

① 高吉喜，田美荣. 城市社区可持续发展模式——“生态社区”探讨［J］. 中国发展，2007（4）：6-10.

倡导自下而上的参与发展模式。伴随着发展人类学的兴起，以有计划的发展干预和发展人类学为研究对象的“发展的人类学”研究成为现代人类学的主要专题之一。如罗伯特·钱伯斯明确提出了“以末为先”的口号，也就是说把处于社会最底层、最边缘的穷人置于发展的第一位，这也是当今参与发展的标志性口号。① 在实际研究中，发展人类学强调理论、方法和实践有机结合。发展人类学常用的两个概念，参与（participation）和赋权（empowerment），既是理论，也是方法。一些地方发展项目采用了这两种理论和方法，结果表明，当社区和社区成员参与发展项目的计划和决策过程、被授权管理和控制他们自己的资源和未来时，平等发展最有可能实现。这也是发展人类学的发展趋势。②

借助西方体育的外力对民族体育实施单纯现代化改造的尝试，随着武术进奥运梦想的幻灭，表明全球同质化的设想至少在发展中华民族传统体育方面是不成功的。民族体育的深层价值，是维系人类身体文化的多样性。体育人类学在应用领域的设计路径之一，是提出建设“原生态民族体育文化旅游圈”的协同创新方式。这样的设计是来自于生态文明的呼唤，借助参与式发展理论和PRA评估法，激发活动群体自身的文化自觉，深描地方性知识，主动投身于民俗性身体活动的体制机制创新，为自身的传统文化寻找更加生态的绿色发展环境。它可能成为中华民族传统体育在休闲时代重新恢复生命活力的契机之一。

笔者在连续数十年对西南地区民族体育进行体育人类学研究的基础上，从理论上尝试设计建立“瑶族传统体育文化旅游圈”的粤桂湘瑶乡扶贫连片开发协同创新计划。理由如下：

广东作为改革开放的前沿，但唯一的少数民族聚居区粤北南岭瑶族聚居区，仍然是国家级贫困区，缺少一个彻底的、行之有效的协同创新方法。2003年，国家统计局把“体育”列入“文化”与“娱乐”业之中，但体育界至今并无创新性实践载体，本项目将完成“粤桂湘瑶乡扶贫连片开发协同创新计划”的研制，构建“民族体育原生态文化旅游圈”，为广东省的区域发展填补空白。

---

① 杨小柳．发展研究：人类学的历程［J］．社会学研究，2007（4）：188-205，245-246.

② Satish Kedia，John van Willigen. Applied Anthropology：Domains of Application［M］. Santa Barbara：Greenwood Press，2005.

开发生态旅游符合循环经济要求，是文化强省建设生态文明的组成部分。但是，在三省区交界之处进行连片扶贫开发，没有可遵循的现成模式，必须依赖“民族”“体育”这两大要素进行协同创新。

民族：瑶族聚居区南岭的独特人文地理环境。

体育：瑶族传统文化中丰富多彩的原生态身体活动。

瑶族的主要聚居地是广西壮族自治区，占瑶族人口的55.81%。1988年12月，全国人大常委会副委员长费孝通考察南岭地区，提出了建立南岭瑶族地区经济开发区的构想，计划的开发区范围包含湖南的江华、江永，广西的富川、恭城、贺州市八步区、钟山，广东的连山、连南、连州、乳源，共三省（区）十县（市）。由于缺乏抓手和推手，20多年前的这个构想，至今仍然还是构想。2012年，广西提出建立国家级民族体育传承保护示范区，华南师范大学民族体质与健康中心接受了“民族体育传统节庆的评估与追踪”的委托项目，由此开始考虑三省区协同创新扶贫连片开发的可行性。

目前，该地区主要利用构建民族节庆来发展经济，效果有限。瑶族因为分布广、支系多，所以过去各地瑶族过盘王节的时间并不统一，一般在秋收后至春节前的农闲时节举行。1984年8月，来自全国各地的瑶族代表在广西南宁召开会议，认定每年农历十月十六日为盘王节，即传说中盘王诞辰的日子，并被国家民委批准。为了加强各地瑶族人民的联系，1990年，南岭地区瑶族代表联席会决定由桂湘粤三省（区）十县（市）轮流坐庄举办盘王节。1992年11月，由贺县（现贺州市八步区）举办了第一届南岭瑶族盘王节。至2012年11月永州第十二届中国瑶族盘王节暨首届中国香柚节，湘桂粤三省（区）12个县市参与。如此厚重的文化资源仅仅被作为推销当地农副特产的机会，十分可惜，需要最有实力的广东省牵头实施连片开发协同创新计划加以整合，促进三省交界地区社会经济的可持续发展。

瑶族过盘王节的形式多种多样，一般都要设祭坛，供奉诸神像，中间为盘王，左右是真武、功曹、田公、地母等神像。祭祀分为“请圣、排位、上光、招禾、还愿、谢圣”等环节，唱《盘王歌》，以唢呐鼓锣伴奏，曲律古雅而浑厚，师公跳《盘王舞》《铜铃舞》《出兵收兵舞》《约标舞》《祭兵舞》《捉龟舞》等。再现了瑶族先民耕种狩猎、出征杀敌的场景。有些地方过盘王节时还举行踩歌堂活动，供奉在村寨盘王庙里的诸神会被请去参加游神大典，村民扛着盘王走村串巷，让人们记住瑶族迁徙的路线，唱瑶歌、跳长鼓舞等民间文艺活动既是娱神又是娱乐大众的活动，此时也是青年男女相互结交，寻找伴侣的好时机。原生态的身体活动是融合原始宗教、艺术、体育萌芽的混合体，当前从体育健身和运动休闲的角度开发最为适宜。

这种祭祀仪式中的许多内容，可以改编为常年表演并供游客参与的体育性质的健身活动。祭典“盘王舞”中的组舞细目甚多，其中源自巫术的师公舞，舞者腿部基本动作为曲蹲旁点步，手握棍、剑、刀等武术器械变换不同方向而舞。舞者时而立起抖肩，时而伏地晃身，动作先柔后刚，按节拍屈伸，节奏由慢到快，层次分明，形象生动。

原生态的瑶族文化中有欢庆丰收的仪式，请瑶族的祖先神和全族人前来“流乐”，流乐的瑶语意思是玩乐，可以拓展为参与性旅游的健身内容。包括吟唱表现瑶族神话、历史、政治、经济、文化艺术、社会生活等内容的历史长诗《盘王大歌》。流乐仪式一般要举行男女青年的对歌活动，还要打陀螺、打花棍、放花炮及请戏班子唱戏等。这些传统的身体活动多是尚待开发的原生态民族体育资源，适合打造为文化旅游的特色产品。

瑶族长鼓源远流长。春秋时期楚国诗人屈原在《楚辞·九歌·东皇太一》中记述：“扬枹兮拊鼓，疏缓节兮安歌。”这种且歌且舞的情形与今天瑶族舞长鼓的形式完全一样。东汉王逸的《楚辞章句》载：“昔楚国南郢之邑，沅湘之间，其俗信鬼而好祠。其祠必作歌乐鼓舞以乐诸神。”沅湘之间乃瑶族先民居住的地方，其俗与今瑶族“还盘王愿”和“度戒”完全一样。瑶族的《评皇券牒》云：“秋冬祭拜盘王，伊十二姓子孙，摇动长鼓，吹笛笙歌，引出大男小女，托手把臂，身着花衣、花裙，惊天动地，歌唱不绝。”宋人沈辽在《踏盘曲》中亦写道：“湘水东西踏盘去，青烟云雾将军树。社中饮酒不要钱，乐神打起长腰鼓。”不少研究者认为瑶族长鼓始于宋代，其实瑶族长鼓的产生比这久远得多。长鼓舞是瑶族人民最常见、观众最多的文化娱乐形式，无论建房、祭祀、结婚、庆贺丰收等，都要表演长鼓舞，村上寨上、堂屋桌上都飘荡着优美的旋律和展现朴实的舞姿。瑶家逢过新年、盘王节、耍歌堂等传统节日，更是少不了长鼓舞。甚至过去到州府告状、集结起义也要舞长鼓。长鼓舞又演变出盘古长鼓舞、芦笙长鼓舞、羊角短鼓舞、锣笙长鼓舞等多种形式。

粤北瑶族自宋至明陆续从湖南、广西等地迁入，相当部分依然过着“食尽一山，则徙他山”的游耕生活，崇拜万物有灵。古人云：“诸瑶性皆犷悍，重然诺，畏鬼神……”①；“三月三日赛饭食神，六月六日赛土神……凡遇赛神，皆歌舞以为乐。”②。华南师范大学的博士研究生通过研究瑶族传统文化中

---

① 故宫博物院编. 广东府州县志连州志［M］. 海口：海南出版社，2001.

② 姚柬之. 中国方志丛书连山绥瑶厅志［G］，1837.

的原始宗教与武术萌芽的关系，认为源于古代巫术的祭拜或赶鬼均有名称，如送关煞、破六甲、安龙、架桥、打道箓等；每项活动的经过一般都有先后次序，如生病驱鬼，先查鬼，后设供、念经、跳舞驱鬼、烧纸钱等。先生公有道袍、铜铃、神杖、钢刀、印、大刀叉、道鞭、筊杯等，这些道具的用途也都有一定的规定，如铜铃是用于送鬼时召唤鬼魂签领祭品，钢刀用作助声势、杀邪治鬼，筊杯用来问卜或决疑、择日子、问痛等。有的宗教活动如打道箓、度戒等活动是隔十几年才进行一次。驱鬼治病、占卜问路等日常进行的活动也只是在单家独户举行。有道公、问仙公、掌庙公等，主持日常生活中的婚嫁、丧葬、生育、开耕、治病等，但既非以此为职业，亦未形成组织，在日常生活中只是起中介人的作用，存在着改造为旅游表演项目的基础。

原生态巫术是许多体育运动形式的萌芽，瑶族的耍歌堂，既祭祖又还愿，且有对歌等娱乐活动；过山瑶“度身”时所举行的“挂灯”“上刀梯”“踏火砖”等仪式在西南许多少数民族中盛行，有考验人的意志及耐力的作用，可以改造为健康的文体活动和科学教育内容。如连南瑶族在广东欢乐节上表演的耍歌堂“上刀梯”，就很受群众的欢迎，可以通过加强其竞技表演性和健身娱乐性而淡化其宗教色彩。

其他还有些传统的养生保健习俗，也可以改造为旅游项目。如瑶族药浴，以多种植物药配方，经过烧煮成药水，用药水放入杉木桶，人坐桶内熏浴浸泡，让药液渗透五脏六腑、全身经络，达到祛风除湿、活血化瘀、排汗排毒的功效，被列为第二批国家级非物质文化遗产，是瑶族祖先独创，族内独有，传内不传外的保健良方。在山清水秀的民族地区，十分有利于国民旅游休闲纲要与全民健身条例的创新性实施。

有些在狭小地域传承的民族体育活动，如江华瑶族的“人龙”、广西宜州瑶乡的“打火球”“狮子上刀山过火海”、新宁瑶族的“竹王张三郎”祭祀等，在“民族体育原生态文化旅游圈”的框架内可以安排于各旅游食宿景点。

本计划为华南师范大学民族体质与健康中心在对黔东南和滇西北民族多次田野调查和跨文化比较的基础上，以体育人类学为学科依托所草拟，详细制订中将参照发展人类学的方法论进行实地定点测量，执行时将参考联合国开发署和世界银行在援助贫困地区规范的 PRA 方法。

类似的设计还有“桂黔侗族民族体育旅游文化圈”“武陵山区扶贫连片开发民族体育旅游文化圈”等。除了对边远贫困地区的连片开发，对经济发达地区也可以用民族体育进行转型升级，譬如，设计由华南师范大学与凤凰卫视联办的学院牵头，把珠三角李小龙故居、黄飞鸿遗迹等与香港武打片串接，建构“粤港中华功夫文化旅游圈”。“在解决问题的每一个阶段，人类学的贡献都是明显的：提供了充当跨文化的中间人所不可少的、独一无二的技巧；他们搜集为了做计划定政策而必需的第一手资料；他们进行干预，并评价干预的文化和社会效果，充当发展程度不一样的世界和社区的文化媒介（中间人），收集各地的资料和观点，将地方社区和项目纳入政治经济的大环境中，并且历史地看待文化。”①

中国的体育人类学追寻的是面向实践的理论，将继续尝试通过原生态身体运动的田野调查探索主客体共同参与建构发展路径的方式，在实证化技术路线的层面倡导文化人类学与体质人类学在更高层面的文理融合。而在未来时尚的体育运动形式上，在运动休闲中挖掘绿色体育的审美理想。

## 三、在运动休闲中挖掘绿色体育的审美理想

20 世纪 70 年代以后，随着人口爆炸、能源危机、环境污染等一系列全球性问题的产生，迫使生态学从主要研究自然生态系统转到研究人类生态系统上②。发达国家从工业化走向后工业社会的过程中向休闲时代迈进，伴随着居住状态的都市化和人口老龄化，“分享工作”（work sharing）社会机制的世界范围的认同。人类以“休闲”作为前行的时代标志，也将使人类铸型化体育活动转化为争取运动休闲的权利，其方式和内容发生巨大而深远的改变。

随着科技进步带来生产力大发展之后，用于生产社会所需物质资料的时间便越来越少，生产者的工作时间也相对缩短，分享工作机制是形成休闲时代的必要机制。在工业社会前期，当工厂对劳动力的需求得到满足的时候就停止对外招工，产量饱和就陆续辞退一部分工人。这势必使劳动力相对过剩，导致越来越多的人失业而造成社会问题。而分享工作的机制将有限的工作时间分配给更多人，使全体社会成员在宏观调控下不断地减少工作时间。中国作为一个发展中国家，正在努力提高社会福利以保障弱势群体的基本生活，提升劳动者的工资水平，把传统节日列为法定节假日，采用缩短法定工作时间、轮流待岗休假、竞争性轮岗、提前退休和过渡性退休、延长休假时间等措施，辅以黄金周假期和国民旅游休闲计划的成功推行，体育领域的运动休闲也由此成为推动社会发展的积极动力。

---

① ［美］阿图罗·埃斯科瓦尔．人类学与发展［M］．北京：社会科学文献出版社，2000：76.

② 陈国强．简明文化人类学词典［M］．杭州：浙江人民出版社，1990：12.

除了居住状态的城市化、人口老龄化和分享工作机制的成熟，个人普遍具有了休闲的 4 大条件，即有钱、有闲、有心情、有技能。拥有一定的经济基础和可自由支配的时间是进行休闲活动的必要条件，有闲是一切休闲活动开展的基础条件，有钱是参与休闲活动所应该具备的物质条件。然而，有钱、有闲还必须具备参加休闲活动的轻松心情。参与各种运动休闲活动都需要有技能，越是有趣的项目就越需要高超的运动技能，这将使体育教学与训练的传统方式变得更为积极主动。

社会机制形成和个人条件的具备，休闲便从少数人的特权变成了大众的权利。正如马克思在《资本论》提出的那些至理名言一样，真正的自由王国只有建立在必然王国的基础上才能繁荣起来。工作日的缩短是根本条件。劳动生产力越增加，劳动日便越能缩短。社会劳动日中必须用来从事物质生产的部分越是缩小，个人从事自由活动、精神活动和社会活动的时间部分就会越是增大。人类只能在非谋生工作状态之中进行自由创造的事实，为人们广泛认同。

今天，中国体育需要满足大众提高生活质量愿望的健全体育制度，对大众运动休闲进行有效管理，让全体公民充分享有改革开放以来积累的优质体育资源，共同品尝越来越多的体育公共物品带来的运动休闲乐趣。在现实生活中，越来越多的人把运动休闲作为提高生活的重要指标，节假日期间的运动休闲项目更是备受追捧，健身场地租用供不应求。体育发达国家和地区早已纷纷在大学里设立休闲娱乐系科，如台湾已有 115 所高校设置了运动休闲系科；美国早已有不少大学以娱乐与健康作为体育院系的名称，加紧培养专业人才。运动休闲正在进入人类理想的生活方式，推动人类文明进步。

运动休闲不仅仅是一种轻松愉快的微小运动量的身体活动，更不能等同于所谓“轻体育”。以极限运动为代表的运动休闲更要勇于面对艰苦的现实，显示了生命的广袤和深度，并不是没有身体锻炼的艰辛和磨难。运动休闲强调身体运动不拘形式、种类繁多、方式灵活，既有强度小、耗能低、轻松愉快的项目，也有惊险刺激的高峰体验，获得的娱乐能够战胜悲观的享乐，获得永恒的快乐。

娱乐之所以比享乐高级，在于娱乐给人带来的意义在于体验生命。生命的意义和价值在于人的体验的深广度，其最高的境界就是高峰体验，这也是运动休闲追求的理想境界。享乐不用教，谁都会——享乐性的“轻体育”也几乎不需要学习和训练，给人带来的是主要是生理上自然本能的低级刺激；而高水平的运动休闲娱乐带来的是高峰体验，往往需要艰苦的锻炼。运动休闲与高水平竞技在个人体验的“更快、更高、更强”方面，具有内在的一致性。运动休闲是高峰体验的结晶，是与众不同的强刺激娱乐，而不等于轻松和享乐。把所谓“休闲体育”与“竞技体育”对立起来划分运动项目，是我国体育界常见的误区。运动休闲方式并不局限于某些项目，其实几乎任何的竞技运动项目都可以作为休闲的内容。例如，高尔夫固然可以作为休闲项目，但当它成为奥运会的比赛项目时，它便是专业竞技运动；而在此之前，它的最高水平和观赏市场都在职业竞技领域。从运动休闲最早兴起的小轮车项目走进北京奥运会，到今天休闲运动几大代表性项目如蹦极、漂流等仍然带有挑战身心极限的激烈性质，充分证明运动休闲从一开始就带有向极限挑战的高峰体验的性质，并不排除大运动量甚至激烈的运动方式。竞技运动休闲化，将成为未来体育的趋势。

体育是社会实践的产物，具有非自然属性，是一种客观的社会存在，是人类能动创造的结果。只有人类，才能创造体育文化；体育行为总是在一定思想指导下的有意识、有目的的自觉活动。体育人类学把体育作为一项具有人文关怀的社会事业，以理想的形式努力推向审美的层面。

工业革命给人类生活带来极大便利和舒适、增加生物性快感的同时，也抑制了许多快乐。这些快乐包括那些身体缺少活动就难以体验的本能的、原始的快乐。人类依靠科技带来的舒适，主要是导致生物性退化的生理感官的快感，而不是精神愉悦的快乐。现代科技使人们工作时间不断减少，生活越来越舒适，节奏却越来越快，压力越来越大，幸福感越来越低，这真是令人始料不及。因此，那些自然经济时代人类所体会的原生态身心愉悦，生活在钢筋水泥环境的现代人已经很难体会到了。因此，体育活动所发挥的娱乐功能，是通过运动休闲恢复人与自然和谐的一种绿色生态回归。[①] 21 世纪，人们渐渐厌倦了被钢筋水泥禁锢的城市体育（urban sport)，而更倾心于新兴的“远足体育”(remote sport)[②]，努力脱离人工的运动环境，在大自然的野外环境中返璞归真，甚至甘愿探险进行漂流、穿越、登山、野营等户外生态活动，在进行生命的高峰体验中追寻新的体育方式。

“现代人类学范式则是对以往存在论之主客二元对立框架的超越，对以往存在论之抽象性和绝对性的超越。作为这一超越的标志，人类学范式的核心在

① 胡小明，倪依克. 运动休闲之要素——兼论竞技娱乐化［J］. 体育科学，2010，30(1)：10-14.

② Howe LESLIE A. Remote Sport：Risk and Self-Knowledge in Wilder Spaces［J］. Journal of the Philosophy of Sport，2008，35（1）：1-16.

于将感性具体的人类生活本身肯定为真实、终极的实在，视为理性、思维的真正基础和源泉。也就是说，在人类学看来，没有超越人类生活之上、与人类生活毫无关系的真实实在……用现代人类学的立场和范式来阐释生态美的和谐本质，意味着对古代世界论范式和近代认识论范式所规定的美学观念的超越，而且尤其意味着对过去的所谓‘实践美学’的超越。过去的‘实践美学’虽强调了人类的物质生产对于美的诞生的根本意义，因而较好地克服了主观论美学、自然论美学等的理论局限，但它所使用的实践概念，由于始终包含着主客二元的对立模式，包含着人对世界（自然、环境）的物质形态的片面占有、征服、改造和享用，包含着以人的需要、欲求、意志为中心的功利主义观念，因而终难从根本上消解人与世界（自然、环境）之间的历史性紧张关系，终难在理论上达到真正意义的人与世界的和谐统一……以一种现代人类学的立场来构建生态美学，就会从根本上克服主客二元的思维模式，消解人与自然（环境）之间的抽象对峙，使人对自然的片面占有、征服、改造和利用转换为人与自然的相互尊重和谐相处。由于人与世界（自然、环境）在人类生活中是无分主客、原本一体的，因而承认自然的权利，也就等于承认人类自身的权利；人剥夺了自然的生存，实际就是剥夺了人类自身的生存。所以，站在这样的人类学立场上，生态美的和谐本质才有可能得到真正彻底的理论解说。”①

体育理想，代表人类对于美化自己身体运动永不消失的冲动。人类学与美学由于学理相通，发展出审美人类学一支。具有审美理想的体育不是历史发展的终结，而是现实发展的航标，身虽难至，心向往之。绿色，是生命的象征，绿色体育，是体育欣欣向荣持续发展的审美理想。体育运动源自人类对自身生存价值的反思，这种自觉创造的文化表达出满足自身延续需求的选择能力，使未来体育发展与人类向往美好生活中美化物种的追求协调一致。

---

① 仪平策. 从现代人类学范式看生态美学研究［J］. 学术月刊，2003（2）：11-18.

# 参考文献

[1]［英］爱德华·泰勒. 原始文化［M］. 连树声，译. 上海：上海文艺出版社，1992.

[2]［英］爱德华·泰勒. 人类学［M］. 连树声，译. 桂林：广西师范大学出版社，1999.

[3]［美］路易斯·亨利·摩尔根. 古代社会［M］. 杨东莼，马雍，马巨，译. 北京：商务印书馆，1997.

[4]［英］B. 马林诺夫斯基. 文化论［M］. 北京：华夏出版社，2002.

[5]［英］B. 马林诺夫斯基. 西太平洋的航海者［M］. 北京：华夏出版社，2002.

[6]［英］拉德克利夫·布朗. 安达曼岛人［M］. 梁粤，译. 桂林：广西师范大学出版社，2005.

[7]［英］拉德克利夫·布朗. 社会人类学方法［M］. 夏建中，译. 北京：华夏出版社，2002.

[8]［日］绫部恒雄. 文化人类学的十五种理论［M］. 贵阳：贵州人民出版社，1988.

[9]［美］威廉·A. 哈维兰. 当代人类学［M］. 王铭铭，等译. 上海：上海人民出版社，1987.

[10]［美］迈克尔·赫茨菲尔德. 人类学：社会和文化领域中的人类学理论实践［M］. 刘珩，石毅，李昌银，译. 北京：华夏出版社，2005.

[11]［法］埃米尔·涂尔干. 宗教生活的初级形式［M］. 林宗锦，彭守义，译. 北京：中央民族大学出版社，1999.

[12]［法］马塞尔·莫斯. 论馈赠——传统社会的交换形式及其功能［M］. 卢汇，译. 北京：中央民族大学出版社，2002.

[13]［美］克利福德·格尔茨. 文化的解释［M］. 韩莉，译. 南京：译林出版社，2008.

[14] [法] 莫里斯·古德利尔. 礼物之谜 [M]. 王毅，译. 上海：上海人民出版社，2007.

[15] [英] 埃文思·普里查德. 阿赞德人的巫术、神谕与魔法 [M]. 覃俐俐，译. 北京：商务印书馆，2006.

[16] [英] 维克多·特纳. 仪式过程——结构与反结构 [M]. 黄剑波，柳博赟，译. 北京：人民大学出版社，2006.

[17] [英] 维克多·特纳. 象征的森林 [M]. 赵玉燕，等译. 北京：商务印书馆，2006.

[18] [英] 埃德蒙·利奇. 文化与交流 [M]. 郭凡，邹和，译. 上海：上海人民出版社，2000.

[19] [美] 马歇尔·萨林斯. 文化与实践理性 [M]. 赵丙祥，译. 上海：上海人民出版社，2002.

[20] [法] 列维·施特劳斯. 野性的思维 [M]. 李幼蒸，译. 北京：商务印书馆，1987.

[21] [法] 列维·施特劳斯. 忧郁的热带 [M]. 王志明，译. 北京：生活·读书·新知三联书店，2000.

[22] [英] 罗伯特·莱顿. 他者的眼光——人类学理论入门 [M]. 北京：华夏出版社，2005.

[23] [美] 克利福德·马库斯. 写文化——民族志的诗学与政治学 [M]. 高丙中，等译. 北京：商务印书馆，2006.

[24] [美] 露丝·本尼迪克特. 文化模式 [M]. 王炜，译. 北京：生活·读书·新知三联书店，1988.

[25] [美] 露丝·本尼迪克特. 菊与刀 [M]. 田伟华，译. 北京：商务印书馆，2000.

[26] [美] 玛格丽特·米德. 三个原始部落的性别与气质 [M]. 宋践，等译. 杭州：浙江人民出版社，1988.

[27] [美] L. A. 怀特. 文化的科学 [M]. 沈原，黄克克，黄玲伊，译. 济南：山东人民出版社，1988.

[28] [美] M. 哈里斯. 文化唯物主义 [M]. 张海洋，王曼萍，译. 北京：华夏出版社，1989.

[29] [美] 弗朗兹·博厄斯. 原始艺术 [M]. 金辉，译. 上海：上海文艺出版社，1989.

[30] [英] J. G. 弗雷泽. 金枝：巫术与宗教之研究 [M]. 徐育新，张泽

石，汪培基，译. 北京：商务印书馆，2013.

[31] 胡鸿保. 中国人类学史 [M]. 北京：中国人民大学出版社，2006.

[32] 黄淑娉，龚佩华. 文化人类学理论与方法研究 [M]. 广州：广东高等教育出版社，1996.

[33] 李安宅. 巫术与语言 [M]. 北京：商务印书馆，1936.

[34] 林耀华. 金翼：中国家族制度的社会学研究 [M]. 北京：生活·读书·新知三联书店，2000.

[35] 费孝通. 生育制度 [M]. 北京：商务印书馆，1999.

[36] 费孝通. 江村经济——中国农民的生活 [M]. 北京：商务印书馆，2002.

[37] 庄孔韶. 人类学通论 [M]. 太原：山西教育出版社，2003.

[38] 石奕龙. 应用人类学 [M]. 厦门：厦门大学出版社，1996.

[39] 王建民. 中国民族学史 [M]. 昆明：云南教育出版社，1998.

[40] 戴裔煊. 西方民族学史 [M]. 北京：中国社会科学文献出版社，2001.

[41] 邵象清. 人体测量手册 [M]. 上海：上海辞书出版社，1985.

[42] 张力为. 体育科学研究方法 [M]. 北京：高等教育出版社，2002.

[43] 周登嵩. 体育科研概论 [M]. 北京：北京体育大学出版社，1995.

[44] [日] 吉冈郁夫. 身体の文化人类学 [M]. 东京：雄山阁，1989.

[45] [日] 寒川恒夫. 教养としてのスポーツ人类学 [M]. 东京：大修馆书店，2004.

[46] Mooney James. The Cherokee Ball Play [J]. American Anthropologist, 1890, 3 (2).

[47] Kendall Blanchard, Alyce Tayce Cheska. The Anthropology of Sport: An Introduction [M] Edward Norbeck Bergin & Garvey, 1985.

[48] Alan M Klein. Sugarball: The American Game, The Dominican Dream [M]. New Haven: Yale University Press, 1991.

[49] Alter J S. The Wrestler's Body: Identity and Ideology in North India [M]. Berkeley: University of California Press, 1992.

[50] Holt R, Mangan J A, Lanfranchi P. European Heroes: Myth, Identity, Sport. London: Frank Cass, 1996.

[51] Peter G Mewett. Fragments of a composite identity: Aspects of Australian nationalism in a sports setting [J]. The Australian Journal of Anthropology,

1999, 10 (3).

[52] Robert R Sands, Linda R Sands. The Anthropology of Sport and Human Movement: A Biocultural Perspective [M]. Plymouth: Lexington Books, 2010.